PALGRAVE
STUDY SKILLS

帕尔格雷夫研究技巧系列

HOW
To Write Your Undergraduate Dissertation　2e

Bryan Greetham

［英］布莱恩·格里瑟姆　著

马跃　南智　译

本科毕业论文写作技巧

（第2版）

东北财经大学出版社
Dongbei University of Finance & Economics Press

大连

辽宁省版权局著作权合同登记号：06-2015-163

First published in English by Palgrave Macmillan, a division of Macmillan Publishers Limited under the title How to Write Your Undergraduate Dissertation, 2nd edition by Bryan Greentham. This edition has been translated and published under licence from Palgrave Macmillan. The author has asserted his right to be identified as the author of this work.

本科毕业论文写作技巧 / （英）布莱恩·格里瑟姆（Bryan Greetham）著；马跃，南智译.
一大连：东北财经大学出版社，2018.9
（帕尔格雷夫研究技巧系列）
ISBN 978-7-5654-3245-3

Ⅰ．本… Ⅱ．①布… ②马… ③南… Ⅲ．毕业论文-写作-高等学校-教学参考资料 Ⅳ．G642.477

中国版本图书馆CIP数据核字（2018）第176601号

东北财经大学出版社出版发行

大连市黑石礁尖山街217号 邮政编码 116025
网 址：http://www.dufep.cn
读者信箱：dufep @ dufe.edu.cn
大连图腾彩色印刷有限公司印刷

幅面尺寸：170mm×240mm 字数：338千字 印张：18
2018年9月第1版 2018年9月第1次印刷
责任编辑：李 季 责任校对：李 红
封面设计：冀贵收 版式设计：钟福建
定价：49.00元

教学支持 售后服务 联系电话：（0411）84710309
版权所有 侵权必究 举报电话：（0411）84710523
如有印装质量问题，请联系营销部：（0411）84710711

前　言

　　就像论文一样，本书的大部分内容都与思考有关。正如我在本书中反复提到的那样，老师布置论文任务，是为了打开一扇窗户，来洞察学生的思想。通过论文，老师可以看到学生是如何思考的，而不仅仅是看到他们在思考什么。正因为如此，在本书中，我并没有嵌入太多的参考资料。过多的参考资料不但会破坏文章的连贯性，使之读起来不流畅，而且如果这些论点是要展现你是如何思考的，那么它们必须凭借自身的强大说服力而非借助任何外力。

　　当然，论文也与更实际的问题有关。所有的这些内容都会在本书中被提及。事实上，本书为你详尽地解释了创作论文的每个方面和阶段，从产生自己想要研究什么的最初想法，到装订和提交论文。你将学会如何最大限度地利用你与导师之间的关系，如何产生最好的想法并将其发展为有趣的、有独创性的研究项目，如何计划研究、掌控时间、更有效地读书和做笔记，以及如何从众多的定量和定性的研究方法中进行选择以利用一手和二手资料来开展工作。

　　当然，本书还包括与写作有关的问题——写作是思考的最困难的形式。你将学习如何计划每个章节的每一处细节；如何组构合理的论点；如何使用连贯的语言和有说服力的论据；如何以一种较为有效的方式来简明扼要地表达自己的观点，从而写出一篇令人难忘、发人深省的论文。最后，你将学会如何修改和编辑论文，这样，你的论文质量和研究成果的重要性才能被真正地显现出来。

　　我希望这本书不仅对你有所帮助，而且更重要的是，它还能成为你的洞察力和灵感的源泉，使你从中找到自信。做研究和写论文是一种令人心生畏惧的挑战，但畏惧只是因为它是你之前没有做过的新事物，而不是因为它超出了你的能力。

致　谢

　　本书大部分的内容是出自本人的学术经验成果，在此，衷心感谢我所有的老师，他们启发和激励学生的技巧我一直铭记于心。同时，也借此感谢在学校、学院和大学任教的才华横溢的老师们。奥尔德斯·赫胥黎（Aldous Huxley）曾说过："在人的一生中，其大多数时间都是在为阻止自己思考而做出持续不断的努力。"教学生如何思考并不容易，而只是教他们重复利用你的观点就要简单得多。但是，仍有许多老师会付出多年的心血来教育学生要敢于迎接挑战来真正进行思考，而不是躲避它。

　　我还要感谢我的同事们。尤其感谢澳大利亚纽卡斯尔大学的柯利夫·胡克（Cliff Hooker）教授，他敏锐而复杂的思想充实了我对思考的本质的理解。我也要感谢纽卡斯尔大学的戴维·多克瑞尔（David Dockrill）博士以及肯特大学的肖恩·西奥伯尔德（Shaun Theobald），感谢他们多年来的支持。

　　至于我的学生们，我对他们的感激无以言表，更无以回报。感谢那些在英国、欧洲、澳大利亚和美国的选择我做导师的学生们。有时，我觉得从你们身上学到的甚至远超出我教给你们的。

　　感谢本书的编辑，帕尔格雷夫的苏珊娜·芭瑞伍德（Suzannah Burywood）女士，感谢她的信任，以及她的耐心、专业性和良好的判断力。还要感谢本书的评论家们，感谢他们和善鼓励的话语，感谢他们允许我使用他们的例子。我还必须感谢帕尔格雷夫·麦克米伦出版公司（Palgrave Macmillan），感谢它允许我使用帕特里克·邓利维（Patrick Dunleavy）的著作《攻读人文科学和社会科学学位》（*Studying for a Degree in the Humanities and Social Sciences*）（贝辛斯托克：Macmillan，1986）中的两个图形。

　　最后，我要感谢我的合作者帕特利夏·罗（Patricia Rowe）先生和我亲爱的朋友AH，他们用乐观的心态和幽默感充实了我的生活，并鼓励我坚持著书。

目　　录

导　论

当我们任何人遇到类似于毕业论文的大项目时，都可能会潜意识地认为自己力不从心。但是，一旦我们把偌大的项目分解成小阶段，认真地进行计划，并奉行一次只做一件事的策略，我们的信心就会陡然上升。此后，如果我们不去看整个项目，我们就不会被吓住。而对于在每个新阶段提出的挑战，我们也能应对自如。

0.1　该书编著目的

这正是本书要讲述的内容。从本书中，你会了解到如何把庞大的任务分解为易控的小阶段，计划每个阶段，并认真地完成它们。你会学到简单的技巧、技术和方法。书中的系统还有助于你进行调整自我，帮助你赶走因要完成如此庞大的项目而产生的忧虑感——即使不是全部，也可以赶走绝大部分的忧虑感。

所有这些对于完成一篇高分论文是很重要的。然而，更加重要的是思考和写作的内在过程，这是我们很少、甚至从未被教授的东西。在本书中，你能学会如何产生自己的观点，并从中发展出有吸引力的问题和假设。这些问题和假设可以维持你的兴趣、指引你的研究方向，并助你写出一篇有思想深度的论文。稍后，我们会转向这些内在过程的另一面：如何辩证地评价我们的阅读材料，如何进行概念分析，以及如何独立创造出前后连贯、具有说服力的论点。

> 思考和写作：内在过程
> - 产生自己的观点。
> - 发展观点——研究的问题和假设。
> - 辩证地评价论点和论据。
> - 概念分析。
> - 独立创建前后连贯、具有说服力的论点。

不幸的是，我们都知道这种写作和思考的难度。尽管查尔斯·达尔文（Charles Darwin）写出了不朽的巨著《物种起源》（*On the Origin of Species*）以及许多其他的书籍和论文，他仍然坦白地承认想要把自己的想法诉诸笔端是很困难的：

如果文章只包括描述，那很简单；但如果掺杂进了推理，而且要把两者恰当地联系起来，并使行文清晰流畅，这对我来说是个大难题，我无计可施。

在本书中，你能学到如何开发你的思维，以及如何简单清晰地写下你的想法。在本书中，我们将经历论文的每个阶段和每个部分，探讨我们经常会为之担心的问题——风格、标点、句子、词汇、剽窃、引用——以覆盖所有不确定的地方。如此一来，我们就能连贯流畅地表述我们的观点，并紧紧地拴住读者，吸引他们读完全书。

0.2　边思考边写作

正如标题所指出的，我们不能简单地把思考与写作进行分离。事实上，写论文的重要性就在于写作是思考的一种形式：最困难，亦是最有效的形式。当我们分解任务时，很自然地会将论文分为两个不同的任务——研究和研究之后的报告。但二者是紧密交织在一起的。写作把我们置于我们思想的中心，我们被迫确定观点、阐述想法、检查论点的一致性，并在行文中实现这一切，准确地传情达意。

写作是思考的一种最困难的形式。

写作是检验认识的一种方法。在写作的过程中，我们明白自己已知和未知的领域是什么，哪些地方尚需弄清楚，哪些知识需要再认识。你可以搜集大量信息，广泛阅读，分析相关问题，良久沉思，但直到你以书面表达的形式向他人解释时，你才会意识到你对它的了解程度以及它是否前后一致、言之有理。

0.3　写作——一个持续不断的过程

同样具有重要意义的是，写作是一种有机的过程：随着时间的流逝，思想不断地生长并发展。我们的任务就是记录这个发展过程。每一次记录就好像种下思想的种子，它们会自然发展。想法的提出是一个持续不断的过程。好也罢，坏也罢，它们能孕育其他的想法。有时，我们产生的某种想法本身可能无法开花结果，但由它衍生出的其他想法则可能奏效。

一篇文章以清淡优雅的散文形式跃然纸上，恰如作者就在你旁边，无比清晰地向你讲述最复杂的观点。这种文章不是一蹴而就的，它不是从计算机中下载的完整思想，而是从不同的来源拼凑得来的。笔记本里匆匆写下的几笔，日记中的零零碎碎，在激动时刻一闪而过而被兴冲冲地记在笔记本上的想法，在归纳这些观点之后，作者修改、修改、再修改，删去细枝末节，调整顺序，改写全部章节，直至行文流畅。

- 思想随着时间的流逝而发展。
- 我们的任务是记录思想的发展过程。
- 优质的文章是由不同的资料来源有机组合而成的。

因此要抵制把论文分为"思考"与"写作"两部分的诱惑，不要告诉自己等一会再把想法"写下来"。一旦思如泉涌，便马上开始写作，而且要一直写下去。

对你的工作要保持专业性，并告诉自己你要坚持写作，哪怕只是每天在日记本里写上两三段。同时，无论何时何地，你都要做好准备，抓住每一个闪现的灵感。

尽快地写出论文的章节，这样可以更早地暴露出在你的论证过程中存在的任何缺陷。至少，把你的想法表达在纸上，以提交给导师审阅。然后，写下你与导师讨论的观点，以免它们被遗忘或被淹没在其他不相干的想法里。导师们总是不厌其烦地告诉学生们去把这些观点记录下来。

0.4　时间表

为了使你清楚地认识到你需要完成的所有阶段以及本书将如何帮助你解决每个阶段出现的挑战，请参看以下的时间表。在表中，你可以看到自己需要应对的所有阶段和相应章节。你关心的可能是如何写作导论或文献综述，又或者你对如何将毕业论文的各部分组合在一起感到困惑。无论是什么问题，时间表都将帮助你轻而易举地找到答案。

	时间表	
	阶段	章节
1	列出研究兴趣/偏好	3，4，5
2	产生想法	6，7
3	挑选可能的假设/研究问题	8，9，10，11
4	搜索文献	12，13
5	审查研究方法/收集数据/分析	20~25
6	确定题目	14
7	确定调查形式/研究方法/工具/技巧	15
8	将上述内容诉诸纸上，解释你选择它们的原因	15
9	撰写研究建议	15
10	设计进度表/截止日期/盘点计划完成情况	16
11	组织检索系统	17，18，19
12	设计毕业论文初稿大纲	26
13	开始撰写初稿：文献综述/导论/研究方法	27，28，37，38，39
14	搜集论据/数据	20~25
15	整理/分析结论	28，29~36
16	做出结论——整理图表等	28
17	设计主要章节	26，37
18	初稿：撰写主要章节——导论/段落/结论	29~36，37~39
19	组合初稿——检查顺序——协调导论/结论/文献综述	26~28，37，42
20	修改结构	42
21	修改内容	43
22	引用材料/参考书目	40，41
23	提交终稿：检查——目录/鸣谢/题目/表格/页码	43

0.5　职业技能和你的个人发展规划

从时间表可见，撰写论文涉及许多全新的、复杂的技巧，可以给你提供宝贵的机会，开发个人发展规划。你的指导教师可能已经提醒过你有关记录这种知识和成就的重要价值。其重要性至少体现在两方面。第一，通过认真思考你的学术问题，思考你想要实现的目标和为达成目标需要掌握的技能，你可以更具有自省精神。第二，它使你能更自信地与雇主讨论你的技能和成就。

规划、组织、研究和撰写毕业论文的过程充满了各种机会，你可以从中开发这些宝贵的技能并且记录你的重要成就。在下表中，我列出了十项最重要的"职业技能"。在本书的不同阶段，你将看到提示，让你注意那些可以纳入个人发展规划的技能和成就。

十项最重要的职业技能	
1	沟通能力——口头与书面：清楚并有说服力地表达自己观点的能力
2	数字推理——进行简单数字运算和解释与运用数据的能力
3	逻辑推理——连贯推理的能力
4	概念思维——分析概念和观点的能力，将观点综合成概念和创建新概念的能力
5	团队合作——和其他人一起高效、有信心地工作
6	规划和组织——有能力分析任务，组织有效的计划并且有效地执行
7	解决问题和创造性思维——分析问题、搜集信息与创造性地运用信息
8	领导能力——结成有效团队并且激励他人的能力
9	灵活性——根据变化的条件调整思维和工作方式的能力，思想不僵化
10	主动性、自我激励和自我意识——有信心采取自主行动、激励自己提出新观点和解决方案，有自省精神——能够看到自己的缺点和需要改进之处

0.6　网站

在本书中你还会看到辅助性资料，可以使你的工作变得更为容易：帮助你组织工作的表格、提醒你需要完成事项的表格与清单。如果你找不到自己想查找的内容，请登录我的网站与我联系（www.bryangreetham.org.uk）。我会寄给你一份材料。

> 总结
> - 写作仅是思考的一种形式：最困难，也是最有效的形式。
> - 写作是一个有机的过程：随着时间的流逝，思想不断地生长并发展。
> - 只要灵感突现，就要开始写作，并且坚持下去。
> - 无论何时何地，都要做好准备，抓住闪现的灵感。
> - 尽快写出论文的各部分。
> - 把观点写于纸上，交由导师审阅，稍后再详细补充。

0.7　下面的内容

下一章我们将论述课程论文和学位论文的区别，以及怎样迎合为论文打分的论文评审人。

第一部分 论文评审人和导师

第1章

论文评审人：他们期望看到什么论文？

在本章中，你将学到：
- 课程论文和学位论文的主要区别。
- 论文评审人最期望看到的是什么。
- 独创性是什么，如何实现。
- 论文评审人评定的能力范围。

学位论文与之前老师布置给你的所有任务相比都大相径庭。因此你的成功取决于你做出调整的能力。

1.1　课程论文和学位论文的区别

两者最显著的区别就是篇幅。课程论文相对来说更短，例如 2 000 ~ 3 000 字，而本科生的学位论文则要 8 000 ~ 12 000 字，在某种特殊的情况下可能要求的字数更多。这就意味着我们必须对更多的资料进行更广泛的分析，用更详细、更巧妙的论点来辩证地评价它们。

1.1.1　真正的思考

学位论文涉及的范围更广泛，这也让我们有机会更独立地工作，因此我们能发掘自己的独创性观点。这可能听起来很奇怪，但它提供了机会让我们进行真正的思考。高等教育的许多课程使得学生陷入安逸、简单的角色，仅仅是重复利用那些已经被普遍接受的观点。而老师们也是选择相应的更简单的责任，教授学生思考什么，而不是如何思考。

毕竟，老师们有自己的研究方向，所以他们被当作是专家、思想的黄金标准。因此，复制他们的想法，而不是自己去思考，这看起来是很明智的。因此，当大多数学生被要求发表自己的看法时，他们不是在表达自己的观点，而是表达他们心目中老师们想让他们表达的观点。他们没有在一个更深的层次上进行写作。他们没有满足成为一个真正的思想家的要求。

> 真正的思考
> - 你在使用自己的观点。
> - 你不仅仅是重复利用别人的观点。
> - 你在论据的指引下前进，无论它将引领你去向何方。
> - 你正在思考你的想法。
> - 你选择论文的焦点、方向和组织结构。

写作学位论文可能是你第一次进行真正的思考。通过写论文，你不仅能选择想要研究的主题和问题，还能锻炼你理解文章、衡量实验证据、得出个人判断的能力。你不仅能规划一个简单的目录，写下你认为正确的答案，也不仅仅是选定一个主题并加以论证。一个成熟的思想者将在论据的指引下前进，无论它将引领你去向何方。他并非仅是确定自己认定的真相，然后搜寻论据来支持自己的论点。

1.1.2 注重过程，而不仅是结果

真正思考的另一个特征是具有能力考虑我们的想法：了解思考的过程，而不仅是注重结果。所以，学位论文也同样涉及要展示我们如何验证自己的结果；表明我们明白并能够合理解释我们用以收集并评估论据的研究方法。我们的研究必须保证其他人可以研读我们选作资料的文学、哲学或历史著作并且将他们的解释与我们的做比较，或者进行同样的实证研究并将其同我们的研究结果相对照。

> 学位论文还包括思考你自己的想法。

你决定论文的焦点、方向和组织结构。你要选择想要得到答案的问题或想去验证的假设。学位论文向你提供了一个可以独立完成大量工作的机会，它也能更加全面地反映你的技巧和能力。在这个过程中，你将展示出你有能力管理一个大型调查项目，组织安排你自己的计划表，设定目标，始终保持动力并对结论进行合理、有序的介绍。简而言之，你要告诉自己、论文评审人和未来的雇主，你有承担大型项目并获得成功的能力。

如果任务听起来很吓人，那只是因为你接到的是从未尝试过的新任务，但你有能力去完成它。

> 论文
> - 独立工作。
> - 新颖的观点。
> - 真实的想法。
> - 选择主题。
> - 合理解释你的研究方法。

1.2 论文评审人

当然，事实上，如果我们想要做好一些事情，我们必须知道这样做的理由：我们要知道论文评审们期望看到什么结果。在创作论文的每个阶段，论文评审们都会看我们是否能完成下面的每一项：

（1）指出问题——提出值得研究的、你特别感兴趣的问题。

（2）分析问题——生成值得深入研究的重要的、有趣的问题。

（3）探讨文献——用一种有序的、系统的方法来证明我们的研究是以现有的理论做支撑。事实上，我们要向论文评审们展示我们能就该主题来进行自主学习。

（4）设计一个研究策略——使用最适当的研究方法搜集证据，解答我们的问题。

（5）设计最有效的数据搜集工具——设计问卷调查、访谈等，这些工具在搜集我们需要的论据时很有效，而且可靠性也高。

（6）加工材料——分析我们搜集的论据，并进行辩证地评价。

（7）得出结论——在材料的基础上进行。

（8）写论文——根据被普遍接受的学术方法，呈现我们的研究结果。

学位论文的主要目的并不仅仅是交流研究结果，同样重要的是，向论文评审们展示你的研究所采用的方法都是经过认真挑选的和巧妙使用的。

> 论文的目的=交流结果+展示你已经选择了最合适的方法并巧妙地加以使用

1.2.1 独创性

然而，你要通过论文向论文评审们展示你不仅有能力清楚地表达复杂的观点并且形成前后一致的论据，你还能得出新颖、有趣的结论：你开辟了新领域。对于许多学生来说，这是他们关注的，也是最害怕的问题。你的论文可能没有博士论文那样的独创性，但它仍应该能增进我们对某种思想、问题和方法的认识和了解，即使增进的幅度可能不大。几乎所有的研究都有一个共同的特征：进步是许多研究者通过每一小步的成果累积而成的。

你大可不必认为这是一件很恐怖的事。尽管在你研究的问题中，你并不只是在重复利用被公认为权威观点的意见，但你仍需要展示出你的研究是建立在公开发表的研究成果的基础上，并使用了被普遍接受的方法，因此你不至于白手起家。另外，使你的著作具有独创性还有许多方法：关于你选择的主题、采用的方法、关注的顾客群或资料、搜集的特殊数据等方面。

> 独创性
> - 你选择的主题。
> - 你的方法。
> - 顾客群或资料。
> - 搜集的数据。

记住，你没必要表明你要做的事情是之前从未被做过的。在许多情况下，独创性的东西是你自己亲自做出来的，而不是依靠他人的研究。

你可能把现有的理论应用到新领域中，或使用不同的主体去验证他人的结论和观点。

> **例子：学术历史**
>
> 你可能知道许多对比研究 19 世纪英国哲学家 John Stuart Mill 和苏格兰评论家 Thomas Carlyle 著作的文章，但没有人对他们各自的历史理论进行过对比研究。

你的研究可以现有研究为基础来追踪新的线索，或者完善或限定前人研究的结果。

> **例子：媒体**
>
> 有研究探讨在过去的 20 年里的媒体中女性形象的改变，你可能决定去探讨这些，集中研究一种特定的出版物，如女性杂志。

你设计的工具可能会产生新颖的、意想不到的论据。

> **例子：问卷调查和访谈**
>
> 你设计一份问卷调查去询问之前未被讨论过的问题，或者调查一个之前未被调查过的群体。你利用一系列精心设计的问题进行采访，而这些问题可以为解决疑问提供新颖的、吸引人的视角。

你可能要设计一些练习让研究对象来完成，从而使产生的行为论据具有前所未有的视角。

> **例子：学习技能**
>
> 大多数的学生在大学时都遇到过学习技能的问题，这主要归因于他们在上大学前忽略了对这些技能的学习。你可能想要测试这一说法，那么你可以设计测验和调查问卷，从中可以发现原因不仅是一个，而是多个。

1.2.2　能力

除了独创性，论文评审们当然还会考察你是否还形成了一系列特定的能力。要对此有更清楚的了解，请看下表。

理解力	能清楚地掌握相关问题
分析力	揭示用于定义问题的概念的含义，解释产生问题的可能原因
创造力	设计问题和假设，并分别对它们进行回答和验证
解决问题能力	发现问题，找到可能的解决方法
对比能力	区别不同点和相似性
评论能力	辩证地评价论据和论点
归纳和演绎能力	根据相关的、一致的论点和可靠的论据得出结论
自我组织、自我激励	管理和支撑大型的研究项目
写作能力	清晰地、有计划性地写出研究结果

每个研究项目都会运用到这些能力，尽管程度有所区别。一些特定的能力可能在一些项目中占主导地位，但在其他项目中可能作用甚微。例如，下面的项目在本质上是哲学的或文学的：

"John Stuart Mill 和 Thomas Carlyle 的历史理论。"

"George Eliot 小说中的同情和距离。"

"拉斐尔前派兄弟会的文学影响。"

尽管在一定程度上你可能会用到所有的能力，但是在你的论文中占主导地位的还是分析力、对比能力和演绎能力。

相反，如果你从事的项目主要是依靠搜集实验论据的方法，如下面的例子，那么你的论文主要需要创造力、解决问题的能力和归纳能力。

"大学生学习技能问题的主要成因。"

"禁止吸烟对博尔顿的酒吧和餐馆的影响。"

"年轻人对待种族主义的态度及其经历。"

在下面的章节里，你将认识到设计项目的重要性，因为它不仅能保证使你感兴趣，还能确保运用那些你愿意使用并擅长使用的能力。在某种程度上，你研究的主题会决定设计的项目，但在很多情况下是根据个人的喜好来决定的。在早期阶段，向你的导师进行咨询是很有必要的，因为他们的经验对于你设计出一个完全符合自己的能力和喜好的项目来说是无价之宝。

总结
- 学位论文能展示出你的真实想法。
- 考虑思考的过程及结果。
- 你可以用很多简单的方法证明你的论文是独创的。
- 选择一个符合自己兴趣和能力的项目。

1.3　下面的内容

在设计一个既符合你的能力又能维持你的兴趣的大项目时，你将不得不依赖于导师的建议和经验。在下一章里，我们将学习如何最大限度地利用这种关系。

第2章

与你的导师合作

在本章中，你将学到：

- 从一开始就清楚地知道正规的要求是很重要的，而不是把问题放到以后再解决。
- 如何充分利用每次的指导。
- 为你的导师列出如何能最好地完成论文的提纲是很重要的。
- 有效管理你的关系的四条原则。

首先，在你整合观点、思考你可能喜欢做的事情时，感觉到茫然和惴惴不安是很自然的事。因此，在初期阶段就开始与你的导师进行交流会使你收获颇丰。你与导师的关系会对项目的各个方面产生极其重要的影响。

2.1 查阅正式的要求

首先，查阅管理毕业论文评估的正式要求。你会发现许多方面都是由大学制定的重要规则以及院系制定的详细说明掌控着的。在这个阶段，当你在为决定研究什么主题而挣扎时，这可能是你最不关心的部分。但是只要花一点点时间把这些记下来，你就能更好地避免将问题都堆积到以后才处理的情况。所以，在认真开始工作之前，当你有时间的时候，一定要弄清这些情况；确保你对这些规则了如指掌。

规则包括毕业论文的长度和格式，终稿提交的截止日期和期间你可能需要提交的草稿的任何期限，你与他人合作的范围，你的选题的核准系统，以及与导师商定的指导安排。一些甚至还包括评分标准：论文评审们期望你做什么以及他们将评估你的哪些能力。如果你不知道这些，去询问你的导师。毕竟，你需要明确地了解论文评审们期望你做什么以及希望你运用哪些方面的能力。

正规的要求
- 长度
- 格式
- 终稿
- 截止日期
- 合作
- 选择你的主题
- 指导安排
- 评分标准

2.2 导师

如果你不能完全清楚地了解别人期望你做什么，这将会成为你的大麻烦，因为当你需要高度集中精力写论文时，它会分散你的精力并破坏你的情绪。无论在什么环节你需要帮助，请不要犹豫，去找你的导师。他们大多数都会乐意在你写论文的每个阶段尽全力向你提供帮助。

2.2.1 指导管理规则

与导师的关系因人、因学校而异。在一些大学里，给你的时间没有明确规定。在另一些大学里，你将得到一个明确的时间表，甚至仅有一个最初的指导，而不再有别的任何东西。所以，要确保你很清楚安排，并及早地与导师联系，不要等着导师来联系你。去拜访你的导师并安排一个时间。

然而，任何的成功关系都建立在相关人士的个性之上。一些导师采取灵活的方法，他们在任何时候都可以提供帮助，而另外一些导师则明确规定自己在什么时候有时间以及能提供什么层次的帮助。因此，要认识到你的导师是如何定位自己的，他们喜欢怎样工作，他们能给你提供多少时间，以及他们期望你做什么。可能有提前安排好的每周例会，或者在你需要帮助时由你来安排指导时间。

进行定期的论文指导并在每次指导前完成一定的工作量是很重要的，这样可以帮助你督促自己进步，而你也将从这些指导中收获颇丰。没有这些指导，你可能就没有充分有效地利用自己的时间。

早些认识到
- 你的导师是如何定位自己的。
- 他们喜欢如何工作。
- 他们预计或能给你多少时间。
- 他们期望你做什么。

2.2.2 不同的个性

1.你导师的个性

有的导师只是给学生鼓励，而有的导师则倾向于无休止的批判和否定。他们似乎认为你必须经受传统的怒火洗礼，如果你能挺住考验，你就有了取得学术成功的立足点。但是，就犹如花儿要在阳光下绽放一样，学生在写论文时也要通过不断地接受表扬以树立信心。

理想的境界是能做到两者的完美结合。导师若能十分认真地对待你的论文，批判性地指出论文中的问题所在，对你来说是无价的。你的分析会更犀利，观点更接近现实，论点也更统一。在此基础之上，如果导师能认可你取得的进步，那么你的信心会倍长。

在有的导师那里，你可能感觉没有得到太多的指导。创作论文是一种新的学习方法，新的问题和挑战会不断地产生，因此你可能期望得到更多的支持和帮助。如果事实确实如此，你可以考虑与同学们建立一个互助小组，或者与另一个同学结成互助对子，你们可以定期见面，并讨论相关问题，商讨最好的解决办法。这样可以消除你的孤独感，而孤独感是在完成任何持久的研究和写作中不可避免的问题。

思考：
与同学们组成互助小组或与某位同学结成互助对子。

即使如此，你仍然很容易将在开始这项庞大的工程时需要得到的帮助与支持，与因无法得到导师明确的指导而感到沮丧相混淆。正如我在前面讲的，与从前布置的任务不同，写毕业论文时，控制权已经转移到了你自己的手中。现在你要自己决定研究哪个课题，使用什么研究方法，如何安排检索系统和时间，怎样开始写作。导师们可以给你提建议，辅助你完成自己的目标。在你做决定时，他们能帮助你分析所有的因素，但他们不能替你做决定。

2.你自己的个性

在处理与导师关系时，另一个因素是你自己的个性。可能你是那种有信心可以独立完成论文的学生。你可以把自己最擅长的工作方式向你的导师进行概括，如此一来，你们就能商讨出最佳的安排。让导师知道为你提供多少指导是最好的，你希望用什么方式联系，以及在哪个阶段你可能最希望得到帮助。

让他们为你提建议。不管我们有怎样的经验，总会忽略一些问题，而有学识、有经验的导师则会考虑得更全面。我们大多数人都能从导师的经验中获益。记住，不听导师的建议而一意孤行的学生多数都会遭遇失败或者无法按时提交论文。

指导一览表

标出下面你认为自己可能需要的帮助，并将此表交给导师。

1.对如何评估你的论文提出建议 ☐

2.决定题目 ☐

3.搜寻文献 ☐

4.制定研究问题或假设 ☐

5.对研究设计的建议——方法论 ☐

6.帮助解决出现的问题 ☐

7.设计调查问卷、访谈问题、测试或练习，以及如何分析结果 ☐

8.定期检查论文进展情况 ☐

9.组织并提交论文 ☐

10.评论草稿的各章节与部分 ☐

2.2.3　不同阶段的帮助

在某些阶段，你需要的帮助会更多一些。如果你的选题未被批准，那么你需要得到导师的帮助。导师可以告诉你选题的适合性以及在培养你的技能和知识的过程中它的作用。你选的主题可能过于宽泛，这样对于大学生的学位论文来说是很有难度的。而如果你的选题过于窄小，这样写起来就无任何挑战性可言了。然后，当你开始搜索文献时，你需要导师的建议以帮助你使用最有用的数据库、文章和期刊，并了解搜寻它们的正确途径。

同样，在你选择最合适的研究方法时也需要听从导师的建议。实际上，如果涉及实地调查，你也需要征得导师的同意，以确保操作方式符合伦理道德。早期的指导主要体现在让学生解释自己所选的研究方法的理由。

在设计调查问卷、访谈计划等研究工具时，你将很大程度上依赖于导师的经验。在起草论文的章节时，亦如此。在你们见面前，先让导师阅读你完成的章节草稿，然后把你们讨论的要点记录下来，这样有助于你更好地完成论文。

2.2.4　管理你们的关系

正如你所看到的，处理好这个重要关系对你写出优秀的论文是很重要的。谨记以下四点：

- 学会变通。
- 共同商定完成期限。
- 为每次指导做好准备。
- 最大限度地利用反馈。

1.学会变通

你不仅可以面对面地与导师交谈，还可以通过电子邮件或电话交流来获取更多的指导，但也不要拿着日积月累、堆积如山的问题压得导师喘不过气来。若要导师找时间与你进行一次正式的交谈，而不仅仅是像你们在狭窄的走廊里相遇时匆忙地交流几句那样，这可能很困难。我们要对自己的问题进行深思熟虑。当你有问题时，通过电话简短地交谈几句往往也能解决问题，而不是任由问题销蚀你的信心并增加你的焦虑感。

2.共同商定完成期限

如果与导师共同商定每阶段任务的完成期限，你会发现自己对论文拥有了更大的控制权。在商定的截止日期前后时，你可以组织安排定期指导。这样做可以使你拥有一份精心设计的计划表，以管理你的工作进程，检查进展情况。你将拥有一个预警系统，当出现不可预料的延缓进程的问题或当你偏离计划表时，你和导师都能及时地知晓。如果没有定期指导，你可能很容易就浪费掉一周或两周的时间。

3.准备工作

要想从每次的指导中学到最多的东西，你需要提前做好准备。首先要弄清楚你们要讨论的问题和你要提出的观点。有些导师在面谈前会要求你提交已完成的工作，如果没有，你也要预先提交章节的副本。这样，你的导师可以有充足的时间对它们进行阅读并加以评论。记住，导师只有手里有你提交的东西时才能展开工作。

4.反馈

充分利用交谈时得到的反馈。在交谈中做好笔记，并在交谈后留出时间，写下你们讨论的观点，按照导师给你指点的路子走。你可以在备忘录上记下在下次指导时你要提出的问题，这也很有帮助。

重要的是要及时解决这些问题。你要尽可能地记录下在指导过程中涌现出的想法。把你所有的想法都记录在笔记本上，不要耽搁，否则你还要费劲脑汁地去想当时这些问题有何吸引力和重要性。一旦忘记了，就很难重新抓住它们。

- 做笔记。
- 写备忘录。
- 趁热打铁。

总结
- 尽早查阅正规的要求，而不是把问题都堆积起来以后解决。
- 检查指导安排，了解你的导师喜欢如何工作。
- 组织定期的指导，为每次指导做好准备。
- 让你的导师知道你工作的最佳方式。
- 在处理与导师的关系时，谨记四个要点。

2.3 下面的内容

接下来我们要了解如何在众多的研究方法中做出选择，以确保我们在项目中不仅能维持我们的兴趣，还能充分发挥我们的能力。

第二部分　生成并发展新颖的观点

第3章

什么活动最适合你?

在本章中，你将学到：

- 如何创造自己的研究设计、方法论，以及使用不同的研究方法。
- 选择你最感兴趣并能发挥你的优势的主题是很重要的。
- 要想做好，你必须亲自设计研究，使之包括你喜欢和擅长的活动。
- 研究问题在推动研究进行和在研究活动中运用研究方法等方面，具有很重要的作用。

奥地利动物学家Konrad Lorenz建议："每天早餐前丢弃一种你钟爱的假设，这对于研究科学家来说是一种很好的晨练。"这句话的意思是，研究的意义不仅在于我们发现什么，也同样在于我们摒弃什么。这不是一个提出论点，然后去论证的简单过程。有些立不住脚的论点就像杂草和灌木丛我们需要铲除它们，才能发现下面隐藏的新东西。在我们依据证据改变论点或假设时，我们离真理也就更近了一步。

当然，研究有多种形式或模式，从科技研究到抽象的哲学和艺术研究。而社会、经济、哲学、自然和人类研究兼有两者的性质。它们之中，有一些具有独特的研究方法，是作为本科学位中不可或缺的一部分而被教授的。如果你是一名科学家，从你开始做研究、做实验、写实验报告的那一刻起，它就已经融入到了你的生活之中，作为一种日常的生活形态。人文科学也是如此，如文学、哲学和历史学。学习这些科目的部分过程是学习分析、解释以及辩证地评价想象文学、哲学文章和历史文献。

当然对于这些科目，我们没有必要用专门的章节来解释它们特定的研究方法。但对于强调实践而非研究的科目来说，如专业科目，它们拥有共同的技能和工具，包括调查问卷、访谈和案例研究，这些则需要专门解释。

3.1 活动

首先，当你开始考虑想要研究的主题时，你必须考虑两个问题：你感兴趣的事情和你喜欢又擅长的活动。

考虑

- 你对什么感兴趣。
- 你喜欢做什么，擅长什么。

做任何事情的关键是要发扬长处。对于自己感兴趣的主题，你显然会做得更好。这样在开始写论文时，你就已经有了一些想法和支撑自己完成接下来几个月工作的动力。因此，在整个项目进行的过程中，你可能会产生更多的想法，并把它们综合成有趣的、新的研究主题的方法，这样写出的论文的思想和见解会更丰富。在第5章中，你能了解到如何最好地缩小你最感兴趣的主题范围。

同样重要的是你喜欢并擅长的活动。

因此问你自己：

我最喜欢哪种类型的工作？

当然，这在很大程度上是由你的主题或学科决定的，但在很多情况下你仍有选择自己研究方法的余地，选择最适合你的"风格"或"方法"。实际上，大多数项目都是综合运用许多方法的。

例子：社会科学

如果你研究的主题属于社会科学，当你从历史的角度探寻引发某个特定历史局面的事件时，你会选择使用描述性研究方法。在分析、评估概念和理论时，你可能会采取哲学方法，这是在大多数情况下描述这类历史情形和事件调查所用的方法。

如果你对某种方法情有独钟，你也明白自己擅长此道，那么在大多数情况下，你也可以运用这种方法。在社会科学的研究中，你选择的项目可能需要完全采用实验方法，也可能需要完全采用理论和文本分析方法。例如，你可能已经意识到自己的喜好和能力在于用特定的理论来进行文献概述，如之前这个问题是如何被讨论的，以及在这些文献中所使用的不同概念和原理。你的强项可能在于对这些概念和原理的理论讨论进行分析和辩证性地评价，而不是纯实证分析。

例子：人文学科

尽管人文科学也是纯理论和文本的，你仍然可以在所涉及的不同活动中进行选择。你可能擅长于对某位作家的著作进行辩证性地分析和评估。在哲学领域，你可能决定分析R.M.Hare用以支撑他道德思考的论据，然后辩证性地对其做出评估。在文学领域，你可能决定通过分析George Eliot小说中讲述人的角色来看作者在推进情节的方法是否始终如一。或者，你可能喜欢比较著作、寻找相似性和关联关系，而不是对某部著作进行全面、辩证性地分析。你可能会比较不同的历史学家如何描述、解释特定的历史事件，或者不同的诗人根据第一次世界大战中的个人经历做出的不同反应。

3.2 逆向工作

为了确保项目采用你喜欢并擅长的活动，你必须逆向工作，认真设计问题，以保证为了找到问题的答案，你必须使用活动所涉及的研究方法。

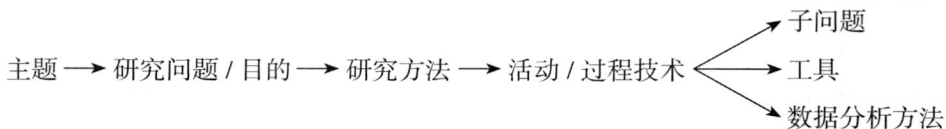

主题 —→ 研究问题 / 目的 —→ 研究方法 —→ 活动 / 过程技术 ——→ 子问题
　　　　　　　　　　　　　　　　　　　　　　　　　　　——→ 工具
　　　　　　　　　　　　　　　　　　　　　　　　　　　——→ 数据分析方法

3.2.1 研究问题

你探寻的中心问题或设计的假设主宰着你的研究：它决定你的目的。你可能辩证性地评论某个作者的著作；证实一个理论、模型或假设；评价一个提议、政策或技术；或者为某个特定问题找到解决方案。不管是哪方面，你所研究的问题都需要各种研究方法发挥作用。因此，多花些时间认真考虑支撑主题的相关问题是很重要的。

1.本体论假设

当我们构思研究问题时，思维主要集中在两个关键点上。首先，我们必须清楚我们认为存在的东西是什么，我们认为这种情况的重要因素是什么或我们想要研究的问题是什么。本体论假设就是我们研究的核心。如果你从事的是历史或社会学研究，它们也就相当于你研究社会本质和政治事实所做的假设：它是如何形成的，它的各个部分是如何相互影响的。

例子：地方市政委员会的决策

比如说，由于中央政府拨款减少，你所在地区的市政委员会相应地决定通过把当地学校的体育场地卖给开发商来筹款。开发商希望在此修建一个超级市场。你感兴趣的是市政委员会将如何达成这项决议：对他们来说，最具影响力的是什么？正如我们刚刚讲到的，你首先要做的就是找出在此情况下所有的重要因素和它们对于委员会决议的影响力：当地公众的意见；致力于促进体育事业的压力集团；医学界的看法，比如希望看到学校里有更多运动的医生和卫生保健工作者；学校董事；教师公会；市政会的常任官员；当然，还有商业利益考虑，如开发商、当地建筑公司和供应商的利益。

对于我们所要研究的我们相信的事实，我们通常有着截然不同的理解方式,不管它是有关社会是如何组成的,还是我们如何解释语言、文学或社会习俗的意义。每种方式都是我们依据生活经验总结出来的,我们也把它们运用于研究过程中。因此,不要自以为是,一定要认真研究,否则你会做出错误的假设。

> 本体论假设
> - 我们研究的现实的本质是什么?
> - 它是如何形成的?
> - 它的各部分是如何相互影响的?

我们理解事实的方式可能会引导我们作出某种假设,以确定如何开始研究以及采用什么不同的方法。你可以把社会看成是不同社会等级之间不断斗争的产物,或看成是由一个个孤立个体组成的松散集合。不同的理解方式会决定你认为重要的方面,还会影响研究问题的本质和你要采用的研究方法。

> - 我们的生活经验会影响我们对于所研究问题的真实情况的看法。
> - 不要自以为是——认真进行研究。

在下面的章节中,随着我们对于可能的研究主题不断产生自己的想法,你将发现你是如何列出每种情形的构成要素——影响或受其影响的人或组织——你是如何勾勒出它们的相互关系。通过这种方式你能更清楚地了解自己做出的本体论假设,否则你可能会忽略它。

2.认识论假设

我们第二个要关注的问题是认识论假设,我们认为哪些知识是有关这一点的:能够用来作为我们问题的答案的那类论据以及如何发掘这些论据。

> 认识论假设
> - 能作为答案的论据。
> - 我们如何发掘这类论据?

因此,你在设计问题时就应该问自己:这属于哪种问题以及我需要搜集哪些论据论证它?它是一个有赖于对文件或文学篇章进行对比解释的问题?还是一个制定政策所依据组织结构问题,其答案存在于不同的组织等级之中?抑或是一个因个体相互作用而产生的问题,而这种问题可能需要通过移情的方法来理解人们所做的选择?

问题种类多,搜集论据解决问题的策略当然也多。在第15章中,我们将为你讲解当你计划你的研究时所需的实践步骤。在第20章到25章里,我们将详细阐述材料的不同来源,以及研究材料的不同方法。正如你能看到的,这些认识论问题将决定你如何设计自己的研究问题,还会进而决定你所采用的方法。不是方法决定了我们所要提出的问题种类,而是正好相反。

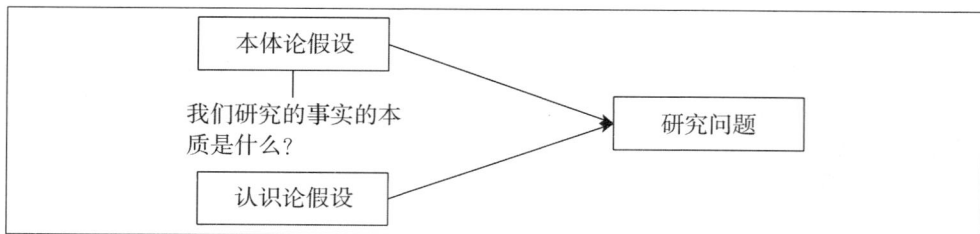

3.2.2 方法和方法论

一旦你认真设计了所要研究的问题，就要确定一套特定的研究方法，每种方法都要包括特定的活动、程序和技术。这决定了我们的研究方法：暗含在原始问题中的子问题的设计方法；我们需要设计的不同的工具，如问卷调查和访谈计划；分析数据的最好方法。

把不同的研究方法进行组合就是设计研究的过程，你在研究中采用的方法通常被称为"方法论"。在许多科目中，尤其是在人文科学中，尽管它是一个陌生的术语，但它描述了我们如何将具有自身独特活动和技术的不同研究方法进行整合运用以达成想要达成的目标。在这个过程中，我们辩证性地评价不同的研究方法，以确定它们是否有助于回答我们要研究的问题。

> 设计你的研究（方法论）=把最合适的研究方法整合在一起

因此，为了使你设计的研究方法包括你最擅长并喜爱的活动，你必须确保自己的研究问题是正确的。在下面的章节里，你将学习如何用简单的方法揭示形成问题的假设条件，这样你能设计出更好的方法以适合你的偏好。

> 总结
> • 在决定研究策略前，要考虑你感兴趣的东西以及你喜欢并擅长的活动。
> • 从这些活动开始逆向工作，认真设计你的问题，以确保你将用到自己设计的研究方法进行论证。
> • 你研究的问题将推动你的研究：它决定你采用的研究方法。
> • 要确保问问自己，在你看来你想研究的情况或问题的最重要的要素是哪些，以及要论证这些问题，你需要什么类型的论据——分别是本体论和认识论问题。
> • 把不同的研究方法整合在一起就是设计研究的过程，这通常被称为"方法论"。

3.3　下面的内容

既然我们已经知道了研究问题的重要性，明白最能够影响研究问题的假设，我们就可以开始详细了解可能使用的不同的研究方法。从而我们可以设计问题，把我们最喜欢和擅长的活动包括在其中。

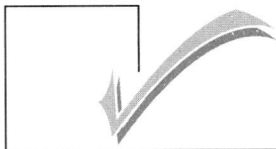

第4章

研究的类型

在本章中，你将学到：

● 每种研究方法包括什么。

● 确保你的研究设计包括你喜欢并擅长的活动，这是很重要的。

● 如何评定自己的能力，这样你在做项目时可以发挥自己的长处。

在上一章中，我们了解了研究问题的重要性，以及它是如何把我们喜欢并擅长的活动囊括到研究方法中的。现在我们进一步详细讲解，弄清哪种研究方法更适合我们。

4.1 研究方法

设计研究策略有时看起来是一件令人困惑的事，因此如果用一些更宽泛的类别描述不同的研究方法会很有效，你能更清楚地知道自己的选择范围。但要谨记一点：它们并不是互相排斥的，它们重叠交织，你从不同的方法中选择自己想要的部分，直到你能够创造出一种符合自己需求的设计。为了更清楚地了解这些，我们将逐一介绍下面一系列的各不相同的研究方法。

实验法→自然法→实践法→描述法→历史法→比较法→评价法

4.1.1 实验法

除了人文科学，大多数形式的研究或多或少都使用这种方法，它通常与自然科学有关。它通常通过某种形式介入一个系统之中，来观察当我们改变某些事情时将会发生什么变化。在自然科学中，实验法的理想形式是对照实验。在对照实验中，通过隔离、控制一种要素，管理其余要素，我们能观察到特定因素的影响。以这种模式为基础的实验涉及确定问题、分析问题、形成假设、进行验证。如果结果证明假说为伪，我们可能要通过增加辅助假设进行修正，然后进行再次验证。然而，如果以这种方式最终仍不能证明假说，我们只有放弃了，当然，这本身也是一种有用的发现。

尽管在过去，这一直被描述为一个归纳过程：通过观察搜集论据，让假说自

然"浮现",不需要科学家提出自己的假设解释事件。但实际上,这更应该算是一种推论体系。在被称为"假说—演绎的系统"中,科学家们创造假说,然后设计实验,在其帮助下从相互矛盾的可能性中做出选择。正如诺贝尔奖获得者、免疫学家 Peter Medawar 爵士所描述的,从每个层面上来说,这都是一个富于想象力的、灵感充盈的过程。他说,我们应当把它看作是针对可被证明的想法所形成的逻辑合理、表达清晰的结构,以描述一个可能的世界作为开始,然后我们不断地对其进行创造、评判和修改,最终它已与事实接近。

4.1.2　自然法

与实验法不同,自然法认为所有的情况都是独一无二的,不能被归纳为一般法规,我们不能据以做出预测并通过对照实验来测试。这也被称为现象学方法。我们先前所作的假设可能歪曲了观察到的现象,因而现象学方法摒弃了这些假设,采用了描述方法,并使用定性方法来搜集论据,如案例研究。如此一来,在历史学或社会科学研究中,一旦我们掌握了论据,就可以分析、比较不同的行为方式,通过对人类行为的理解,得出尝试性的解释。

> 作为一个观察者,你可能会歪曲你观察到的事实。

作为一个观察者,在任何场合,你都可能会歪曲观察到的事实,这种方法的关键是要接受这一现实。因此,你要有一个中立的立场,例如,不要把 21 世纪的价值观引入到历史研究中,或者确保你采取了非干扰性的方法来观察一组人的行为。

4.1.3　实践法

很简单,这种方法涉及应用理论并检测它们的效用。你可能已经找到了一个问题并大概知道解决方法,所以,这时你要进行干预,针对这种情况做出适当的改变并监控效果。如果结果没有达到预期的效果,你需要再次进行干预,引入更多的变化,然后在一系列的相互作用中监控这些变化的效果。

> **例子:研究技巧**
>
> 你可能是一位大学的系主任,肩负着提高 11 年级和 12 年级学生成绩的重任。你相信学生成绩不好的主要原因是没有设置学习技巧的课程,因此你制订了一个规划,在 6 个月后测试它的效果,然后针对调查结果进行干预。再过 6 个月以后,你进行第二次测试,制订进一步的改变计划等等。

4.1.4　描述法

这种方法主要是直接揭示事情是什么样的。你可能已意识到对你所感兴趣的问题并未进行这类研究;或者我们对它根本没有充分的了解。因此你打算识别主要特征,对其进行分类、测量并揭示其内部结构。

> 揭示事情是什么样的。

这类研究的主题一般包括自然物体、生物、诸如商业和专业团体之类的组织，甚至还包括思想，如一个希望改变政府政策的特殊组织的信念和价值观等。你的意图可能是为做出某些推理和制定政策提供基础。你甚至可能怀疑到目前为止自己是否忽略了一些本该考虑到的问题。

4.1.5　历史法

尽管这种方法被认为与一种学术科目联系紧密，但像实验法一样，它并不仅局限于此。当你想阐明当代的问题时，用这种方法恰好切题。通过引用历史和文献论据，你能展示出曾被忽略的问题或者无效的政府政策。在进行案例研究时，它尤为有效，否则文章的重要性可能锐减。但它必须有道理：你并不是仅仅在描述文献论据。你必须把它设定在你要回答的有序的问题结构中或要分析的类别内。

4.1.6　比较法

这种方法也能被广泛应用于不同的主题中。你的目的是找出事物间的区别和相似之处。这可以是不同的哲学家或小说家的著作，或者是不同组织的活动，或者它们的方法、技术、价值观念或组织结构。在历史上，你可能会比较不同的革命以了解其发生是否有共同的模式或诱因。

> 你的目的是找出事物间的区别和相似之处。

如你所见，比较法用途广泛：物体、事件、思想、组织。你的目的是找出事物之间是如何紧密联系的。你或许比较了解18世纪"浪漫主义"的概念，然后你可以看出某位诗人或艺术家是否符合浪漫主义的特点。

在实验法中，通过控制一些变量，你能研究它们之间的关系。与实验法不同，在比较法中，你只有在发现这些变量时才能认出它们。你能指出的只是这种关系是存在的，它们显示着某一特定类型的影响力。尽管你可以提出这种关系属于因果关系，但你不能继续论证，把这个问题留给其他的研究者吧。因此，你可以说离婚率和轮班工作有很大的关系，但就其本身来说，并不能表明两者之间是因果关系。

4.1.7　评价法

这种方法的关键点是调查某事，然后根据标准进行判断：一个企业的成功性、营利性或高效性；一个特定的论点在逻辑上是否连贯；在医院病房里对病人的治疗是否符合伦理；一个地方性社会政策或投资的有效性。有效性要以建立清晰的、有说服力的评判标准为基础，通过标准你可以进行评价。标准的结构越完善，效果就越好，以便你能够证明论断的精确性。

它在很大程度上还取决于研究者的技巧。如果你评判一位哲学家或历史学家的观点，在你能够给出评价之前，你必须具备分析概念和观点以及推断结果的技巧。如果你评价一家公司的表现，同样，你必须在做出判断之前先具备透彻地分析其资产负债表的能力。

> 它取决于
> - 清晰的、有说服力的判断标准。
> - 完善的结构。
> - 研究者的技巧。

4.2 偏好

选择哪些方法以及如何将它们结合在一起，这在很大程度上取决于你的偏好，因为你知道自己的喜好和长处。你可能喜欢一个人独自在书房或图书馆工作，这样的话，更抽象的、理论的研究法可能更适合你。

4.2.1 理论研究法

不管主题是什么，理解一些事需要使用概念和理论。

> 因此，问你自己：
> 在我的作品中出现最多的概念和理论有多大的用处？

在期刊里通常有许多论证，都是有关概念和理论的确切意思、含义，以及在理解你的主题时的效用。

有些学科，如哲学、社会学和心理学，有着发展完善的相互矛盾的理论，围绕着它们以及它们所使用的原理和概念，存在着激烈的辩论，要从中找到论题并不难。但即便对定位于更加实用目的的科目来说，比如教育、保健、社会服务、建筑设计和商业管理，我们也可以从抽象层次上审视并讨论理论问题。

例子：保健

你可能要考察有限的医疗资源的分配方法，以满足做透析的病人的需求。毫无疑问，你会组合运用不同的方法，分析"需求"的概念，评价政策文件中的观点，比较最受影响的人群的不同的地位，比较不同保健体系的方法。

4.2.2 经验主义方法

也许你喜欢与人交往和交谈，乐意劝说他们通过完成问卷调查或答应接受采访的方式参与你的项目。你选择的项目类型可能涉及一些很有影响力的理论，要看它们是如何在现实世界中被运用的。它们的含义是什么？它们有什么用处？它们有效吗？通过采用案例研究的方法，你可以检验它们是否达到了宣称的目的。

例子：公共场所吸烟

你可以选取一项政府政策，如在公共场所禁止吸烟的规定，以及支撑的理论依据，去看它是否具有部长和官员们所期待的效果。通过案例研究，例如研究这个规定在博尔顿的酒吧和饭店的效果，你可以搜集证据来看人们是否按照理论中要求的行为方式规范自己的行为。

4.3　列出你的偏好

因此，在设计自己喜欢的研究策略时，列出你最喜欢的活动。若需帮助，可以查阅本页列出的活动，并标出自己喜欢的。对自己和自己的偏好列出一张概括性的表单，在开始选择自己的研究主题时，将它放在自己面前。

你喜欢

- 研究文字、抽象概念和理念？
- 进行实验？
- 与人交往？
- 分析数据？
- 分析概念？
- 分析论点？
- 理解某事是如何运作的？
- 比较事物——找出它们的区别和相似点？
- 模式识别——看事物是如何相互关联的？
- 介入事情：改变一些事情后，看效果如何，或者是否更高效？
- 描述：描述事情是什么样的，或者它们过去是什么样的？
- 研究文件或记录？
- 尝试去理解事情发生的原因，看事情是如何发展的？
- 实践工作：在应用中检测理论的有效性？
- 综合思想：把不同来源的资料整合在一起，创建一种全新的视角观察？
- 评价事情：评价论点、政策的有效性，评价公司的利润率等？
- 关注有限的问题，进行深入的研究？
- 寻求物体和事件之间的关系？
- 通过分析事情的局部发现它们的本质？
- 寻求解决问题的办法？

4.4　能力与技巧

现在你已经了解了自己的长处和偏好，可以把研究策略与自己的能力和技巧相匹配。像记录偏好一样，可以有意地问自己几个明显的问题，并把自己的能力和技能清晰地记录下来。首先，运用我们在偏好中使用的同张表单，问自己更擅长理论还是实证工作。

4.4.1　理论工作

当然，所有的项目都涉及理论工作。无论你的选题是什么，你必须搜索并回顾一些背景文献，使你的研究与该领域更广阔的理论问题接轨。即使你擅长理论工作，你也应该问自己 1~2 个问题。如果你考虑了理论工作的五个主要目标：

- 描述
- 分析
- 合成
- 比较
- 评价

你会发现很难找到一个仅仅包括上面一种目标的项目。你要弄清自己究竟具备哪些能力，以确保你的项目使用你最擅长的一种或多种能力的组合。使用下面的问题一览表使自己所选的组合更为恰当。每项能力设为 10 分，在每个能力下为自己打分。

从一览表中你能了解到自己具有哪些方面的能力。如果你有一种很突出的能力，很显然你的项目会主要利用这种能力，尽管任何项目都需要或多或少地借助于其他能力。如果其中有 2 或 3 项能力的得分高于 5 分，你就能很清楚地了解项目的基本方向。然而，如果没有得分很突出的能力，很明显，你要做好项目需要大体上同等程度地利用这些能力。

你最擅长

- 描述观点、一系列事件或一个特殊的情况？
- 分析概念和抽象观点以揭示它们暗含的假设、观念和价值观？
- 综合思想和观点以创建观察问题的新视角？
- 比较两个或更多的事件以追踪它们的相似点和区别？
- 辩证性地评价、讨论一个观点或理论的优势和劣势？

4.4.2　实证工作

但是，如果你的长处是实证工作，那么你应该重点关注自己搜集、分析数据的能力如何。在搜集数据的过程中会涌现出一些其独有的问题，而这些问题在多大程度上与我们是否擅长与陌生人接触并一同工作有关。分析数据也需要一些技能，尤其是需要进行精密分析时。因此，再一次询问自己如下问题，在每种能力上为自己打分，满分是 10 分。

你擅长

- 进行控制实验吗？
- 与人沟通？
- 采访他人？
- 观察他们的行为？
- 描述你的调查结果？
- 统计分析数据？

- 在实践中观察理论的效用？
- 认识数据间的关系模式？

这一次，你将看到一系列突出的能力。如果第2项、3项、4项、5项、8项的能力得分高，而第6项得分低，最适合你的能力的研究方法可能就是收集定性数据，使用研究工具，如访谈和观察，这些不必依靠精密的数据分析。但是如果第1项、6项、7项、8项得分高，这时你选择的研究方法应能生成大量的数据，可以通过数据分析得出结论。

> 总结
> - 这些研究方法并不是互相排斥的——你必须从中做出选择，以创建满足自己需求的设计。
> - 首先，对自己和自己的偏好有个大概了解——了解你最喜欢的活动。在选择研究主题之前谨记这些偏好。
> - 其次，弄清自己更擅长理论还是实证工作，使活动与自己的能力相匹配。
> - 再次，通过研究一览表，在每项能力下为自己打分，尝试缩小范围，确定自己擅长的研究方法的工作类型。

4.5 下面的内容

我们在上一章的开头指出，研究形式或风格有很多种，既包括科学和技术研究，也包括抽象的哲学和艺术研究。既然我们已经更加清楚地了解了每种研究涉及的问题，明白自己最喜欢和擅长的领域，我们就可以开始考虑研究的主题。在下面的章节里，我们要学习如何生成自己的观点，并将其发展成可行的研究项目。但是，我们首先要从感兴趣的事情入手。

第 5 章

你对什么最感兴趣?

在本章中,你将学到:

- 怎样为论文选个最佳的主题。
- 怎样选择一个最感兴趣、最能长期激励你的主题。
- 如何系统探寻你独特的经历和兴趣来找出观点。

我们读的大多数有关写课程论文和学位论文的书都是描述论文的各步流程:如何管理时间,如何计划采访、设计调查问卷、组织案例研究,如何引用参考书目、编制文献。但很少有书会涉及我们真正需要帮助的困难:怎样思考,怎样生成自己的独创性观点,怎样形成观点并论证。

在你的大学生活中,写学位论文无疑是你面对的最有挑战性的,但也是最有价值的任务。因此你要尽可能写好论文,不仅仅是为了最后能得高分,还为了体验自己达到目标时的感觉。你必须追求卓越,一鸣惊人。要做到这点,你必须要形成自己最有想象力和创造力的观点。

5.1 职业技能如何找到合适的主题?

如你所知,确定论文主题需要运用重要的职业技能,应该列入你取得的成就之中。首先,这需要"主动性、自我激励和自我意识"(在我们的就业技能中位列第 10 位——见 0.5 部分)。你已经证明了你可以仔细考虑自己的能力,确定什么最适合你。那么,下面你将证明你可以主动工作,生成自己的观点,并且在寻找合适主题的过程中,仔细思考那些你认为有趣的东西。

同样重要的是,你还会形成"解决问题和创造性思维"的技能(列表中的第7项)。找出合适的问题和解决问题一样具有难度,只是方向相反。在接下来的章节里,你不但将学习如何形成自己的观点,还会学到如何控制和调整结构,以找到适当的问题。

5.2 如何找到合适的主题?

对于大多数学生来说,写论文最困惑且最困难的地方就是找到合适的研究主题。主题必须新颖有趣:不仅要有研究的价值,有能打动论文评审人的内容,还要有足够的趣味性以支撑你完成长期的写作。论文涉猎领域要足够广,要与你在相关文献中查到的背景理论和观点接轨。同时也要足够窄，要在有限的时间内，利用有限的字数去深入研究。

- 具备能激励你完成论文的趣味性。
- 具备与背景理论接轨的宽度。
- 足够窄，能在有限的时间，用有限的字数深入研究。

同样重要的是，你的项目必须有一个明确界定的问题做中心，指引、控制你的思想去寻找答案。心理学家认为无论任何形式的思想，都有意识的或无意识地具有目标导向。因此，要得到能实现目标的清晰切题的答案，必须有明确敏锐的问题来界定目标。这些问题可以决定你怎样选择事实，重建事件，辩证地呈现论点。

在自然和社会科学中，你可能会在一篇学术文章的基础上生成一个假设，一个你希望去检验的想法。在人文科学中，你可能会提出基础的命题，并由此发展出你希望提出的关键性问题或子问题。不管是哪个科学领域，这些问题都指引、控制我们的思想。我们必须严格简明地设计这些问题，在未来的几个月里，当我们收集、撰写观点时要时刻与它们为伍。

所有的思想都是有目标导向的，要通过建立明确界定的目标来控制好自己的思想。

5.3　我对什么感兴趣？

你首先要选择一个自己感兴趣的主题，甚至是你充满激情想要完成的主题。在你孤立无援、独自工作时，它能为你提供持久的动力。对于我们感兴趣的事情，通常我们能做得很好：对于感兴趣的东西，我们通常会展现出创造力和机智，并坚定决心进行到底。如果你对自己的主题感兴趣，你会留心更多的东西，酝酿更多的观点，找出它们之间更多的联系。

选择一个你感兴趣的，甚至满怀激情的主题。

当然，在某种程度上，主题还受研究学科和创作题材的限制，不管题材是关乎个人、社会、自然、思想或是历史。即使如此，在找到感兴趣的主题之前，你仍需要整理许多想法，因此要采取系统研究法。完成下表中列出的每个步骤，问自己一系列的问题。你也许会找到 3~4 个可能的主题，然后进行系统的更深层次的探讨以找到最佳主题。

缩小主题
- 以前的课程
- 新数据
- 现在的发展

- 重复案例研究
- 个人经验
- 以前的论文
- 时事问题
- 个人兴趣

5.3.1 以前的课程

首先，回顾以前学习的单元以及每个单元的主题，问问自己是否存在未解决的但当时非常吸引你的问题；是否有问题曾激起你的兴趣，你曾想过终有一天你会更深入地研究它。通过这种方式找到你真正感兴趣的主题，不仅能使你有更多的机会维持自己的动力，还能发挥你的长处。因为只有你喜欢去做，你才可能做得更好。

回顾当时做的笔记和阅读的资料。你可能会对某件事物产生一种特殊的解释，或者碰到能激起你的兴趣的理论或假设，让你想要看看事情是否确实如此。你可能想知道它与一个特别的群体或国家的实际经历有多大的相关性，然后你就可以把它当作案例研究的主题。

寻找
- 有趣的、悬而未决的问题。
- 要测试的理论或解释。
- 一本有趣的书或一篇有趣的文章。
- 对某事进行独特、深刻的分析。

是否有一本书你非常喜欢，但当时只能略读？如果你在研究文学或哲学，那么是否有文章曾赋予了你一定的想象力，使你能够对其进行分析并与其他作者的分析做比较？你可以把对一位作者独特、敏锐的分析运用到其他文章中。对一篇文章情境的分析可以转移到另一种情境之中，这样可以拓宽观察一篇文章或材料的视角。这还为你观察不同的、关联不大的文章提供了新方法，以便你可以创新性地把它们综合在一起。或者，你也可以检验一种你认为有深度的分析。

例子：文学

比如你对 George Orwell 的作品感兴趣，你或许觉得 Raymond William 对 Orwell 在西班牙内战前后作品的分析很有洞察力，因此你决定分析《巴黎、伦敦流浪记》（*Down and Out in Paris and London*）、《向加泰罗尼亚致敬》（*Homage to Catalonia*）、《一九八四》（*Nineteen Eighty-Four*），以检验这些分析是否能经得起考验。

如果你正在研究历史，你可能会碰到在一篇文章中作者重新解释历史记载和其他第一手资料的情况。你可能决定检验其中的观点，或者挖掘其研究结果的意义，尤其是当你相信大多数现代研究已忽略了这一点时。或者，你碰到的在一个时期对某事件或概念的解释可能同时也可以被应用于其他时期。

例子：历史上的民众

在 20 世纪 30—40 年代，随着极权主义领导人的发迹和他们对人民大众近乎催眠的影响，一些历史学家开始想了解在过去的年代里民众和领袖操控集体情感能力的重要性，比如拿破仑（Napoleon）。

5.3.2   新数据

在你的研究学科中，你可能会碰到新数据，它们能为你的研究提供焦点。政府部门和研究小组定期分门别类地推出报告，报告内容主要是有关贫穷、社会权利剥夺和犯罪的最新数据。这些数据提供了行业动态和解释，你可以在案例研究中进行测试。

如果你在研究历史，你可能会碰到从前被人们忽视的一手资料。

例子：第一次世界大战

大英战争博物馆里有一战期间参加西线战事的将士们留下的大量日记和信件。这些日记和信件已被后人分类整理过，但没有研究者对其进行深入研究。

例子：教区记录

全国各地都有记载洗礼、结婚和死亡的教区记录。这些记录都被进行了系统的分门别类的整理，任何想追溯自己家庭历史的人都可以来查阅。赫尔大学的一个小组近日把《末日裁判书》放到了互联网上，你可以用以前不可能实现的方式去查阅资料。

5.3.3   当前的发展

你研究的主体的当前发展趋势可能为你的研究提供焦点。可能有一本新书或一篇新的文章非常重要，也可能你在文献中碰到有趣的纷争或辩论。在科技领域，新的理论、技能或技术往往能提供开辟新天地的机会。

立法的大范围改变可能需要调查来检验其效果。新的环境保护法是如何影响工业的，如拥有大量员工的建筑业？在特殊的工业部门或特定的商业领域，环境保护法如何付诸实践？

5.3.4   重复案例研究

或者，在阅读过程中，你可能会碰到一个极其有趣的案例研究，你可以在不同的组群内进行重复。你碰到的案例可能是检测某个小镇酒店和饭馆禁烟的效果，因此你也想在你所在的城镇推行，可能也使用相同的工具组合，如问卷调查和访谈。

5.3.5   个人经验

如果通过所有的这些资源，你仍然无法酝酿出一个有趣的观点，那就想想自己的个人经历吧。毕竟在很多方面你都是独一无二的。作为学生，你可以利用自己的个人经历，这样可能会使你提出一些你更愿意研究的非常有趣的问题，你可能想知道为什么许多学生都面临着学习技巧方面的问题，如记笔记、阅读、写论文。作为学生，你可能同时为人父母，在相互冲突的需求中挣扎着。

> 考虑：你自己独特的兴趣和经历。

你可能受雇于人，也可能自己创业做老板。你可能在当地透析病房里做护士，你想知道有限的医疗资源是否得到合理的利用，以满足病人的需求。你可能为自己认为很重要的事业奋斗过。

考虑一下所有的这些事情。不要因为它们独属于你而摒弃它们。它们可能会孕育出思想的种子，为你的研究项目提供独特、有趣的观点。

> **例子：文学**
> 往往一件小事，如你住哪里，都能为你寻找观点提供灵感。一位在布莱顿学习的学生可能想研究哈代（Hardy）小说中的女人，这可能是在英国文学课程中最常谈到的话题。导师建议她从文学的角度来仔细思考布莱顿。传统上，布莱顿的名声一直备受争议，它一直徘徊于合法化的边缘，而这也为一篇关于布莱顿在19—20世纪的文学的有趣论文奠定了基础。

5.3.6　先前的论文

如果你仍在为找不到合适的主题而发愁，请查阅以前的学生所写的论文。花几个小时浏览一下这些论文能让你茅塞顿开，找到既有趣又实用的论点。在过去，这些论点都是可行的，所以你就能清楚地知道自己怎样着手研究一个相似的项目。

5.3.7　时事问题

当然，对于有些科目，如政治学、社会学、经济和社会政策、犯罪学和医疗护理，你可以从报纸和媒体上找到时事问题。商业新税收政策可能给你灵感，去考察财政政策对中小企业的影响。通过次级抵押贷款、洗钱、内幕交易的故事，或者全球变暖对经济影响的新证据，你可能会发现一个主题。如果你正在研究国际关系，某个国家可能会产生危机，而你对这个国家的外交政策又一直都很感兴趣。

5.3.8　个人兴趣

如果上述努力都失败了，任何事情都没能吸引你的注意力，那就问自己一系列的问题，有关在不学习时你对什么事情感兴趣。你做得越系统越详尽越好。浏览下面的问题，在每个问题下面写出答案。最终你将在一览表上看到自己不同的兴趣，其中的一些无疑能为你酝酿观点提供灵感，你可以据此制订出色的研究计划。

个人兴趣

- 在学业之外，有没有什么事情令你非常有激情？
- 在你的思考和讨论中，哪类事情占的比重最大？
- 在完成学校课程以后，你喜欢阅读哪些资料？
- 在你的家庭历史里是否有什么一直激发着你的兴趣？
- 你所在的社区有什么有趣的事情：它的历史或经济？它有特殊的社会问题吗？
- 你在度假时，对什么最感兴趣？
- 你是否对本地或本民族的人物的生活或工作感兴趣？
- 你所在的地区有没有新的发展，比如在城郊新建了一个购物中心、一个新工厂？你对此有强烈的意见吗？
- 在你生命中有没有一件事或一个人对你影响最深？能不能说说原因？
- 列出你最喜欢的书、绘画、音乐和电影。

总结

- 我们需要解决的最困难的一个问题是怎样酝酿自己独创的观点。
- 要找到合适的主题，先要问自己喜欢什么，有激情做什么。
- 完成八个步骤，问自己在每个步骤中提到的问题，发掘可以深入研究的主题。

5.4　下面的内容

　　既然你已经完成了这个练习，你可能对自己想研究的主题有了大概的了解。下一步是酝酿自己的观点，看你已掌握了哪些材料，需要怎样发展它们。

第6章

酝酿自己的观点1：使用启发性的问题

在本章中，你将学到：

- 一个你可以常规使用来产生自己的观点的系统。
- 如何运用常规的启发性的问题组织你的想法
- 最具创造力的人们就是通过这种方式来解决难题的，他们问自己别人从来不问的问题
- 如何通过使用一组常规的问题，甄选出最佳的独创性观点。

我们上一章的讲述是概括性的，因此要探究观点的趣味性和我们所偏爱的处理观点的方法，我们需要酝酿自己的观点。在下面几章里，我们要把观点发展成有用的假设和研究问题。这样我们就可以实践第3章中提到的内容，并询问本体论问题，来了解我们可能要研究的问题的本质：它是如何构成的，以及各部分是怎样相互影响的。

> **例子：风力发电站**
> 我们假设，在上一章中当你考虑自己最感兴趣的事情时，你想起了几个月前，你对在当地修建一个由许多大型风力涡轮机构成的风力发电站这一建议很感兴趣。

这可以成为一个有趣的研究项目的主题，但是接下来我们如何跟进？首先，需要系统地了解我们能够由此开发的所有可能的题目。要做到这一点，我们需要酝酿尽可能多的观点。在这一步，还不需要停下来审慎地评估它们。

6.1 组织你的思维

你所面临的问题是，当任何人让你酝酿自己的观点时，在大多数情况下，他们最终只给你模糊不清、无用的建议。他们可能告诉你要"自己思考"或者"问自己一些问题"，而这些并未告诉你具体应该怎么做。告诉别人应该自己思考是不够的，这就恰如告诉他们要学得聪明一样。实际上，我们可以通过更加组织有序的、系统的方法来达成这一点。实际上，我们大多数人在无形之中已经做到了这一点。我们问自己一些常规的启发性的问题，据此搜集所需的观点和事实，然后做出决定。

百般尝试却不能成功发动汽车的人们都知道组织有序的思考意味着什么。在

你发动汽车而徒劳无功时，聚集的好心邻居和过路人会给你建议。接下来，机修工到达了，你立刻就明白了他是何等的有见地而又聪慧。他静静地仔细检查发动机，不断地询问问题，测试并排除假设，直到找到解决问题的办法。很明显，在他搜集信息、排除一个又一个假设时，他利用了搜集来的一系列安排有序的问题。

> **例子：医生和教师**
>
> 　　同样，医生也会系统地提出问题，搜集证据，配比症状，找出病因。如果一位教师发现原本优秀的学生突然成绩下滑，同样也会问一系列的问题，在寻求解决办法之前先系统地找出原因。

6.2　常规问题

　　我们要做的第一件事就是认真研究我们经常问自己的一系列问题：像机修工、医生或教师一样，我们应该完成问题一览表。最富创造力的思想者们一直在精炼、改编这些问题，增加了他们在别处听到的新问题。被我们称作为天才的人在处理问题时总能看到其他人意识不到的问题，他们解决问题恰是采用了这种方法。他们询问的问题是一般人不会想到的。他们从不同的视角，用不同的方法解决问题。

> 　　天才：询问别人不会问的问题。

　　例如，思考一下，在过去有创意的思想家是如何把人分成不同的类别的。19世纪，美国心理学家、哲学家 William James 把人分为"硬心肠"和"软心肠"。瑞士精神病学家 Carl Jung 把人分为"内向型"和"外向型"，这种说法目前已广为应用。心理学和行为主义的发展把我们带到了"发散思维和集中思维"的时代。关键是这种新的分类和它们所引发的问题能完全改变我们的态度和思想。

　　把这些分类集合在一起，你就可以形成框架，生成各种出乎意料的、有趣的观点，把我们从常规的、可预见的反应中解放出来。现在我们可以把人分为"发散型内向者"、"发散型外向者"、"集中型内向者"和"集中型外向者"。这些分类为我们解释各种行为提供了依据，否则有些行为将很难被解释。

> **例子：宾馆顾客**
>
> 　　最近，康奈尔大学的研究学者们调查了宾馆顾客的态度。通过结合四种概念，研究学者们把顾客分为四类：满意的固定住户、不满意的固定住户、不满意的迁址住户、满意的迁址住户。很明显我们会考虑满意的固定住户和不满意的迁址住户。但是如果没有用这种方法把四种概念整合在一起，我们将很难想到还有不满意的固定住户，甚至满意的迁址住户。

　　因此，问自己一些学科中的常规问题，写出一份一览表。留神每一个你认为有用的新问题和分类，并添加到一览表里。

常规问题一览表

- 制作一览表。
- 留神每个新问题和分类。
- 添加到一览表中。

6.3　编辑一览表

我们期望在一览表上看到什么问题？尽管下面的问题不是针对具体的学科，但你能发现自己提出的一些问题也采用了相似的形式。

- x 意味着什么？
- 事情发生的原因？
- 在 A 和 B 之间存在什么样的关系？
- 我们是如何知道的？
- 为了证明这种说法，我们拥有什么样的论据？这些论据可靠吗？
- 如果事实确是如此，接下来应该怎么做？
- 无论 B 是否符合情况，为什么 A 都符合情况？是否存在矛盾？
- 是否有其他例子证实这类事情的发生？是否有一般规则产生的依据？
- 事情发生的历史或背景？
- 它是独一无二的，还是从其他事物中发展而成的？

在你考虑自己的一览表时，记住四条有用的规则是大有裨益的：

（1）酝酿尽可能多的问题。

（2）使问题尽可能的清晰、具体。

（3）进一步探寻问题。

（4）如果所有这些问题都徒劳无功，那就问问另外的问题。

例子：历史

如果你正在研究历史，你通常会问的问题可能包括：

- 事情发生的原因是什么？
- 有什么动机？
- 是否有足够的证据证明说法？
- 效果如何？
- 规模？
- 重要性？
- 什么人最受影响：个人、团体、社会阶层？
- 效果的种类：经济、社会、政治、学术？
- 涉及哪些人：社会阶层、个人、团体（宗教、专业、军事）？

> **例子：哲学**
>
> 如果你正研究哲学，你可以有如下观点：
> - 那个概念是什么意思？
> - 从这些前提中，我们能否演绎出结论？
> - 是否有充足的证据支持论点？
> - 那个论点是否与其他论点相悖？
> - 有没有相关的反对意见？

如果你正在研究文学，毫无疑问地，你可能会想知道，与其他作家的作品比较起来，某位作家的作品可能有怎样的影响力。你也会想了解关于情节、氛围、背景、共同主题、人物、风格、对话、速度、悬疑、幽默、悲剧等问题。在每个科目中都有一系列常规的启发性问题，我们利用这些问题酝酿、汇集自己的观点——这些都是我们通常会寻找的问题。

如果你是一位历史系学生，通过上一章中我们询问的关于你的兴趣的问题，你找到了一个普遍的主题——"17世纪的科学革命"，你必须问自己："是什么让我对这个主题产生兴趣？"为了回答这个问题，你必须重新回顾上面的常规问题，问自己选择这个主题的原因和动机等。你可能觉得是相关人士的动机吸引了你，你要寻找普遍性，你发现所占比重最大的是清教徒。现在你的发现看起来很有趣。

6.4　重要的职业技能

这种通过提问题来收集你所需要的信息和想法的常规策略，也涉及重要的职业技能。它向雇主表明，你已经掌握了有效的策略，以促进你创造性思考和解决问题的能力（导论中"0.5职业技能和你的个人发展规划"中的第七项），并且你的思考是有条理的、严密的（第六项）。因此，你不太可能会忽略问题。你将会给面试官留下深刻的印象，因为你能够制定一个有效的系统，从而生成你需要的所有信息；这个系统将不会忽略任何问题。事实上，在大多数工作中，这都是至关重要的。

> **例子：警官**
>
> 假定你是一位警官，正在调查一件离奇的死亡案件。你可以为自己组织一个简单的按字母顺序排列的问题清单，每次你开始一项调查工作时都可以逐一对照。每一个问题都会提醒你收集关于死者某一特征的证据：
> 1. 年龄
> 2. 体格
> 3. 穿着
> 4. 识别标志
> 5. 种族
> 6. 容貌

> 7. 眼镜
>
> 8. 头发
>
> 9. 他或她随身携带的物品

在警官这个例子中，忽略任何一条证据，就可能使得案件无法侦破，甚至会牺牲更多人的性命。同样，在其他工作中，展现你对于主题的掌握，表明你已经收集了所有所需的信息来提出有说服力的主张，是说服雇主使他们对你有信心的关键。它证明了你拥有彻底解决问题的能力和个人品质。

例子：产品介绍

如果你负责向公司管理人员介绍他们为什么要采用一种特定产品的话，你必须准备好他们可能向你提出的任何问题。因此，在你做准备的期间，你必须问自己所有这些可能的问题，系统地涵盖每一个角度和可能出现的每一个问题——诸如下列的问题：

1. 该产品的主要市场是什么？

2. 市场规模有多大？

3. 这一市场有什么显著特征吗？

4. 典型消费者的关键特征有哪些？

5. 有没有重要的二级市场？

6. 这些二级市场的规模？

7. 有哪些主要的竞争对手？

8. 与竞争对手相比，这种产品有什么重要的优点？

9. 它的关键卖点有哪些？

10. 这种产品什么时候能够准备好投入生产？

6.5　问题的力量

你要回答："我对它最感兴趣的是什么"，如果你怀疑这些问题是否能够帮助你产生大量的想法来回答你的疑问，那么请考虑下面的内容。在《清晰思考的艺术》（*The Art of Clear Thinking*）中，Rudolf Flesch 提醒我们回忆在 20 世纪 50 年代流行的一个电视游戏，这个游戏具有超强的能力，针对一道难题，通过一系列问题，获得可能存在的宽泛答案，并最终找出我们寻求的答案。

名为"20 个问题"或"动物、蔬菜或矿物"的节目为 4 位参与者设置了一个难题。为了找到答案，他们要回答给出的 20 个问题，而每个问题只能用"是"或"否"来回答。在大多数情况下，通过一系列精心设计的问题，答案可以在极短的时间内被找到。那么这个节目有什么与众不同呢？正如 Flesch 提醒我们的那样，一位优秀的运动员提出的 20 个问题包含 1 048 567 个可能的解决方案。换句话说，在 5 分钟内提问并回答 20 个问题，你可以从 100 万个可能答案中找到一个你要的答案。

> 使用一系列常规问题，你能发现那个"100万中的一个"独创性的观点。

此外，这不仅仅是电视游戏的内容。在计算机时代到来之前，警方的素描艺术家只能使用人像拼片系统，在目击证人的帮助下，绘出嫌疑人的画像。面部通常被划分为10个绘画区：头发轮廓线、前额、眼睛、鼻子等一直到下巴。每一个面部部位都有选择，你可以从中选择一个并把它放在一张透明的纸板上。比如说有10种头发轮廓线、10种前额、10双眼睛等，总共有100个纸条。利用这些面部部位，可以组合成100亿个不同的面部画像，从这些面部画像中，目击证人可以很快地提供一个与嫌疑犯相近的面部画像。因此，使用这个由一系列常规问题组成的简单系统，你可能会马上找到想要的解决办法。

例子：风力发电站

如果你把这种策略用在我们风力发电站的例子之中，我们可以看到如何能产生一些有趣的研究项目的主题。让我们假设你的研究兴趣是环境问题及如何降低我们对于导致地球变暖的不可更新资源的依赖。如我们看到的，第一步是编制你的问题清单。你可以通过系统地解决这些问题，探索其中提出的所有想法和问题——例如下列问题：

1. 预计成本是多少？
2. 如何偿付？
3. 所有权归属？
4. 可能带来的好处有哪些？
5. 它将给当地社区带来怎样的好处？
6. 如何做出决定？
7. 咨询何人的意见？
8. 应该考虑什么因素？
9. 当地的社区有什么看法？
10. 有什么替代的方案？

当然，当你回答这些问题时，就会想起其他的问题，这些新问题你也同样应该解决。但此刻，这些问题足以打开话题，揭开所有可产生的研究项目。

> 总结
> - 编制一个包含常规问题的一览表，通过它产生自己独创性的观点。
> - 形成一种常规做法，询问一系列的问题来搜集你所需要信息和想法。这同样涉及重要的职业技能。
> - 它向雇主表明你已经掌握了有效的策略，能够使用你的能力进行创造性思考和解决问题，并且你的思维是有条理的、全面的。

6.6　下面的内容

　　既然我们已经归纳启发性的问题，那么在我们收集想法的过程中，就需要全面、系统地考虑这些问题。在下一章中，我们将学习一个简单的系统，帮助我们以通常可能不会考虑的方式来回答我们的问题。

第7章

酝酿自己的观点2：视角和层面

在本章中，你将学到：

- 一种让我们去提问的方法，否则我们可能会被认为这些问题是不相关的和不可想象的。
- 从所有参与者的视角和不同的层面思考你的话题的重要性。
- 如何进行探索性的文献检索，来了解其他研究人员就类似的题已经做了哪些工作。

这种系统提问的做法之所以行之有效，是因为我们经常要提醒自己问一些问题，否则我们会忽略这些问题或认为它们是不相关的。但是，在回答了一个问题之后，我们需要更进一步，开拓我们原本没能发现的其他想法。我们可以从不同的视角和不同的层面，对每个问题进行系统的研究。

7.1 在不同的层面上探寻不同的视角

7.1.1 不同的视角

像我们之前说的，有创意的思想家能发现新问题来开辟他人看不到的新视角。同样，我们需要一种方法来观察有限视角之外的东西，问一些我们认为无关紧要或难以想象而因此忽略的问题。在康奈尔大学的研究中，我们很难相信还会存在"不满意的固定住户"和"满意的迁址住户"，难以想象他们会损害自己的利益而做一些事情。如果我们不能转换视角看问题，我们就很难理解这种难以想象、有悖直觉的现象。

7.1.2 不同的层面

当然，在某些科目中，如历史学、道德哲学、社会服务学、护理学，实际上包括所有护理职业，你要学会：换位思考，间接感受他们的情绪、焦虑、希望等。

例子：工业革命

如果你把工业革命列为自己最感兴趣的主题，要想象着把自己置身在那种情形下，面对着那些被历史事件影响并能影响历史的人们：农民、商人、工业家、政治家、工人等。这样你就不仅要从个人的特殊兴趣这个角度思考他们的处境和对历史事件的反应，还要看这些事件是如何影响社会（文化、政治和经济影响）和自然条件（物质需求，即食物和居所、交通工具、气候等）的。

不过，不管你的研究主题是什么，你同样可以把它当作常规的事去做。在你回答完所有启发性问题后，做两件事情：

- 从所有相关的人的视角来考察你的主题。
- 从不同的层面考虑每个问题：

（1）物质层面（物质需求、交通工具、气候等）；

（2）个人层面（生物、生理、道德、学术）；

（3）社会层面（文化、政治、经济）。

层面

- 物质层面：

（1）物质需求

（2）交通工具

（3）气候

- 个人层面：

（1）生物

（2）生理

（3）道德

（4）学术

- 社会层面：

（1）文化

（2）政治

（3）经济

当然，并不是所有的层面都与每种视角、每个主题相关。但是，如果在我们放弃一个观点之前，可以常规性地探讨这些层面，我们就不太可能会忽略康奈尔研究者认为很重要的观点。

例子：工业革命

在工业革命的例子中，当你开始以农民的角度从物质层面进行思考时，你可能发现自己真正感兴趣的是交通的改进对农民的影响，让他们可以把农产品运输到更广阔的市场上。如果你进而思考你所居住地区的农业生产时——可能大部分是奶业生产或者商品蔬菜种植业，你就会开始认识到这正逐渐成为一个吸引人而又新颖的研究主题。

例子：风力发电站

在前一章里，我们编辑并系统研究了一个问题一览表。让我们以其中一个问题为例，从建造风力发电厂的影响者和被影响者的视角出发，从三个不同的层面对每个视角进行探讨。

问题：当地社区的看法？

1. 视角

我们需要做的第一件事是列出我们要探索的所有视角：所有对该项目施加影响和受其影响的人们。我们必须把自己置于他们的位置，从他们的视角看待这一项目：他们怎么看待这个项目；他们的生活可能会发生什么变化；他们会从中受益还是受损？列表可能会回答如下问题，不过你可能会觉得包括的问题应该更多：

- 当地居民
- 当地企业
- 压力集团
- 当地官员
- 中央政府
- 当地的议员
- 当地委员会的代表

你不但很有可能会认为应包括其他群体，而且还可能会觉得我们已经列出的一些内容本身需要进一步的分析。例如，"当地企业"包括不同类型的企业——邮局、酒吧、当地的建筑商及其他——每个企业可能会受到不同的影响。

2. 层面

我们上面列出的七个视角，每一个都可能形成有趣的研究项目，但是在这里，让我们只选取其中的一个视角，从三个层面进行探讨。

当地居民

（1）物质层面

- 当地居民可能害怕风力发电站损害当地乡村的吸引力。
- 它可能会使当地的车辆数目增加，使得当地居民出行困难，并可能使当地的小路更加危险。
- 从更广泛的层面来说，很多居民都会同意，这种发展对于减少二氧化碳排放很重要，而减少二氧化碳排放是减少灾难性气候变化的必要条件。他们可能会承认，必须在一些社区设立风力发电站。

（2）个人层面

- 当地居民可能担心车辆的增加和当地乡村的破坏可能影响他们地产的价值。
- 他们可能希望了解，风力发电厂是否将减少他们的能源账单，还是直接纳入全国的能源供应而不会对当地电费产生影响。

（3）社会层面

● 许多居民都赞同兴建该项目，因为它会减少国家对于进口能源的依赖。随着不可再生燃料的逐渐减少，进口能源的价格可能会上升；而更多地依靠低碳能源将帮助国家达到其气候变化目标。

● 他们希望了解由谁来拥有风力发电站：当地社区，中央政府还是个人公司？如果是后者，是否是外国公司？对外国公司，当地居民可能拥有的影响力甚小，而且它们可能更多地根据股东的利益而不是当地社区的利益来做决策。

● 当地居民能够施加多大的影响力？谁将做出最终的决定：当地政府还是中央政府？二者都可能距离该地区较远，而且与当地居民关注的问题不同。

7.1.3　可能的研究项目

单从"当地居民"这一视角，你自己可能已经有了一些非常有趣的想法，看到了可能进行研究的项目。

例1：成本与收益

你所感兴趣的可能是如何解决给当地社区带来的负面冲击的问题：制订什么计划来确保成本与收益的合理分配。如果当地社区要承担所有的成本而不能比国内其他的电力消费者获得更多的收益，这对当地社区将是不公平的。这将违背分配的公平原则。因此，了解当地社区将如何收益、当地居民可能获得怎样的补偿、他们对此的意见以及是否有其他的想法，这可能成为一个有趣的项目。

例2：当地拥有的可再生能源项目

研究一些替代性能源，可能会很有趣。可否研究本地拥有的可再生能源项目，以确保当地社区在长期获得更大的利益和更大的本地参与程度？是否有这种例子？它们取得了多大的成功？

例3：当地对决策制定过程的影响力

此外，你可能希望审视当地社区对于决策制定过程可以施加怎样的影响。当地居民计划怎样组织起来？是否有压力集团可以提供决策的资源和知识？之前的项目如何：有多少遭到了当地的反对意见，又有多少人喜欢大公司？有没有上诉的系统？如果有的话，上诉是否曾取得过成功？

如你所见，利用这种系统的方法，就可能形成一系列有趣的想法。否则的话，你是不会意识到的。这些想法可以被发展成为有吸引力的项目。而且你可以发现，其中的每一个问题都包括三到四个有趣的子问题，可以引导你的研究。

7.2　探索性阅读

问自己这些问题有助于你缩小主题，你选择的主题范围越窄，内容越具体，效果就越好。

例子：工业革命

你所感兴趣的不仅仅是工业革命，或者其影响，甚至是农业变化对其产生的影响，譬如说，交通的改善对19世纪40年代当地奶农的影响。

例子：护理

同样，你不仅仅对透析病房的工作感兴趣，还喜欢知晓有限的医疗资源是如何满足病人需求的。

现在你可能有3~4个主题，每个主题中都有许多要回答的问题和想要探讨的事情。

例子：透析单元

在透析单元的工作中，你想知道：

- 如何选择病人。
- 选择的标准是什么。
- 一旦被选上，他们将会如何被护理。

对于这些子问题，你处理得越清楚越好。然后你能看到它们是如何互相合并、彼此支持的，或者某些问题与你要探究的全局性问题是多么的不相关。

但是在你进入下一章看这些观点是如何相互合并、相互关联之前，针对3~4个看起来有希望的主题进行探索性阅读是大有裨益的。进行文献调查并浏览你想出的标题的内容，以此来看看是否有章节是针对你的特定主题，或者有没有一篇研究论文与你的内容相似。一些资料能直接为你提供每个主题的直接相关信息；其他资料能帮助你生成自己的新观点。你不用深入阅读，只是看看研究相似主题的其他研究者采用了哪种方法。

大致浏览有关你主题的章节或研究相似内容的论文。

如果你研究的是社会学、犯罪学、人类学等需要进行实证研究的主题，了解与你的主题相关的论据是很重要的。如果你研究的是人文学科的主题，同样，了解围绕该主题的其他论著和被采用的方法也是很有帮助的。这可以帮助你精炼自己的主题，使焦点更集中，但也不用太深入。在这个阶段，你只是要尝试性地探索观点的可行性；你怎样组织观点使之有意义，同时又易于驾驭。

总结

- 从不同的视角、不同的层面考虑自己的观点。
- 使用这种方法，我们能够产生一系列有趣的观点，这些观点可以发展成为有吸引力的项目。否则的话，这是我们无法实现的。
- 针对你可能研究的主题进行探索性阅读，看能否找出其他的观点和信息。

7.3　下面的内容

在下面的章节中，我们将把这些观点按照不同的模式和层次构建起来，以发掘它们的内在关系。这样的话，我们能更清楚地了解自己是如何组织观点的，哪些观点是相关的并值得进一步探讨。有了这个结构，我们就能在研究中设计出最好的问题或假设。

第8章

发展你的观点1：因果关系

在本章中，你将学到：

- 揭示观点组织结构的重要性。
- 两种最有效的方法是因果分析和概念分析。
- 在你的笔记中再现这些的多种方式。
- 如何使用这些来揭示能推进你的工作的假设或研究问题。

思考最简单的形式是记忆。除此之外，思考都是有关于创建观点之间的联系。观点本身不具有多少价值和重要性，只有与其他观点相联系时它才变得更有意义。尽管句子"我前面的物体是红色的"能讲得通，但它本身价值或意义不大。但如果把该句与其他观点联系起来，如"这个物体是个人"和"红色的是血液"，这些合起来意义就丰富了。据此断定，思考的质量取决于我们发现的联系的重要性和所做的关联。现在，我们已经产生了自己的观点，我们必须观察它们的联系，用简单的模式或结构对它们进行详细筹划。

8.1 观点的结构

我们的思考大多是有结构的。它们可以帮助我们解释经历，我们能因此把混乱程度降低到可控的程度，并预测若我们选择了一件事而放弃了另一件事的后果。

例子：消费者

作为消费者，呈现在我们面前的是琳琅满目的选择，我们顿觉困惑，因为不能期望自己在做出购买决定之前评价每种商品。取而代之，我们往往走捷径：我们把信息、信念、偏好和判断组织在一起并形成一种模式，这通常可以作为标准操作程序指引我们做决定。每周，我们在超市购物时，我们准备一个清单，这代表了我们通常的消费模式。

但问题是，最熟悉的模式并不一定是最有用的。在大多数情况下，我们没有意识到这点。一旦模式被建立之后，我们不会再去重新审视它，因为这样做就是蓄意破坏这种模式。我们总是选择我们已经习惯了的选择，只因这样更容易驾驭各种可能性。在20世纪50年代，一项关于认知失调的研究发现，人们在购车之后仍会去看该车型的广告，而不会去浏览其他品牌的信息，害怕会产生购买后恐

惧症。

因此，既然我们已产生了自己的观点，就需要挖掘组织观点的模式。然后我们能测试、发展观点，并创建一个架构，更彻底、更入微地了解主题。这继而也为我们提供了一个更好的论文假设或研究问题。

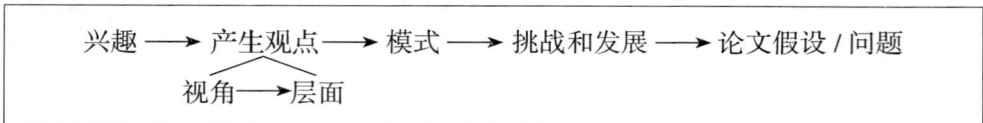

兴趣 ⟶ 产生观点 ⟶ 模式 ⟶ 挑战和发展 ⟶ 论文假设 / 问题
        视角⟶层面

这些结构采用相似的形式。我们在记笔记时使用传统的流水线形式，这种笔记的好处在于能重现观点的层次，把主要观点分解成子观点，并向下逐级划分，指示层次结构。

如果结构要显示出对概念或论点的分析，那么模式笔记通常是体现这点的最佳方式，在下一章中我们将学到这些。把概念或代表论点的句子放到页面的中间，从它向四周绘制出辐射状的线段来代表对每个部分的分析。如果它体现的是不同观点间的因果关系，你可以从多种形式的流程图中选择一种。就像在电脑程序或工业工序中一样，尽管结构经常被用来代表要进行的操作顺序，你可以如后面流程图提到的那样根据自己的需要进行调整。

8.2　问题就是问题

不管我们使用什么方法制定结构，重要的是要详细了解构成主题的所有观点和它们的相互关系。人们经常说，问题就是问题：如果我们能厘清我们感兴趣的现实问题，那么其他问题都将井然有序。如果从一开始我们就没有清晰地规划好结构，那么或者我们要为如何开始写论文而挣扎，或者刚刚起步就发现我们需要重新考虑一切，因为我们没有做好充分的准备或者是我们没有看到其范围到底有多广。

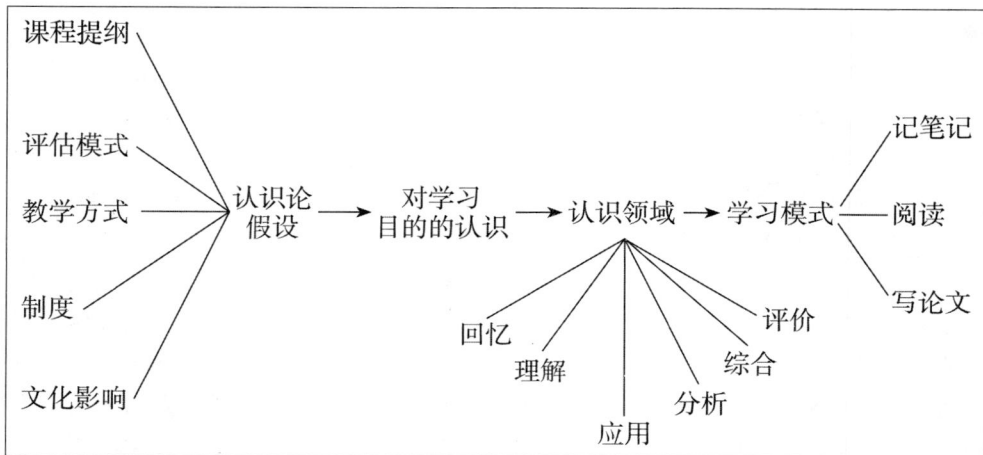

课程提纲
评估模式
教学方式 ⟶ 认识论假设 ⟶ 对学习目的的认识 ⟶ 认识领域 ⟶ 学习模式 ⟶ 记笔记 / 阅读 / 写论文
制度
文化影响

回忆 / 理解 / 应用 / 分析 / 综合 / 评价

该流程图显示了因果效应对我们认识学习任务的目的产生的影响，以及通过组织学习模式和利用学习技能而产生的后续影响。

同样重要的是，认识这个结构能帮助我们规划项目：我们可以构想所有内容。所有内容都被呈现在我们面前，我们可以开始挑战并操控它，正如我们将在第 11 章提到的那样。通过重新安排、解释结构，我们能提出"如果……将会怎么样"的问题，直至我们找到我们想要探寻的能推动研究发展的假设或一般问题。

8.3　构造观点

就像大多数我们的思考技能一样，这似乎是很困难和复杂的，而且我们还要在这方面花费大量的时间。结构不仅仅是我们理解能力的基础，它们还是智力和幽默的核心。如果不能识别、比较、操控结构，我们很难解出字谜。

例子：字谜

秘密线索一般可能被分为两部分，每部分都通向同一个字。你分析每个字代表的观点结构，目的是找到相似性，并从中找出答案。线索可能是"存折（7）"，答案当然是"预备"。你的储蓄是一种预先储备，而你可以预订酒席或火车票。

例子：智力和幽默

至于智力和幽默，Sir Peter Medawar 在其著作《科学思考中的感应与直觉》（*Induction and Intuition in Scientific Thought*）中对此做了描述。他解释说：

Sydney Smith 牧师以机智而闻名。当他与朋友行走在古爱丁堡狭小的街道上时，他们听到了两位家庭主妇之间的激烈争吵声，声音来自街对面高处的窗户。"她们永远不能达成一致"，Smith 对他的朋友说，"因为她们争吵的前提（英语中 premises 也有建筑的意思）是完全不同的"。

像他后来指出的一样，在这个以及其他相似的例子中，在两个或更多的观点方案中都存在真实的或表面上的结构相似性，恰是这点成就了机智。我们立马意识到"premises"一词可以有两种用法。

更重要的是，若这些相似性真实存在，在首次看到两种观点结构的联系时，我们能体验到瞬间顿悟的奇妙感觉。老师可能会为你提供类比，这突然使得困难的问题变得简单起来。这种突然的顿悟和清醒来自于瞬间理解了两种观点间的相似结构：主题和类比。

洞察力指突然识别两种观点之间的结构上的相似性。

要了解孤立的事实和观点，我们必须揭开并规划它们之间的关系。两种最有效的方法是分析观点间的因果关系和概念关系。

> 构造观点
> - 找出因果关系
> - 分析概念

8.4 因果关系

8.4.1 发现因果关系

遗憾的是，与自然科学不同，在很多科目中，要辨别因果关系的模式是很困难的。在自然科学中，不同研究者可以独立地重复试验。只要结果相同，我们就有信心说自己找到了答案。但是在历史、社会科学和行业等科目中，这绝无可能。

极其相似的社会现象很少会反复出现，像在自然科学中那样建立试验更是困难重重。即使我们能通过针对个人和社会团体进行试验来解决许多社会道德伦理问题，但要重复试验，却很难找到与之前事件非常相似的合适的新测试主体。另外，一旦我们通过改变社会体系来观察结果，结果也就不可逆转了。这样重复试验是不可能的，因为第二个试验的初始条件已经与第一个试验完全不同了。

此外，除了自然科学，普遍规律匮乏，而普遍规律是对决定性的试验进行预测所必需的。而且即使社会科学家们拥有重复试验的方法和预测所需的普遍规律，他们仍不能很容易地修改、控制进行可控试验必需的所有变量。

> - 没有完全相似的被试验者。
> - 一旦发生改变，形势将无法逆转。
> - 普遍规律匮乏。
> - 控制变量。

因此，如果无法进行可控试验，或者，像在历史学中那样，当我们考察无法重复的独特历史事件时，例如现代资本主义制度或某特殊阶层的兴起，我们必须采取其他的策略来辨别因果关系的模式。

8.4.2 设计一份完整的报告

首先要做的是把主要的观点和事实列成一份尽量完整的报告。通常我们想当然地以为自己已经考虑全面，认为这样做没有意义。结果，我们不仅忽略了很明显的事情，还无法记录下要问的最有趣的问题或要测试的假设。

尽量做到朴实，不要掉以轻心，并记录下你所知道的一切。你通常会第一次看到以前从未考虑过的解释。事实自然也会浮出水面，它们不再被你的常规思维所掩盖。有了这些观点和它们间的相互关系，你能找到控制结构的方法，就能提出"如果……将会怎么样"的问题，形成有趣新颖的假设或研究问题的基础。

8.4.3 集中和分散

但是，如果没有你想探讨的能作为假设或问题的观点，你必须采取更多经过深思熟虑的步骤来解读结构。

> 解读结构
> - 集中
> - 分散

假如你对法国大革命的原因感兴趣，可能会生成下面的结构，尽管可能比我给出的更详细。

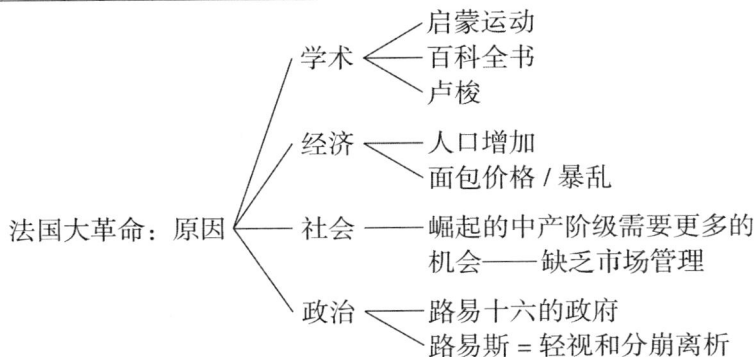

1.集中

首先要识别所有这些交错集中的原因。有些是相辅相成的：它们作法相似，可能会提供支持某种解释的证据。

> **例子：法国大革命**
>
> 你可能已发现许多不同的原因，学术、经济、社会和政治各个方面的，导致了法国大革命的发生，在引发大革命时，这些原因都是相互依存的。

其他的可能相互补充：你可能发现如果A是正确的，可能还会有B——一方不能脱离另一方而独立存在。也许你会发现两种元素之间的关系是一方是对另一方的补充。

> **例子：法国大革命**
>
> 在你就革命产生的原因酝酿自己的观点时，在经济原因中你可能会列出在1789年大革命之前的80年里，人口翻倍带来的经济资源的压力。你也可能列出面包价格的提升对经济的影响。但是在你制定结构时，你意识到后者是对前者的补充，面包价格的提升在一定程度上是由人口增加引起的。

> 集中
> - 相辅相成
> - 相互补充
> - 附加

2.分散

在提出你想研究的问题或想测试的假设时，分散法更重要。

例子：学习技能

你可能对大多数学生在学习技能上有困难感兴趣，并想找到解决方法。你可能已制定了一个结构，该结构能显示原因的模式和基于更多学习技能课程的解决方案。但是，作为列清单和确定结构过程的一部分，你可能已发现许多学习该课程的人在学习之后仍不明白同样的问题。这为你的研究提供了一个有趣的主题。

总结
- 我们大多数的思考都是通过相互关联的观点结构体现的。
- 我们把产生的观点组织成结构，并使结构浮出水面。
- 然后我们测试、发展观点，找到有效的假设或研究问题。
- 分析因果关系或概念关系是确定观点间关系的最佳方法。
- 规划因果关系的一种方法是寻求集中和分散。

8.5　下面内容

制定观点结构的另一个方法是分析它们的概念关系。在下一章中，我们将学习这其中的一个简单的方法。

第9章

发展你的观点2：概念关系

在本章中，你将学到：
- 对创新性研究进行概念分析的重要性。
- 概念分析的简单的三步骤技巧。
- 通过对概念的分析，揭示研究的核心问题和子问题。
- 通过详细说明抽象词语的意义看它们是如何推进研究的以及在研究中我们是如何识别它们的。

另一种揭示观点间相互关系的结构是概念分析。实际上，任何尝试绘制出我们观点的组织的做法都需要分析用以表达观点的概念。分析任何概念都能得出一种结构。

9.1 概念的定义

概念是对个别事情的普遍分类法。当我们根据经验定义概念时，我们从特殊的具体经验中提炼一般概念或原理。隐含在这些概念或基本分类背后的是模式，通过模式我们把经验组织分类，这为我们观察问题提供了特殊的视角。哲学家 Bertrand Russell 曾解释说："构思是对普遍事情的认识，我们意识到的普遍的东西即为概念。"

9.2 它们对思考产生的影响

概念性思考的重要性在于它允许我们富有想象力地思考所有的可能性；并不仅仅考虑事情现在是怎样的，还考虑事情本应如何。当我们从概念出发考虑问题时，可以提炼一般的概念或原理，把它从植根于现实的具体情况中分离出来，这些概念和原理适用于所有情况（过去、现在和将来）。从具体事物中提炼出一般概念，我们展现了一个普遍模式，通过该模式，我们能预测某件事情可能产生的影响。我们创建能规划环境的模式，这样能帮助我们预测人类行动的结果。

例子：形成概念

1968 年，Stanley Kubrick 的电影《2001：太空漫游》（2001：A Space Odyssey）摘得了奥斯卡奖桂冠。在电影开头一个令人恐惧的场景中，一只猿从发白的动物骨架上捡起一根骨头，拿着骨头把头骨敲击成碎片。然后，在接下来悄无声息的瞬间里，猿双手持骨，高高举过头顶，它形成了一个概念。它不仅仅是用骨头敲碎发白的头骨，而是当作"武器"用来袭击所有敌人的头骨。

但是，当概念把人类从不确定未来的控制下解放出来时，它又使我们陷入了常规思考容易带来的可预言性之中。不管我们的理性评价如何，它们能通过设定我们一般遵循的思路来影响我们的行为。利用它们，我们可以从特定的视角观察事情。我们解释经验，进行整理并因此倡导某种行动。概念的基础是随时准备好以某些方式，而不是其他方式，做出反应。这一点使得概念非常重要，我们对之进行分析，因此我们知道，在具体使用当中，它们如何推进思考。

> 确信：
> 你分析你所使用的概念，因此你能控制它们，而不是反过来。

9.3 独创性研究始于重新设计概念

一旦我们揭示了结构，就要利用它形成新的概念，就像我们在幽默、诙谐语和字谜游戏的答案中见到的一样。在人类认知上的许多重大突破并不是因为研究者们有了新的或更好的数据，而是源自于他们思维的质量和创建的概念类型。在许多情况下，当研究者们面临难以解决的顽固问题时，最终的解决方法往往来自于跳出现有的概念和方法进行思考。

我们乐意承认人类大多数的解决方法都是来自于逻辑推理的直接过程，但这只是我们讲述发现故事的方法，而不是叙述它实际上是如何发生的。因此，我们首先需要具备分析概念的能力，从概念中创建新模式，通过模式观察周围世界，并组织搜集相关的信息。

> 考虑：
> 从固有概念和它们支配的常规思考的框架中跳出来，得出独创性的观点。

我们面临的问题是它看起来是一件无关紧要的事，没有必要去做。显而易见：我们都知道诸如"需求""贫穷""悲剧"之类的词意。因此我们要学会问个典型的哲学问题，"是的，但 X 的意思又是什么呢？"尤其是当这个词的意义人人皆知时。若用探索的、自我反省的方式质问我们自己是如何使用这些常见词时，我们不会再不以为然了。

9.4 开放性概念和封闭性概念

第一步是要认识到词不止有一个含义，具体意义要根据它们使用的语境和目的来看。词本身没有意义。因此，我们关注的是它们实际的和可能的用法。如果在词典中查找一个词的意义，只能找到其在特别语境中的意义的描述，或者只能找到在一系列运动形象中的一瞬间静止，或者说是一张抓拍，它记录了概念是如何演变的以及正发生着的变化。因此在我们分析概念时的任务就是勾勒出词被使用的所有的不同方法。

意义取决于 —— 语境

—— 目的

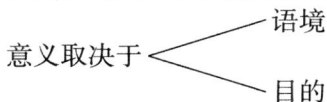

9.4.1 封闭性概念

尽管如此，对于一些概念来说，这个任务实际上就像在词典中查词一样简单。这就是"封闭性概念"。它们的意义通常是不变的、明确的。"自行车""单身汉""三角形"这类词的意义都有自己的结构，遵守逻辑的必然性。

我们都同意遵守规定这些词义的一些常规。因此，如果你说，"自行车有 1 个轮子"或"三角形有 4 条边"，人人都知道你犯了逻辑错误。当我们根据常规使用这些词时，实际上，我们以一种特定的方式构建自己对世界的了解。

> 封闭性概念：
> 结构要遵守逻辑必然性。

9.4.2 开放性概念

开放性概念则恰恰相反：我们对世界的体验塑造了概念。它们的意义不像封闭性概念那样受制于一系列复杂的正式规则，因此不能仅仅从词典里查询后就确定它们的意义。它们的意义反映了我们不断变化的经验：它们随着时间的流逝而改变，也因文化的不同而相异。

> **例子：贫穷**
>
> 在某些文化中，在某些年代，贫穷意味着没有办法获得食物，或者没有办法永久地躲避自然的肆虐；然而在西方经济发达的今天，贫穷则代表没有彩电、冰箱甚至第二辆车。

9.5 发展概念技能——三步骤的技巧

因此我们的任务是发展分析开放性概念所需的技能。在下面的内容中，你能学会一种简单的三步骤技巧。这种方法可以作为常规被使用。在工作过程中，考虑在自己的主题中会碰到的概念，如"受贿"、"权利"、"隐私"、"需求"和"悲剧"，问自己"它们的意义是什么？"

9.5.1 第一步：搜集典型的例子

首先，花些时间搜集证据：比如，在日常生活中你使用概念的 5 ~ 6 个例子。尽可能地区分它们。这样你就可以剥离它们的不同之处，从而更清晰地揭示它们本质的相似点。

> **例子：革命**
>
> 如果你是位历史学家或社会学家，你可能已意识到在自己的工作中要使用"革命"的概念。因此你要知道它的意义，它如何与叛乱、谋反或政变区分开。

第一步就要搜集不同的革命例子，例如法国大革命（1789年）、俄国革命（1917年）、英国革命（1649年）、葡萄牙康乃馨革命（1974年）、匈牙利革命（1956年）、工业革命，甚至计算机革命。然后你需要思考谋反和叛乱，如杰克·凯德领导的起义（1450年）和农民起义（1381年）。

1.我如何使用概念？

如果你认为列举例子很困难，可以问自己3个问题。第一，"我如何使用概念——我是否多方位地使用了它？"如果你这样做了，就有一个结构会呈现在你面前：需要探寻每种方法并找出其含义。在概念中我们所使用的介词在很多情况下都指示了不同的意义。

例子：权威

在我们使用"权利"的概念时有两种不同的方法，一种是某人是"一位"权威人士，另一种是他们"属于"当权者。

"自由"的概念也是如此。我们常常说从某事中解脱出来，如某种形式的压抑、抑制和约束。我可能如释重负地说，吃了止痛药品后，我终于从痛苦中解脱出来了，或者一名政治犯终于从监狱里被释放出来了。在这两种情况下，我们以一种消极的方式来使用这个词，即某种东西被消除了，痛苦或者监禁。

但我们也可以用积极的方式来使用该词。从这个意义上讲，所搭配的介词可能根据从某事中解脱出来和自由做某事而有所不同。如果一个朋友意外地得到一大笔钱，我们可以说，她现在可以随意做自己想做的事了——重返大学校园，或者买套属于自己的房子。政府同样也用这种方式来利用概念，声称他们投资在教育上的钱可以使更多的人受益，提供更多的工作机会，让更多的人实现他们的梦想。

2.我谈的是哪种事？

如果上述方法不奏效，问自己第二个问题："当我使用概念时，我所指的是哪种事？"这意味着你要去回想日常发生的简单的情景，在情景中，你可能会发现自己正在谈论的事，比如说"权利"，即使实际上你并没有在使用该词。当你使用词语"受贿"时，你所指的是什么事？

3.如何把它与类似的事情相区分？

通常询问第三个问题是大有裨益的：如何把它与类似的事情区分开来？当我使用词语"受贿"时，如何区分它与其他的词，如佣金、礼物、小费和奖金？在我使用词语"权利"时，如何区分它与势力、影响力、合法性、权势的不同？

> 问题
> • 我如何使用概念——我是否用不同的方式使用它？
> • 我所指的是哪种事情？
> • 如何区分它与类似事物的不同？

9.5.2　第二步：分析例子

现在利用这些例子创建概念：使用你的概念技巧，从具体的例子中提炼出一般理论。换句话说，识别每个例子中的共同特性，独立思考能帮助你把它们整合在一起而形成概念。我们都知道应该如何做这些，但要大多数人解释自己是如何做的却很困难。

实际上，它就是简单的模式识别。通过识别每个例子的特性的共同模式，我们能够想象隐含在所有例子背后的概念会是什么样的。有时你可能搜集到7个例子，其中的4个有相同的核心特性，其余的3个没有任何方面能与它们相匹配。那好，在这些情况下，你需要把这4种相似的例子集合在一起，利用它们创建概念，然后使用剩下的3个进行测试。

> 创建概念——模式识别
> - 找出例子中的共同特性。
> - 独立思考，把它们集合起来形成概念。

例子：革命

你可以从下一页的图释中看到这点。在我们上面列出的例子中，匈牙利、俄国、法国和英国革命都有共同的关键特性，这些是其他革命没有的。它们不只是涉及领导者或中坚统治集团的改变，它们还涉及深层的社会变化。每种变化的范围都相似，涉及社会的所有方面，包括地理因素和社会因素。它们还涉及协同运用武力和暴力推翻建立的政权，这点与康乃馨革命、工业革命和计算机革命不同，这些总体上是和平实现的。

政变的进度也是极快的，有些情况下是几天内完成，有些是几周或几个月内完成。这与工业革命大不相同，工业革命的初期从1760年持续到1850年。人口革命或类似的经济革命主要涉及普遍的社会和经济趋势；与之不同，政变还涉及观念。最终，它们都涉及价值观的彻底改变，我们对权利和自由的看法，我们被统治的方式。因此，我们可以用这6种因素形成概念：观点模式，现在我们可以对其进行测试。

9.5.3　第三步：测试你的观点

在多数情况下，你会发现自己对整体结构的把握是正确的，但是在细节方面可能会存在错误或者忽略了微妙的差别。因此，通过测试概念能区分基本的特征，摒弃概念的偶然因素。在这个过程中，你能加深自己对关键特征的理解。

要用这种方法测试观点，你只需要采取一些简单但经过深思熟虑的措施。我们的目标就是依据那些临界案例建立脑力实验来测试我们的概念。然后依次依据对比案例和不明确个案进行试验。在每个阶段我们都要精处理，直到得出正确的结果。

1.临界案例

首先，在拥有结构之后，你要试着考虑一个临界个案，即一个不能与你的结构非常相称的概念例子。它可能不具备你的结构的特征，或者具有你的结构中所没有的特征。分析它的特征，看它到底是否符合。对于这种概念的形式，你可能比先前有了更多的认识，实际上，它也适合该结构。或者，在考虑所有的可能性后，你能清楚地发现它不适合你的结构，你就需要调整结构以顾及这点。

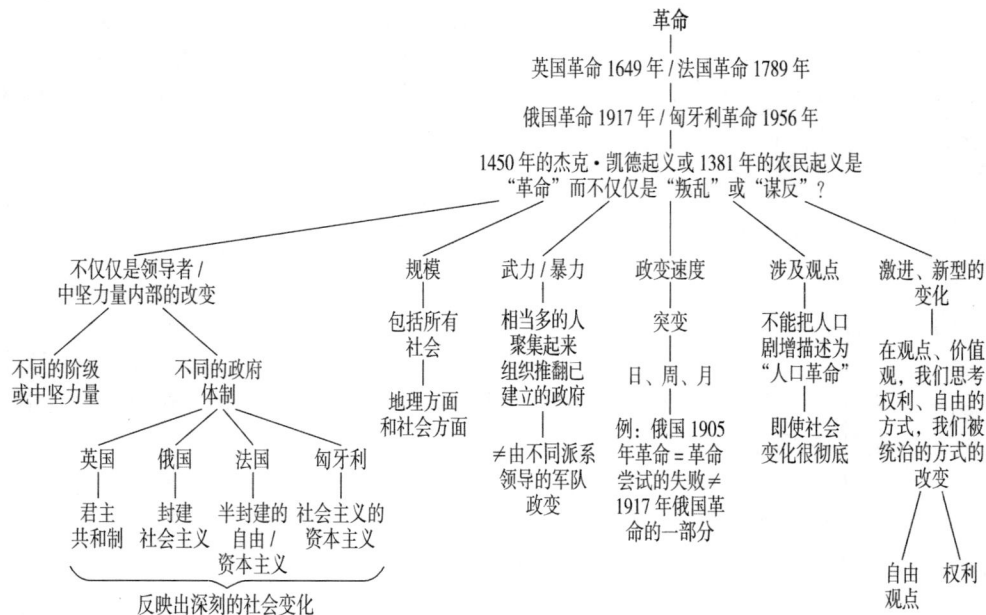

革命

英国革命 1649 年 / 法国革命 1789 年

俄国革命 1917 年 / 匈牙利革命 1956 年

1450 年的杰克·凯德起义或 1381 年的农民起义是
"革命"而不仅仅是"叛乱"或"谋反"？

不仅仅是领导者 /
中坚力量内部的改变

不同的阶级
或中坚力量

不同的政府
体制

英国　俄国　法国　匈牙利

君主
共和制

封建
社会主义

半封建的
自由 /
资本主义

社会主义的
资本主义

反映出深刻的社会变化

规模

包括所有
社会

地理方面
和社会方面

武力 / 暴力

相当多的人
聚集起来
组织推翻已
建立的政府

≠由不同派系
领导的军队
政变

政变速度

突变

日、周、月

例：俄国 1905
年革命＝革命
尝试的失败≠
1917 年俄国革
命的一部分

涉及观点

不能把人口
剧增描述为
"人口革命"

即使社会
变化很彻底

激进、新型的
变化

在观点、价值
观，我们思考
权利、自由的
方式，我们被
统治的方式的
改变

自由　权利
观点

例子：革命

除了没有暴力和武力，葡萄牙革命似乎符合每个特征，但它包含武力的"威胁"，因此我们要决定这点是否足以把葡萄牙革命作为革命的一个例子。如果不是，我们需要归为其他。如果是，我们需要决定是否要改变关键特征，阅读相关"武力和暴力的威胁"，或者从概念结构中把这个特征完全摒弃。

2.对比案例

无论通过哪种方法，我们都已证实了结构的重要部分。因此，现在你可能因得出合适的结果而信心倍增。要想出一个与你的概念有明显差异的例子来严格检验自己的信心。找一个强有力的例子，你能发现它与你的概念结构完全不相匹配。最好的例子也很难与你的结构的一个或几个关键特征相吻合。依据这个例子重新检验自己的结构，看是否需要调整各部分及它们的相互关系。

例子：革命

　　我们的结构有6个特征，工业革命不具备其中的两点：变化的速度，以及协同使用武力和暴力。然而，对工业革命越进行深入的了解，你越能发现在圈地运动中是如何使用武力，甚至是暴力的，以及如何使用权利，如加入工会的权利。

　　如果这些足以满足该特征，我们就只剩下一个不相符的特征：变化的速度。我们要么认定工业革命只是一场快速的"演变"，要么修改结构，从中删除变化的速度，从而把工业革命囊括其中。

　　一旦你做到了这些，你的概念就会更犀利。你可能已发现了在先前的分析中被忽略的一个或多个关键特征。

　　3.不明确案例

　　通过这些检验，你能知道概念的关键特征，以及限定它们之间关系的结构。如果你不确定，还需要用一个或多个对比例子进行检验，但是效果甚微。在大多数情况下，到这一步为止，你应该已经找出了关键的特征。

　　如果事实确实如此，可以直接进入下一阶段，测试采用这些关键特征的结果。我们需要想象一下你无法被接受结果的情况有哪些。要么它们根本不是跟该概念有关的例子，要么是我们忽略了一些问题。

　　与前面的阶段不同，在这个阶段，我们既不需要识别关键特征，也不需要挖掘其他与概念有某种偶然联系的特征。现在我们已经了解了主要特征及在限定概念方面它们之间的相互关系。在这个阶段，我们通过精心提炼之前分析中存在的差别，能更清楚、更敏锐地了解关键特征及其相互关系。因此在分析区别时，我们能利用更微妙的意义。

例子：革命

　　在不明确案例中一个最明显的例子恐怕是"计算机革命"。在大多数关键特征方面，它看起来都很难使人信服。尤其是，它不涉及推翻一个政府，或者使用武力和暴力。

　　即使如此，历史仍把技术专家这一新阶级推上了更具影响力的位置。同时，在政府中应用计算机系统，进一步确定信息能给掌握它的人带来力量。当然，电脑技术和网络更广泛地传播信息，它们被认为是催生更民主政府的有力媒介。你需要判定这点功绩是否足以被描述成"革命"，或者我们这样描述它其实是错误的。

　　正如你所看见的，在认真完成每个阶段的过程中，我们有意提出几个棘手的问题以测试、提炼在先前分析中找出的区别。后面的表格清晰地列出了每个阶段，在具体实施时你可以逐步加以运用。

结构　3个步骤技能	目标
活动	
第1步：例子活动 列出5～6个不同的典型例子。	为获得能够说明相似点和不同点的材料。
第2步：分析 模式识别——识别共同特征和它们的相互关系。	形成假设：原型概念。
第3步：测试 1.临界案例 举一个不具备我们结构特征或者具有我们的结构不具备的特征的例子，与我们的概念进行比较。	辨别结构中纯属偶然的特征。
2.对比案例 找一个不具备我们的结构的一个或多个关键特征的例子，与我们的概念进行对比。	区别关键特征和它们的相互关系。
3.不明确案例 检查一个无法接受其结果的案例来检验关键特征。	提炼分析中的微妙差异，以更清楚、敏锐地理解关键特征及其相互关系。

9.6　概念和研究

大多数研究都遵从由一般到特殊的研究方法：从抽象到具体。这也是我们解释世界的方法：理解世界需要逆向的方式。在大多数的研究问题中都会涉及概念，对此我们通常想当然地理解，即使概念的核心还包括极其有趣的争论、问题和见解。

通过分析概念，我们不仅能使研究结构化，而且还能把它分为易于管理的任务和问题，更重要的是，我们可以把研究划分为包含各级问题的基本层面，这才是问题真正有趣的核心。这种结构能清晰说出抽象术语的意义、含义，以及在研究中如何识别它们，有效地促进了我们的研究。

> 分析概念为我们的研究提供
> - 结构——易于管理的任务和问题。
> - 包含各级问题的层次——这种结构能促进研究。

在本章中，我们了解了如何把抽象的概念划分为具体的观点。在本书接下来的内容中，我们将学习如何从本阶段出发，利用这些观点作为指示器，找到我们的研究中这些概念的实际证据，来得出这些子问题的答案。

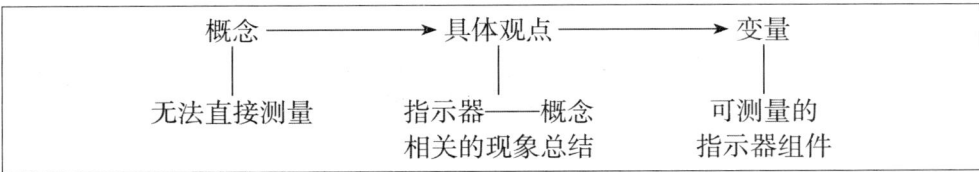

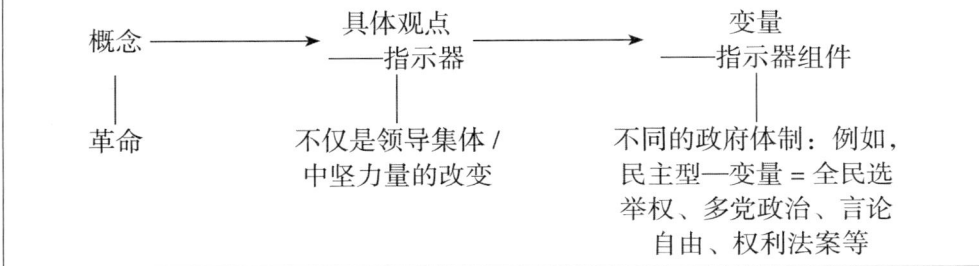

例子：革命

总结

- 组织思考的结构是概念的基础。
- 我们必须进行分析以确保是我们，而不是概念，控制思维。
- 独创性观点始于重构概念。
- 结构能显示出抽象概念的意义、含义以及如何识别它们，从而促进我们的研究。

9.7　下面的内容

既然已经清晰地建立了观点结构，我们必须进行挑战、管理，以提出一系列"如果……将会怎么样？"的问题，直到找到想要探讨的假设或一般问题为止。在带有先行词（"如果…….将会怎么样"）和条件（"可能是 B，C 和 D"）的情况下，结构能为我们提供一系列预期，使得我们可以在研究中进行探讨或检验。在下一章中，我们将学习简单、常规的方法来做这些。

第10章

独创性的问题和假设1：使用类比法

在本章中，你能学到：

- 如何做一名更好的思考者。
- 如何通过站在他人角度看问题来开展心理实验。
- 如何通过把自己从常规思维模式中解脱出来而提出"如果……将会怎么样"的问题。
- 如何搜寻例子，并测试其可靠性。

在简介中，我们提到写论文可能是你第一次抒发自己的真情实感。在你创作的过程中，论文评审人和你都能看到你是如何思考的，而不仅仅是你思考了哪些问题。在写作过程中，你要学着变成一位真正的思考者，在思考过程中真正反映自己的思维。

10.1 优秀的思考者

优秀的思考者在处理问题时能做到两点。首先他们能从常规思维模式中跳出来，运用表面上不相关的心理框架解决问题。这样他们能把自己的思想从传统禁锢中解放出来，否则可能要深陷其中，同时他们能搜索各种不同的心理模式。其次，在思考时，他们能忘掉自我。他们意识到在看清楚具体形式之前，自己需要忘记所期望的形式会是怎样的。

> 优秀的思考者
> - 把思想从常规模式中解放出来。
> - 忘掉自我。

当思考者们第一次亲眼看到自己曾努力追寻的问题有了答案时，在我们的思维中的这些转变会引发在思维发展的过程中的一些最关键的时刻。从常规思维模式和预期答案的禁锢中解放出来，他们顿时领悟了解决办法，自己呆呆地想着为什么之前没有找到答案。

我们在上一章中看到，这些规划思维的常规模式并不总是最有用的。我们看到了自己想看的：我们一直是怎样观察事物的，我们认为它们应该是什么样的。思想重塑并更改我们的经验。阅读下面的段落，看自己能理解多少，尽管里面的大部分词语都是无法识别的。

Aoccdrnig to rseearch at an Elingsh uinervtisy, it deosn't mttaer in waht oredr the ltteers in a wrod are, the olny iprmoatnt tihng is taht the frist and lsat ltteers are in the rghit pclae. The rset can be a toatl mses and you can sitll raed it wouthit porbelm. Tihs is bcuseae we do not raed ervey lteter by itslef but the wrod as a wlohe.

根据一所英国大学的调查，单词中字母的排列顺序并不重要，唯一重要的是第一个和最后一个字母要在正确的位置上。即使其余的字母随意排列，你仍能没有任何问题地读出来。这是因为读单词时不是读每一个字母，而是把单词作为一个整体来读。

这种情况能帮助我们理解段落，但它也限制我们在正常的假设之外进行创造性思考的能力。即使在科学领域，新观点被珍视为进步的源泉，挑战常规思维方式的理论仍会遇到阻力。从威斯到爱因斯坦，从板块结构学到量子论，现代科学走过了反抗、革命、为推翻理论而斗争的历程。

10.2 学着成为一名优秀的思考者

那么，我们应如何学习优秀的思考者所能做到的这两点呢？

10.2.1 忘掉自己

首先，我们需要养成站在他人角度看待问题的习惯，间接感受别人在某个特定形势下的感受、信仰或喜好。这类心理实验必须被经常开展。在第 7 章里，我们看到了从不同层面、不同视角思考问题从而生成观点的重要性。现在，在我们开始改变并使用这些用来组织观点的结构来进行工作时，这点变得更为重要。

对别人的生活和经历感兴趣的人们更擅长于站在他人的角度开展心理实验，他们会问在相似的情况下自己会怎么做，会有何感受。他们设想得更多，体验得也更多，尽管是间接地体验。他们发展了创造更多结构的能力，通过这些结构处理、理解概念。

良好的思考
- 经常站在他人角度看待问题。
- 暂时不要做出判断，问自己"如果……将会怎么样"的问题。

10.2.2 把思维从常规模式的束缚中解脱出来

其次，我们应从常规思维的模式中解脱出来，养成询问"条件句"的习惯：当我们暂不做出判断时，我们都会提问"如果……将会怎么样"的问题。历史学家们通过提出与事实相反的问题开拓了历史研究的新领域。他们会提出如果历史上未发生的事件当时发生了的话，世界会是什么样的。

暂缓你的判断，询问"条件句"："'如果……将会怎么样'的问题"。

历史学家可能会问，"如果拿破仑战争未爆发，世界会怎样？工业革命是否会以不同的方式发展？"从这点上，他们可能会假设，"如果未爆发拿破仑战争，在英国经济中重工业不会占据如此重要的地位。"科学家们除了利用反设事实，还使用虚拟条件进行试验：提出"如果 A 存在，B 也会存在"的假设。

例子：公共场所吸烟

比如说你对一篇有关政府报告的文章感兴趣，里面谈到由于政府颁布了禁止在公共场所吸烟的法令，酒馆和饭店的营业额降低了15%。

如果：

你在本地进行调查后发现，营业额非但没有降低，反而大幅度增加，那又怎样？你怎样解释？

例子：学习技能

尽管通常把学生学习技能低的原因归结为没有教育他们如何使用学习技能，但证据表明学过学习技能课程的学生也有同样的问题。

如果学生学完这类课程后仍有同样的问题应该怎么办？我们应如何解释这种现象？

例子：法国大革命

对于法国大革命的一种解释是将它看作一场资产阶级革命，在以资本家为主导的中产阶级及其价值观的推动下爆发。资产阶级不断意识到当时寄生的、世袭的没落阶级，贵族土地主和崇尚过时的贵族价值观的君主政体束缚了其成长，阻碍了他们获得更有影响力的社会地位和声望。结果，在双方之间展开的冲突和革命导致了资本主义经济和阶级社会的出现。

但是如果当时没有出现拥有资本主义价值观的资产阶级又会如何呢？

在上面提到的每个例子中，你都要研究"如果……将会怎么样"的问题，并对其进行解释。

10.3 找到"如果……将会怎么样"的问题——类比法

如果这些问题不以这样的方式突然出现在你面前，你还需要经过更多深思熟虑的过程，或者要搜寻一个类似的，但不相关的思维结构，或者仍用你的结构，但对其做一些改变。

"如果……将会怎么样"的问题
- 类比法
- 沿用和修改结构

尽管依据后见之明，各种形式的研究所取得的突破看起来都是符合逻辑的，甚至是显而易见的，但从最初研究它们的思想家的观点来看，则恰恰相反。对于

他们来说，寻找备选观点模式以找出解释问题的不同方法的过程充满了困惑、怀疑和不确定性。像他们一样，我们也要发展识别不相关结构间的相似性的能力，以找到研究主题的有趣的方法。

其中一方面涉及寻找日常生活经验中搜集到的模式的相似性。就像词语"艺术"所示，这不是一个机械的过程；它需要高度的想象力以区分先前不相关的模式，使所有的部分都能符合。找到这些通常能有意想不到的收获。拥有洞察力就能察觉出对别人来说无所谓的事实。要做到这点，需要问自己 3 个简单的问题。

> 3 个简单的问题
> - 有没有平行结构？
> - 模式适合吗？
> - 它能解决问题吗？

10.3.1　有没有平行结构？

寻找平行结构就是要寻找与我们的问题相同或相似的类比结构，这涉及简单的模式识别。Marple 小姐是 Agatha Christie 12 部犯罪小说中的主人公，她经常描述自己曾居住过的英国圣·玛丽·米德小乡村中发生的故事和人物。尽管这些故事和人物与她所要解决的问题相差甚远，但故事中的行为和人类动机的共同模式可以被用来解释、解决问题。

但要做好这一点，我们必须提前做好充分的准备，搜寻大量的观点。有大量的类比被摆在我们面前，所以，就看我们是否做好准备去找到它们了。问题是大脑并不是生来就有创造力的，只有在我们有所准备时大脑才能发挥其作用。

10.3.2　模式符合吗？

要回答这个问题我们需要关注两点：相似点的数量和质量。很明显，如果两个结构相似之处非常多，我们在利用它们做出结论时就会更有信心。但是相似点的质量也非常重要：我们必须保证类比在我们的经验中能建立起可信的联系。

当我们搜寻这类联系时，我们要在以往的经验中识别足够稳定的模式，假定其中一方存在，另一方存在的可能性也极高。A 与 C 相似的部分越多，区别之处越少，两者吻合的可能性就越大，下一个 A 就很可能是 C。

> 关注两个问题：
> 相似点的数量和质量。

如果我把笔丢出窗外，转瞬之间，我们能看到窗外街道上的汽车发生碰撞事故。如果说第一件事导致了第二件事的发生，这很难令我们信服。因为依据我们的经验，没有任何法律说丢落钢笔会引起汽车碰撞事故。然而，如果我辩论说光反射了下落的钢笔，分散了司机的注意力，司机失控后发生了撞车事故，这仍不能被称之为一种令人满意的解释，但它有其合理的一面。

> 相似点的质量：类比法能否成功地解释相似事件？

原因是我们在生活中有类似的经历。人们在做事时如果被嘈杂的噪音或明亮的灯光分散了注意力，就容易犯错误或发生事故。我们以前曾使用过这类事件模式，它们拥有良好的记录，在这个案例中再次利用它使我们感觉很有信心。

然而，模糊的联想是无限的错误和过度简化的根源，是迷信、神话和宗教仪式的基础。我们听说看到黑猫意味着要交好运，这大概是因为某个人于某个时间看到了一只黑猫，随后交了好运吧。

> 因此，要确保分析并测试在类比和你的问题之间的相似点的关键要素。

10.3.3 它能解决问题吗？

一旦我们确定相似点不仅仅流于表面，我们要问第3个问题：使用另外一种方法来对待问题，使用"'如果……将会怎么样'的问题"，能否将改变我们对于它的解释？

通常会发生的情况是，当模式与情景相符时，你通常会茅塞顿开，瞬间就理解了每件事的意义。这是在真正思考的过程中最关键的时刻之一。

稍后，我们意识到问题的关键在于一个暗含的线索，由于它看起来不相关，所以我们没有看到或没有注意到这点。但实际上，它并不是完全不相关的。问题仅仅是我们使用不同的模式解释观点，改变模式后它就变得有关系了。具备这种能力能引发真正的创意和洞察力。

> **例子：达尔文和物种的多样性**
>
> 在对甲壳动物进行了几年的研究之后，达尔文认识到自己之前认为物种的稳定性为常态、多样性为特例的假设是错误的。事实上，情况恰好相反：多样性才是常态。但是，如今他该如何对此做以解释呢？
>
> 通过与他所见证的19世纪英国的工业发展进行类比，达尔文找到了解答之法。很明显，在过度拥挤的市场上，激烈的竞争对于那些能够使用和调整自己技能以找到商机的人来说更为有利。在这种环境下得到快速发展的人，往往是那些抓住新的机会、当市场空隙乍现就迅速填充的人。他们认为拥挤的市场充满了各种不同技能、行为方式各异的人，这些人彼此合作，而不是直接的竞争关系。
>
> 达尔文认识到，自然界亦是如此。同样的竞争压力迫使物种自我调整以填充未被占据的生存缝隙。物种的机能多样性越大，一个地区所能支持的数量也就越多。事实上，自然在这方面远比工业更加有效率。自然选择增加了竞争环境中动物的"劳动分工"，导致物种广泛的多样性。

总结

- 我们必须忘掉自己，开展能与他人产生共鸣的心理实验。
- 我们还必须把自己从常规的思维模式中解放出来，问"如果……将会怎么样"的问题。
- 其中一种方法是类比法。
- 要有效地做到这点，需要问三个问题：有平行结构吗？它是否符合？它能解决问题吗？

10.4 下面的内容

如果通过类比无法引出"如果……将会怎么样"的问题，你需要操控并改变结构。在下一章中，我们将学习4种改变结构的简单方法。

第11章

独创性的问题和假设2：形成你的结构

在本章中，你将学到：

- 4种简单的方法帮助你更有创造性地思考要研究的问题或假设。

- 通过操控使用的结构来理解主题，我们能从不同的角度研究问题，找到研究问题的有趣方法。

- 我们如何使用文献中的分散法和集中法来找到解决问题的不同方法。

如果我们无法找到一种类比法能用不同的方法来解释主题以及那些能够指导我们做研究的"如果……将会怎么样"的问题，那么我们必须对结构进行试验，操控并改变结构。

我们都知道许多困难问题的解决办法都是通过从不同的视角观察它们而发现的。如果知道用同样的方法可以找到一个有趣、新颖的研究问题，我们不必感到惊奇。毕竟，事物都有两面性。多年以来，我们已习惯于把这种从不同角度思考问题的能力称为"水平思考法"，虽然将其称之为"非线性思考法"会更恰当。换句话说，与我们通常采取的线性步骤不同，我们采用不同的顺序工作。

11.1 4种策略

通过使用下面的4种策略，你可以非常容易地掌握这点。实际上，所有创造性的工作都来自于这类常规工作所形成的牢固根基。认真贯彻这些步骤，我们能掌握跳出常规思维模式思考的技能，找到其他有创意的解决问题的办法。

> 形成我们的结构
> - 改变结构。
> - 从不同的方向解决问题。
> - 以不同的要点作为出发点。
> - 创建新的结构。

改变结构涉及重组要素和它们之间的关系。用这种方法来利用想法是抽象思考的决定性特征。相反，第2个和第3个策略涉及接受现有的结构，从不同的方向去观察。我们或者从不同的方向来解决问题，从不同的视角来观察它，或者以不同的要点来作为出发点。第4个策略可能是最彻底的。它涉及创建新的结构，要么通过合并其他结构来实现，要么通过改变基本概念所描述、解释的情景来实现。

11.1.1　策略1：改变结构

这种策略被我们称之为"自下向上的策略"，因为我们是从搜集到的观点出发重建结构的。这也是我们解决纵横拼字迷游戏时采用的方法。线索会激励我们用某种方式思考，答案就在于改变所期望的模式。解决办法往往来自于改变结构，并不是仅改变1~2个部分。这个事实诠释了为什么解决方案总是以一种让你在突然间顿悟的方式出现，并且答案是作为一个完整的整体被揭示的。在《科学革命的结构》（*The Structure of Scientific Revolutions*）中，T.S.Kuhn用同样的术语解释了科学的进步。在一个完整的革命形式中，在两个相互矛盾的范例之间的转变是突然的；它不是一个渐进的过程。

因此掌握这种策略的关键是学习操控、改变预期的常规模式。问题是大脑允许信息自由组织成我们习以为常的模式，因此我们需要学习简单的方法来改变结构，从新的、更有效的视角观察事物。试着使用下面的策略：

改变结构
- 分解结构。
- 重新排序。
- 重新解释。

1.分解结构

最简单的方法是把结构分解成两个或更多的部分。在许多情况下，这样能把原本困难、迷惑的问题分解成两个简单的问题，其答案也是显而易见的。我们或者能利用以前的结构来解决每个问题，或者我们发现有平行结构，一个类比，能成为解决问题的关键。如果不能做到以上这些，一旦分解结构之后，我们可以利用其他方法对问题进行重新排序或解释，以找到解决办法。

例子：纵横拼字迷游戏

纵横拼字迷游戏的编译者在设定提示时通常想着这个策略。要找到"Saving book（7）"的答案，编译者期望你能把字谜一分为二，每个部分都指向答案"Reserve"。字谜"Frequently decimal（5）"也是一样，我们可以把它分解成两部分，每部分都指向答案"Often"。

2.重新排序

或者，可以通过重新排列结构得到有些问题的答案，在大多数情况下，这需要识别能被移动或改变的因素。这种方法的关键是认为每种因素都可能带来形势的改变。

例子：学习技能

如果你要问为什么那么多学生总是吃力地做笔记、读课文、写论文才能达到教学大纲和考试的要求，那么常规的因果模式可能认为这种现象的主要原因是他们没有接受充分或有效的教育来了解如何做这些事情。但你会发现对于大多数学生来说，事实并非如此，他们在接受了良好的相关教育之后，仍存在这种问题。这时你需要确定一个能被移动或改变的因素来找到最有可能的答案。

常规结构显示了下面的因果关系：学习技能的指导决定了我们使用技能来满足教学大纲和考试要求的方式。

学习技能指导→做笔记、阅读、写论文的技能→满足教学大纲和考试的需求

按照考试和教学大纲的影响这一思路进行重新排序，为我们提供了另外一种解释和有趣的假设，来指导我们的研究。

满足教学大纲和考试的需求→学习技能指导→做笔记、阅读、写论文的技能

学生对学习目的的了解，可能是由我们编写教学大纲、组织论文、考试等评估模式所采用的方式决定的。尽管学生们接受了学习技能的指导，他们仍然用同样的方式记笔记、阅读、写作，依旧存在同样的问题。

如果教学大纲中使得学生相信，学习主要是了解知识，而考试只是测试他们能记起多少正确答案，并以此评分。在这种情况下，即使他们参加了学习技能课程，他们仍会继续逐字阅读，逐字做笔记，且没有结构性，因为他们害怕在漏掉某些东西之后无法用正确的答案作答。

3.重新解释

没办法的话，我们可以重新解释结构，改变它的意义。我们理解结构的方法本身就有可能把我们引入错误的方向。因此有的时候，即使我们不改变结构，也能通过朴素的观察找到解决方法，不带任何成见，就像一个从未见过它的人那样。

例子：法国大革命

在法国大革命中，资产阶级的价值观解释了革命爆发的原因。在你所阅读过的文章中，很少有作者质疑这个观点。但现在如果你重新解释这点，你可能会问"如果完全没有这些资产阶级价值观又会怎样，实际上，它与土地贵族相差甚微？"可能与他们一样，资产阶级也会努力争取有利可图的政府职位，而不是尽力成为企业家。如果事实是这样，两个相互对抗的阶级就不复存在了，也没有了深刻的革命斗争。

现在你有了一个有趣的研究主题，还有一些吸引人的子问题：非贵族集团为何与贵族集团较量并打败他们；他们为何攻击、破坏特权，因而捣毁了18世纪法国社会的正式体制，为资本主义社会开辟了道路？

11.1.2 策略2：从不同的方向解决问题

对于某些问题，不需要改变结构，仅仅从不同的方向、不同的视角解决问题即可。在柯南·道尔的故事《雷神桥之谜》（*The Problem of Thor Bridge*）中，福尔摩斯在描述其侦探理论的一方面时说："一旦你的观点改变了，原本一无是处的东西也成了通向真理的线索。"在我们从不同的方向处理问题时，最常用的策略是逆转事物的顺序：使之上下颠倒、里外翻转或前后倒置。

> 从不同的方向解决问题
> - 上下颠倒。
> - 里外翻转。
> - 前后倒置。

1.上下颠倒

在被称之为"哥白尼式革命"的思想中，18世纪德国哲学家伊曼努尔·康德通过颠倒休谟的论点，翻转印象和智力之间的关系，解答了大卫·休谟提出的问题。正如哥白尼地球排除了地心说一样，康德通过从我们的意识中移除世俗经历，使它在大脑积极运转的过程中发挥的作用更小，这样康德就解决了休谟提出的问题。

卡尔·马克思用同样的方法颠倒了黑格尔的理论，提出决定物质力量形状的不是观点，而是以社会和经济因素形式存在的物质力量，如生产，决定了社会、社会关系、个人、信仰和价值观，甚至他全部的自由。

2.里外翻转

把问题里外翻转更难识别，尽管它可能带来更意想不到的结果。

最明显的例子是我们逆转最直觉的假设，把它里外翻转，看从相反方向观察时我们能发现什么。

例子：宾馆顾客

通过逆转我们的假设，康奈尔大学的研究者设计了四种研究类型：满意的稳定顾客；不满意的稳定顾客；不满意的流动顾客；满意的流动顾客。存在满意的稳定顾客和不满意的流动顾客是很明显的，但如果考虑存在不满意的稳定顾客和满意的流动顾客则与直觉相悖。

例子：禁烟

吸烟者更喜欢不清新的空气，而不吸烟者更喜欢清新的空气，这点似乎很明显。然而，如果说有的吸烟者更喜欢清新的空气，甚至有的不吸烟者更喜欢不清新的空气，这看起来就与直觉相悖了。然而，当你调查为什么在禁烟令颁布后本地的酒馆和饭店的营业额增加时，你会发现这是一个有趣的洞察力的源泉。

通过逆转常规思维模式而产生的不对称的，不寻常的连接和对比，往往是使你茅塞顿开的源泉。

3.前后倒置

在幽默中，可以发现一些第3种方法的经典例子。在第8章列举的 Sir Peter Medawar 的例子表明，通过控制观点模式和它们所产生的预期是可以发生效用的。把两种不对称的模式用同一个词或短语连接起来，而这种瞬间顿悟的想法产生了幽默感和创造力。尽管在它们之间存在结构上的相似性，但实际上我们意识到它们所产生的预期是完全不同的。

例子：跨学科写作

如果你在攻读学位，可能会考虑跨学科选择论文主题。通过预期的常规模式，我们提出思维清晰是很重要的，只有这样，写作思路才能清晰。但现在如果我们逆向思维，认为清晰的写作思路促进了清晰的思维，你就可以对这个完全不同而又极其有趣的假设进行验证了。

有人提出通过强迫自己更清晰、细致地考虑观点，写作可以在科学、数学等跨学科领域发挥更大的作用。通过写出自己如何获得观点、解决问题，学生们能更深刻地理解自己对这些学科的思考过程。

11.1.3　策略3：一个不同的出发点

上一个策略是逆转过程，与之相反，这个策略的出发点是之前我们从未尝试过的。我们关注结构的不同部分，并把它作为出发点。要做到这一点，最简单的方法是从组织主题的关键概念出发。

我们已经看到，概念的关键是组织观点的结构。这些是由组织原则构成的——在分析"革命"的概念时，我们发现了6个。其中的一到两个可能会支配常规使用概念的方法。因此，我们往往能从常被忽略的地方找到不同的出发点。它们从不同的角度阐明问题，呈现出有趣的研究角度。

例子：意识形态

在社会科学的作业中，你通常会把"意识形态"的概念解释为特定集团或阶级为促进或保护自己的利益而形成的思想体系。现在通过分析概念，你找到了可能已经被你忽略了的其他原理，如 Lionel Trilling 把它解释为"感情安全"的源泉。这或许能为你独特的研究主题提供一种不同的方法。

例子：悲剧

在文学中，你可能对某一主题感兴趣，而该主题主要是利用了你对"悲剧"概念的理解。通过分析，你发现了它的另一种解释：弄巧成拙，我们无意间破坏了最珍惜的东西。这会为研究提供一个独特的视角，从而使项目具有了一个新颖的焦点。

但如果主题的关键概念不能提供不同的出发点，试一下这个非常简单的方法：后退一步，借助原始资料，如百科全书，从更广泛的观点去处理主题。

仅仅通过浏览，从更广泛的视角观察主题，你常常能想出不寻常的方法，把它与不太相关的主题联系起来。下面的例子是由本书的评论者提供的。

例子：维多利亚小说

有位学生想写一篇有关维多利亚时期的小说的论文。他打算从与弗洛伦斯·南丁格尔有联系的小说开始，却发现研究无法继续下去。他的导师建议他去浏览英国维多利亚时期的原始资料，于是他在半打小说里发现了护理学参考资料和许多相关材料，这成就了其有关"维多利亚小说中护理学"的论文。

11.1.4 策略4：创建新的结构

然而，如果上述改变都不奏效，你可能发现"如果……将会怎么样"的问题能创建新的结构。与其他策略相比，它是由上而下的，把一个新理论置于支配地位。

创建新的结构
- 合并结构。
- 改变基本概念。

1.合并结构

根据被描述和解释的形式，我们可以通过合并结构或改变基本概念来创建新的结构。

例子：极权主义

以前我们看到在20世纪30至40年代极权主义领导者出现后，历史学家们如何通过从社会科学中引入极权主义的理论来合并不同的结构。通过把过去的理解和现在的新理论联系起来，历史学家们能够拓展新的研究方向，探寻在之前拿破仑等领导者统治的年代里，同样的催眠术对大众的影响以及操纵集体情绪能力的重要性。

因此，要问自己是否能从本学科的其他领域，从其他学科甚至从日常生活中引入理论或解释事情的另一种方式。通常用这种方法把不同来源的结构综合起来创建新的结构。在研究文学时，留意不同文体的文献，可能在综合观点时有用。

在搜寻新颖、有趣的方法处理观点时，提醒自己创造性的思维往往意味着忽略自己的文化习俗。在你的科目中可能存在探讨主题的公认方法，但不要让它束缚自己的思维。人们常说天才具备对所接受的训练产生有效反应的能力。

- 你能引入一个理论或解释事情的另一种方法吗？
- 是否存在可被综合运用的不同文体的文献？
- 不要被处理主题的公认方法束缚。

2.改变基本概念

或者，考虑改变描述主题的基本概念。

例子：医疗资源

在研究如何分配有限的医疗资源以满足病人的需求时，当然涉及分析概念"需求"。其绝对意义是指维持基本生存所必需的东西。但你知道它还有其相对意义，是指维持某一特定生活质量所必需的东西，是某一特定社会的生活产物。在认识到医疗资源可能是这种需求之后，一个极其有趣的项目随之浮出水面。

11.2 分歧和集中

如果所有的这些都不奏效，重新回顾在探索阅读中找到的与主题相关的文献，看文献中是否存在与你的观点结构相对比的地方，尤其是看它们的分歧和集中点。

11.2.1 分歧

你可能发现之前曾有人评论过该主题，此后的新作品都是从不同的、相反的角度展开而没有被评析过，这或许能为你提供机会，探讨这两种立场是否能够经受得住检验。

另外，考虑来自不同国家和文化的作者在处理问题、理论和文献中所采用的不同风格。在文献方面，他们之间是否存在差异？在他们各自的论点中是否存在矛盾？你可能在你的课程中碰到过来自另一个国家的学术著作的解释，并想知道其中有多少可以被运用到自己的论文中。这可能预示着现在的观点、实践或证据不充分。

- 新的对比角度。
- 不同的处理风格。
- 不同的解释。

11.2.2 集中

虽然分歧是观点最明显的来源，但集中却是最活跃的观点来源。再一次回顾文献。你能否找到能够将观点有趣地综合在一起的问题、解释和看法？寻找能综合在一起的观点，以提供更不寻常的洞察力及观察问题的不同方法。

你碰到的情况可能是没有人准备证明某个特殊的作家是浪漫主义者、现实主义者或者存在主义者，但你可能找到了这样证明的方式。两位哲学家的立场可能不同，一个受德国唯心主义的影响较深，一个则受英国经验主义的影响。但你会发现在有些问题上他们的立场极其相似，或者以相似的、出其不意的方式处理问题。你可能会碰到一些观点集中表明，某一通常被认为是由经济原因引起的特殊的社会问题，实际上主要是个心理问题。

总结

- 要提出新颖的问题和假设，你无须等候灵感的降临。
- 只需贯彻这4个简单的策略，谨慎仔细地利用结构。
- 或者，翻阅文献寻找分歧和集中。

11.3　下面的内容

在第9章中我们学习了概念技能，通过简单的方法我们能发展创造性的技能和能力；发现新的、有趣的观点和处理观点的方法。犹如幽默一样，这类创造性来自于结构的不对称性，我们在脑海中驾驭结构来理解这个世界并指引我们前行的方向。在操纵这些结构时，我们突然学会了从不同的方面观察事情；我们拥有了天才般的洞察力。有了这些新观点，我们能够搜寻文献，把可能的主题做成列表，做出最后的抉择。

第三部分 决定你的项目

第12章

查找文献1：了解需要寻找什么

在本章中，你将学到：

- 如何架构研究问题，使阅读更有焦点和方向性。
- 如何详细制定范围，使你能清楚自己的研究语境。
- 如何避免陷入泥潭和转入不相关的领域。
- 在开始查找之前，明确查找目标的重要性。

现在你可能酝酿了许多合理的主题。在做出最后的抉择之前，你必须更详尽地搜寻文献，以清楚在每个主题上已经做了哪些工作，相对于时间和词汇量而言，项目是过大还是过小。但首先，对于每个主题，我们必须清楚地陈述问题，认真规划指导我们论文的研究问题。

12.1 陈述问题——研究问题

尽管你将对主题有个清晰的认识，但在主题内，你需要找到一个能为阅读和思考提供焦点和方向的问题；它能指导你搜集、架构、分析数据和观点。你对主题了解越清晰，你搜集的资料也就越相关，越有用处。如果研究问题模糊不清，你的论文可能会陷入缺少焦点和凝聚力的困境。确信研究问题能使你的关注点更明确：你要寻求答案的问题或你在不同的作者、理论或论点间进行的比较。在研究你的问题时，谨记下面的事情。

12.1.1 清晰

要找到最好的研究问题是很难的：经过认真琢磨、设计，这些问题能指引我们的工作。在这方面花费时间往往能得到丰厚的回报。首先，你会发现更容易选择最合适的研究方法以确保搜集的资料都是相关的。否则，仅仅因为不清楚自己究竟要做什么，你会发现搜集的大多数信息都是无关紧要的，处理、分析材料的方法也是令人困惑的。仅在你的文献综述部分，你就会发现你所包括的大部分内容都需要被废弃。

因此要明确问题，分析假设以保证没有内在矛盾。如果问题复杂，把它分解成思路清晰的子问题。通过这种方式，能制定一条贯穿研究的清晰路线。

12.1.2 趣味性

在第 5 章中，我们讲到主题的趣味性在长期维持动力中的重要性。实际上，如果能抓住身边的每个观点和灵感，并创造能使作品在真正意义上更具独创性的联系和对比，那么你会感觉激情四溢。同样重要的是，如果你对它感兴趣，你也会让读者对它感兴趣。不管是出于有心还是无意，你的热情能阐述一切。

> 如果你对它感兴趣，你也会让读者对它感兴趣。

12.1.3 相关性

这可能是要做到的最明显的事情。你所质疑的可能是针对一个理论的广为接受的解释、一段文学篇章、一段历史记述或你所处的行业中的某种作法。你可能会比较作者、事件的解释、解决问题的途径或不同的理论。或者你正搜寻信息以填补知识的空白。不管属于哪种情形，你要确保能够建立与研究科目中的文献之间的联系。

12.1.4 独创性

你不是必须对知识的新领域做出重大的拓展，但你需要向现有的知识增加新鲜的血液。不能简单地重复利用标准观点或复制之前模块中做过的工作。因此要确保作品体现创造力：观察重要问题并创造有效研究策略的能力，如此一来，你能搜集到充足的资料，并从中发展出一篇有趣的论文。

12.1.5 课程要求

最后，确保要符合课程要求和评估标准的需求。

研究问题
- 清晰
- 趣味性
- 相关性
- 独创性
- 课程要求

12.2 标题

检查完这些之后，需要向前更进一步，拟定一个标题。现在你比之前任何时候都清楚自己的项目是有关哪方面的。拟定一个标题，在明确性上盖章，这样在你每次读到它时，它都能提醒你。标题可以直接指向问题的核心，如下面的例子：

《波尔顿政府禁烟令对酒馆和饭店的影响》（*The effects of the government's smoking ban on pubs and restaurants in Bolton*）、《年轻人对种族主义的态度和经历》

（*Young people´s attitudes to，and experience of，racism*）、《威廉·佩蒂爵士的政治算术》（*The Political Arithmetic of Sir William petty*）。

或者可以拟定一个简短、概括的主标题，配上一个补充说明主标题的子标题——有关主标题的具体方面或应用：

《哈德逊湾公司档案：性别和皮货交易》（*The Hudson´s Bay Company archives: gender and the fur trade*）（斯旺西大学）、《关注孩子的特殊需求：一位母亲的心声》（*Caring for special needs children: a mother´s view*）（萨里大学）、《女性哥特式小说中的主体和肖像：安·拉德克利夫，简·奥斯丁，夏洛特·勃朗特》（*Themes and images in the female gothic novel: Ann Radcliffe，Jane Austen and Charlotte Bronte*）（苏塞克斯大学）。

或者，你可以拟定一个高深莫测，甚至有矛盾的主标题，配上一个揭示谜底的子标题：《抑郁的旧草地，不是吗？》（*Gloomy old sod，aren´t I?*）、《分析菲利普·拉金之诗作：他是位肯定生命的作家吗？》（*An analysis of the poetry of Philip Larkin:Was he a life-affirming writer?*）（苏塞克斯大学）、《有关川濑智子的摇滚——研究登山者对深水谷植物的影响》（*Rock on Tommy - studying climbers´ effects on Yosemite vegetation*）（剑桥大学）、《"我们要告诉这些城市混蛋如何打架"：国内足球流氓行为的社会地理学》（*"We´ll show those city astards how to fight"：a social geography of domestic football hooliganism*）（剑桥大学）。

不管选择哪种文体，确保标题要清晰，能传达给读者尽可能明确的信息，使他们能够很明确地区分它与相似的标题和主题。如果能避免多余的词或词组，如"有关……的研究""有关……的调查""比较……""考察……"，是大有裨益的。多余的词只会使你的意思含糊不清。

12.3 搜寻文献

拥有 3～4 个主题和精心设定的标题，现在你可以转向文献来看其中哪个最有希望。但要清楚自己将要做什么，否则你会发现自己陷入材料中无法自拔。如果没有一系列明确的目标指引自己浏览这些资料，在这个阶段，你可能会浪费很多时间阅读过于深奥的材料。因此，要谨记两个关键目标。

目标
- 寻找宝藏
- 划出范围

12.3.1 寻找宝藏

首先要关注的是有哪些东西：你在寻找宝藏。你在辨别可能对你有用的东西——书、章节、文章、会议文献、网站和论文，任何看上去值得以后从更深层次上阅读的东西。系统地探寻文献，列出标题和出处。在这个阶段，仅仅浏览文章来搜寻观点、信息和研究者可能使用的方法，你可以对这些进行调整以供自己使用。她是如何搜集资料的——通过问卷调查、面谈等？她如何分析材料？她如何呈现调查结果，展现论点并得出结论？

> 寻找
> - 观点
> - 信息
> - 方法——搜集、分析证据
> - 呈现调查结果
> - 发展论点
> - 得出结论

你的目标不是控制观点，而是看每一项的用途。这也不是一件很容易的事。虽然能分清每一项的重要程度，但你仍要广泛阅读，既是为了整篇论文，也是为了主题的每个方面——针对一个与主题无关紧要的问题进行广泛阅读是没有意义的，毕竟这是一篇本科论文，而不是博士论文。

> 确保：
> 进行广泛阅读，尽管你能分清每一项的重要程度。

12.3.2 划出范围

第二个要关注的问题是在要讨论的现行期刊中划出范围。你的目标是尽可能全面地衡量研究所设置的语境。你要熟悉科目、采用的研究方法以及研究者是如何分析、综合、评价证据和观点来发展他们的论点。

要做到这些，你需要最新的参考文献。在近期的期刊中可能含有与你的主题相关的新文章和对新书的评论，这些你无法从别的地方找到。电子期刊很有用，它们很容易被搜寻到。在你的科目中也有一些经典文章很有用，它们详细说明了支持你的研究的理论。

只要你有能力，请绘制一张资料列表，并决定每一个资料的重要性。然后，先阅读3～4篇最重要的文章。这是深入核心最好的方法，尽管到最后，它们可能没有你开始想象的那么重要。

> 规划
> - 当前期刊
> - 研究方法
> - 研究者如何分析、综合、评价
> - 最新的参考文献
> - 经典文章
> - 资料列表
> - 开始阅读关键文章

问题是在我们围绕主题用这种方式开始阅读时，我们会发现相关问题的各种联系，从中我们可以找出发展观点的不同方法。这很快就会变得复杂、混乱——范围如此广，看起来你是在写一本书，而不是一篇论文。因此，

（1）在阅读时，使用第19章中的基本模式来规划阅读范围。

（2）在完成之后，在索引卡或电脑文件上做简单的记录，写下它们为什么有用以及你如何再次利用它们。简简单单的三两句话即可。

在你的头脑中，有3个问题需要解决。

1.以前做过哪些？

随着阅读量的增加，你会发现自己把这些拼接整合成了一幅完整的地图。不同的研究之间存在各种联系，在你前行的过程中，关系链条会连接许多资料。因此，当你在做这一步时，要看你的研究将如何继续下去。你还能添加什么？

2.已经掌握哪些信息？

一旦你知道自己的主题可以如何促成这点，那就问问自己信息是否充分，或者是否过多。如果你选择范围小的、大部分未被验证的主题，要全面概述它并不难，难的是搜集相关信息。或者，如果你所选的主题有大量的文献，找到充足的信息更容易，但你要回顾更多内容。

理解文献也是同样道理。如果主题的涵盖范围小，不太深入，那么你理解起来比较容易，但要找到有用、有趣的观点则是困难重重。在发展良好的领域，你能找到大量观点，但你需要回顾更多的内容，要找到真正合适的切入点也是很困难的。

3.研究存在哪些漏洞？

在你详细制定范围时，漏洞就会显现出来。如果你能够辩证地、擅于提问地进行阅读，那么问问自己作者是否忽略了什么。你会发现你的主题正好填补了这个漏洞，或者经调整后可以填补漏洞。可能有人已经研究过一个非常相似的现象，你可以进行对比研究。记录问题的特性，或者他/她选择进行测量的情况特征。自己的研究也使用同样的方法。或者你可以把作者使用的研究策略用在自己的案例研究上？记住，在开题报告中，你必须证明作品的相关性。要做到这一点，最有说服力的方法是引用已完成的作品并指出你的作品所弥补的缺陷。

确保：

怀着好问的态度阅读：作者是否忽略了什么？

总结
- 要有明确的问题和标题为阅读提供焦点和方向。
- 理想的情况是，如果你要抓住每个想法、获得真知灼见，你应该热衷于研究的问题。
- 如果你对它感兴趣，你也会让读者对它感兴趣。
- 制定范围，问自己：曾做过哪些，有哪些信息是可用的，有什么缺陷？

12.4　下面的内容

在下面的一章里，我们将通过一系列简单的步骤详细考察如何有系统地高效查找资料。我们将分析如何最大限度地搜索因特网：怎样开始、搜索引擎、可以利用的目录和数据库，以及如何确保我们从因特网获得的资料是可靠的。

第13章

查找文献2：如何搜索

在本章中，你将学到：

- 如何高效搜索。
- 全面搜索需要采取的步骤
- 如何有系统地搜索因特网
- 如何确保我们从因特网获得的资料是可靠的。

在整个项目进程中，你需要从事大量的查找工作，有些是一般内容，有些则是具体内容。

13.1 充分查找

高效的关键是如何合理利用时间。为避免犯最严重的错误，谨记以下4点。

充分查找

- 不要把查找与回顾混为一谈。
- 清楚自己要寻找的内容。
- 不要停滞不前。
- 不要转移到不相关的领域。

第1点看起来很明显，但当你用心阅读时，很容易就能发现自己全面回顾了阅读过的所有资料。这将占用整个项目至少一半的时间。

第2点也有相同的问题，曾搜索过因特网的人都会明白。因此，要清楚自己要搜索的内容和使用的关键字，尤其是在因特网上搜索时。把你的主题转变成关键检索词，坐下来在一张空白纸上列出你能想到的所有表达相同观点的相似方法。然后，考虑合并观点的最好办法。

避免在开始时就陷入过度搜索的困境，导致停滞不前。

第3点和第4点也是如此。最初，你容易陷入搜索过度的困境，之后你会意识到大量的工作是没有必要的，也无用武之地。然后，你会发现你为其他阶段预留的时间也很少了。你总是可以返回去读些资料，然后添加到综述中，但却不能将过早地浪费在大量细节上的时间重新找回来。同样，我们搜集的一些参考文献也有不相关的，但我们不愿意舍弃。无论相关与否，我们还是进行了搜集，尽管它们可能会降低论文的清晰度。

13.2 步骤

坚持下面4个简单步骤，可更容易地控制任务。

> 1.搜寻图书馆目录。
> 2.检查是否存在充分的、最新的材料。
> 3.搜索因特网。
> 4.核实资料来源的可靠性。

1.搜寻图书馆目录

在最初的搜寻中，可能产生大量的匹配记录，因此要缩小关键词的范围。但如果搜寻到的匹配记录少，那么不是因为关键词的范围过窄，就是因为你确定的目标是完成一项开辟性的研究。尽管我们不反对这样做，但对于大学生研究计划而言，这并不能取得最好的效果：可能没有足够的材料来进行分析、评判和作为项目研究的基础。

2.检查是否存在充分的、最新的材料

掌握了一列标题以后，浏览并检查是否有足够的、最新的相关信息。在图书架上环顾目录位置号码。这样你能找到与研究主题相关的书目，在旁边，归档入临近位置号码的也是有关同一主题的书目，只是研究角度略有不同。

如果你有任何疑问，请询问图书管理员。他们可以在其服务范围之内为你提供指导，甚至为你预订培训教程的位置，以提高你的搜寻能力。具体科目的管理员能为你提供最相关的数据库，帮助你辨别关键词以搜索到所需的材料。但你要提前准备好需要请教他们的问题。给自己预留充裕的时间，以便能够顺利地提前预订到想要的文档和书籍。

> • 环顾目录位置号码。
> • 向图书管理员寻求帮助。
> • 留出充裕的时间预订材料。

3.搜索因特网

（1）从哪里入手

①通用搜索引擎

如谷歌、雅虎之类的通用搜索引擎可能是最明显的切入点。利用你认为最可能找到相关资料或者观点的一个特定关键词或者短语，用引号标注。如果产生的资料仍然过多，使用两个以上用引号标注的单词或短语来缩小搜索结果。

②目录——通用和具体的主题目录

这些目录使你能够访问已被整理成为各种主题类别的网络资源集合。它们通常是由图书管理员或者学科专家们针对各种网络连接依据一定的筛选标准创建的，因此其中的材料比较可靠而且主题更加集中。因此，如果你只是想探讨一种思想或者主张，它们是开始你的研究的很好的着手点，或者可能对你的研究很有帮助。下面介绍4个你可能会觉得很有用的目录，其规模各不相同。由于它们一直在扩大，以下仅是估计数量。

　　Ipl2.org（www.ipl.org）——这里的网址超过4万。

　　Infomine（www.infomine.ucr.edu）——这是由学术图书管理员编辑的，网址超过10万。

　　About.com（www.about.com）——估计有超过200万网址，由不同等级的专家所编辑。

　　Yahoo! Directory（www.dir.yahoo.com）——这个目录更大，大约有400万网址。与About.com相似，它不仅是学术性的，因此你既可以找到时事的主题，也可以找到学术主题。

　　在入手时运用这些目录，你可以找到具体主题的目录。网络上有成千上万的此类目录，由各等级的专家编辑整理。它们为你提供了资料清单，通常加以注释，以便你能够获知它们对你的研究能够提供怎样的帮助。

　　● 如果你使用ipl2或者Infomine，那么选择感兴趣的主题，然后搜索相关目录。这些目录可能称呼各异，如"目录""虚拟图书馆"或者"门户页面"。

　　● 在About.com和Yahoo!目录下，使用同样的方式搜索你感兴趣的主题，然后在目录中寻找，同样这些目录可能有"目录"或者"向导"等不同的称呼。其中大多数目录都是由该领域的专家管理的，他们可以提供给你相关主题的有用的信息概览。

例子：政府禁烟令对于波尔顿市酒吧和餐馆的有效性

　　如果你使用About.com来搜索这一项目，例如我们首先在该网址的搜索框中搜索"禁烟令"，这将产生好几页的材料，包括有关禁烟令在西班牙、巴尔的摩、威斯康星和奥克拉荷马州实施效果的条目，以及连锁酒店和民权组织的反应。你可以通过在搜索框中输入"禁烟令因特网目录"来减少目录的范围。

---

　　③专业数据库

　　专业数据库针对的目标更为狭窄，它们是针对特定主题的期刊文章或者其他材料的集合，你可以用其来搜寻观点。一些数据库可能直接链接到期刊文章的全文链接，但大多数只能提供完整的书目文献和摘要。你能找到期刊、官方出版物和报告的索引，比如，哲学家索引（the Philosopher's Index）、商业期刊索引（the Business Periodical Index）以及普通科学索引（The Genral Science Index）。

　　如果你搜寻最新的一辑期刊，你将可以找到一些新文章和有关新书的评论，否则你可能无法得到这些。这些期刊论文摘要将帮助你确定你认为最相关的那些文章，以便以后通读。如果你知道涵盖你要研究的主题的专业数据库，这将节约你的时间，并且生成很多可靠的最新信息。

　　④大学图书馆

　　大多数大学图书馆都会有针对特定学科领域的表单，列出最有用的搜索引擎、网址、数据库、门户网页与门户网站。

⑤专家建议

除此之外，你还可以做一些简单的常识性的事情。是否有组织或者社团对你想要研究的项目主题感兴趣？可能会有专业组织或者压力集团的成员受到了你所要研究的问题的影响。

例子：政府禁烟令对于波尔顿市酒吧和餐馆的有效性

如果你正在研究这一主题，你将发现这个问题的正反方都有压力集团。有的组织倡导酒吧与餐馆的利益，比如"拯救我们的酒吧与俱乐部（Save Our Pubs and Clubs）"和"招待大业（Bighospitality）"；有的组织宣扬吸烟的权力，例如"丛林（Forest）"。而另一方面，还有宣传健康和非吸烟者自由的组织，如"灰烬（Ash）""哮喘（Asthma）"、英国心脏协会（British Heart Foundation）、BMA 和皇家内科医学院（Royal College of Physicians）"。

如果你的题目与某个特定的作家、科学家或者哲学家有关，与一个历史人物或者特定历史事件有关，那么会有社团致力于此吗？也许这个社团有一个你可以寻求帮助的论坛或者链接到运行博客的人？

例子：作家、科学家或者哲学家

你将发现有些社团网址专门致力于介绍例如勃朗特姐妹、简·奥斯丁和查尔斯·狄更斯等作家，达尔文和爱因斯坦等科学家，以及例如让·保罗萨特、贝特朗·罗素和路德维希·维特根斯坦等哲学家。

例子：历史人物或者特定历史事件

与之类似，也有网址介绍重要的历史人物，例如丘吉尔、希特勒、斯大林和罗斯福；介绍历史事件，例如大屠杀、诺曼底登陆和水门事件。它们都有致力于这些问题的社团，有些还不止一个。

在这类组织和社团的许多网站上，你会发现你可以张贴问题的博客和论坛，还有你可以追踪的链接。这些通常可以揭示一些出人意料的有用的资料。如果你找到一个看起来特别有用的网页，那么给作者发电子邮件来咨询问题。他（她）可能会指引你去查看有用的博客或者论坛，你可以找到那些对于你的研究项目有作用的、有着诸多有趣想法的投稿者。

搜索因特网

- 通用搜索引擎
- 目录——通用和具体的主题目录
- 专业数据库
- 大学图书馆
- 专家建议

（2）搜索参数

当然，如我们曾经谈到的，我们搜索结果的质量取决于我们是否能够很好地将我们的问题分解为关键词和短语。当我们使用搜索引擎查找这些关键词和短语时，将生成相关的资料。搜索的参数越精确，搜索的结果越容易控制。大多数图书馆都有上网指南，其有助于提高搜寻正确参数的能力。但是要确保你的搜索能够产生相关材料，还要做一些简单的事情：

- 选择特征明显的提问词。
- 如果问题中有任何技术术语，那么使用它们——一般用语可能会产生太多的网页，其中的大多数都是不相关的。
- 如果没有技术术语，那么将一般用语分解为更具体、更狭义的主题词。
- 如果你的搜索词产生了不相干或者过少的网页，那么想一想是否用能够替代这些词的同义词。
- 检查你的关键词是否有其他的拼写方式。

4.你的资料来源的可靠性

当然，一旦你找到了资料，你就可以确定其是否可靠。我们都能找到资料，问题是，它们是否来自于可以信赖的权威人士？当你使用一个大学的图书馆时，不会存在这个问题，因为你查阅的图书、期刊和其他资料已经得到了大学讲师或者图书管理员的评估。因此我们需要解决下面的七个问题。

（1）作者的资质如何？他（她）是否在业界广受尊重？

你可能从你的研究中认识了该作者：你读过的一本书或者文章。但如果不是这样，

- 该作者是否被你所信任的人或者网站提及？
- 承载资料的文件或者网站的主页是否有作者的履历信息，或者链接到有履历信息的其他文件上？这些信息应该包括作者从属的机构和他（她）的职位。
- 如果没有履历信息，是否有你可以用来提问这些问题的电子邮件地址？
- 用谷歌、雅虎或者其他搜索引擎查找作者。

（2）文件的准确性

- 作者是否解释了他用以搜集和解释信息的研究方法？
- 使用的研究方法对于该主题是否最为有效？如果主题属于自然或者社会科学，你将还想了解它是否能够复制使用，以便检验结论的正确性。
- 文件是否列出它所依靠的资料来源？是否有指向它们的链接？
- 如果文件使用了个人或者非出版的资料来源，是否提及了这些？

（3）文件的更新

对于一些文件来说，文章作者可能比文件是否最新更为重要；但是对于另一些来说，我们需要了解它们最近的更新信息。因此核实下面的问题：

- 文件是否有日期，或者给出最后一次更新的日期？
- 正文中是否提及日期能够表明其更新情况？
- 在文件的末尾是否有版权提示？这里可能包括日期。
- 如果有参考文献，那么是否列出了数据来源和日期？

（4）文件的出版方

如果是印刷的文件、一本书或者期刊文章，你就会知道出版方。出版方很可能会通过同行评审来仔细审核文件，确保它满足准确性和可靠性的标准。但是在因特网上，情况就不会这么容易，因此我们需要向登载文件的网站询问一些问题。

- 网页是否登载了作者或者链接到作者的主页？是否有办法联系网站管理员或者是否有链接？
- 如果没有，在URL结尾处删除字符，直到到达斜杠（/）为止。输入这些然后按回车键。这将提供给你有关作者和网站的信息。如果你持续这一过程直到第一个斜杠，这将向你提供域名：页面的服务器或发布者。
- 你能否判断网页是作者个人网站的一部分还是从属于一个官方网站吗？可以信赖它进行这种专业研究吗？
- 你能够判断作者是否是一个组织的雇员吗？如果是的话，那么该文章有可能是他（她）组织内职业工作的成果，这可以给你理由更信赖它。

（5）你能发现偏见性吗？

- 谁主持撰写了该文章？是一个有着需要宣扬政治或者经济利益的组织吗？
- 如果网页上有"关于我们"、"我们的哲学"、"传记"、"赞助方"和介绍主持方的其他网页，点击它们。
- 网站上还有其他文章吗？它们可能会向你可靠地表明这是个怎样的组织和它们可能会宣传的观点。

（6）有可靠的迹象表明文件的质量吗？

- 其依据是否充分？是否有参考书目？是否引用了资料中的表述？是否有良好的链接？
- 是否表明对主题有充分的认识：它的文献、理论和学派？
- 它对待主题的态度是否是片面的？是否谈到了所介绍案例的优缺点两方面？指向其他资料的链接是有偏见性的吗？

（7）其他人对于该网页和网址的评价

有两种简单的方式，可以解释与该网页链接的其他网页：

> • 将该网页的 URL 复制到 alexa.com 网站的搜索框里，然后点击"获得具体信息"。这将向你揭示该网址的访问量、域名的所有权信息、访问该网址的游客还访问了哪些网址、与它相链接的网址等信息。
>
> • 这个网址在前文提到的目录中评级如何，例如 About.com 或者 Infomine？

> 你的资料来源的可靠性
>
> 1. 作者的资质如何？他（她）是否在业界广受尊重？
> 2. 文件的准确性。
> 3. 文件的更新。
> 4. 文件的出版方。
> 5. 你能发现偏见性吗？
> 6. 有可靠的迹象表明文件的质量吗？
> 7. 其他人对于该网页和网址的评价

13.3　记录细节

在查阅完资料后，在索引卡或电脑文件上记录下以后要引用的细节。像我们之前提到的那样，记下它为什么有用，这样你能知道该怎么使用信息，以及其与项目有什么相关性。对于你的开题报告和论文来说，这些都是有用的信息，它们能深入展示你是如何研究背景文献的。

尽量确保对于每个资料来源，你只要处理一次，因此，当你想要在你的文献综述或导论中使用信息时，你只需要利用索引卡。下面是你需要记录的有用信息。

1. 引用的详细资料

（1）对于一本书而言：作者、标题、出版地、出版者、日期。

（2）对于一篇文章而言：作者、文章标题、期刊名称、册数和发行号、日期、页码。

（3）对于一个网址而言：作者、文章标题、博客等，网站地址和域名。

2. 发行种类（书、期刊论文、书评、会议文献等）。

3. 注释（咨询原因、章节、可能使用的引语）。

4. 如何使用。

> 总结
>
> • 当我们混淆了搜索与文献综述时，可能很容易停滞不前；当我们不清楚自己正在寻找什么时，很容易将注意力转向不相干的领域。
>
> • 学习如何使用通用搜索引擎、目录和专业数据库帮助我们在互联网的大量资料中找到方向。
>
> • 你可以制定七条简单的检查标准，确保你所有的互联网资料来源都是可靠的。

13.4　下面的内容

　　搜寻文献看起来是件很麻烦的差事，但如果头脑中清晰地知道问题所在，并用我们上面讲述的步骤有序地进行，事情就不太麻烦了。现在你需要拟定决选名单并选择主题。

第14章

选择主题

在本章中，你将学到：

- 如何评定你在决选名单中所列出的可以决定每个项目可行性的不同因素。
- 需要考虑的道德问题以及如何在考虑到它们的情况下来组织项目。
- 能帮助你识别、避免任何可能的问题的3条道德原则。
- 如何评价、比较不同的项目，并做出最终选择。

至此，你已经研究了文献，探寻了每个潜在主题的背景，你应该可以更好地拟定一个决选名单，比如，列出3到4个最有可能的主题。要做到这步，你要与导师交谈，并问自己如下问题：

（1）研究能有新的突破吗？

（2）能轻松获得资料（文档、人、文献等）吗？

（3）有没有需要考虑到的实际困难？

（4）在开始之前，有没有需要处理的道德问题？

职业技能

要选择主题，你需要思维灵活——这是另一种重要的职业技能。这会给你机会表明，你可以调整自己的思维以适应项目的需要并达成目标。这还将表明你的思维并非仅局限在不能违背道德去寻求更为有效的其他策略。

14.1 可行性

显而易见，这一步最重要的一方面是评价在现有的时间内项目的可行性。你必须无情地评估当某些事情出错时可能产生的后果。在这个阶段，返回去重新考虑要比耗费两个月的时间容易得多。

14.1.1 范围和规模

首先，要实事求是地对待项目的范围和规模。要使项目易于控制，需要限制其广度和深度。在有限的时间内，要接触想见的所有人，搜集所需的一切信息、数据和文档是不可能的。因此，要提前核实哪些人有空，他们是否乐意参加。如果你无法找到需要的人和资料，就要重新安排备选方案。

重要的是，要确保采用的策略能在可用的时间内搜集到合适数量的资料。要确保能获得足够的资料，以便把概念运用到在第8章中分析的指标和参数中。如果有问题，限定广度或深度。你可能没有时间阅读托马斯·哈代的所有小说，所以要缩小你的选择范围，并做好解释自己是如何做出决定的准备。

如果你不确定在可用的时间内自己的工作量是否过多，请在图书馆中查阅以前相似的论文，并检查以下几项：

1.分析

它们是如何被拆分的？调查了问题的哪些方面？

2.广度和深度

是否存在一些论文，它们的主题所涉及的范围要比你的主题范围更广，但不如你的主题有深度？这些论文的作者使用了多少部小说？历经了多长时间完成？看一下章节标题——这些作者的处理方法是否与你的不同？你是否可采用相似的方法？你需要调查哪些细节？主题的范围是应该更广、更浅显还是更窄、更有深度？

3.策略——论文是如何被完成的？

（1）实证研究

如何平衡一手资料和二手资料以及定量方法和定性方法？它是取决于搜集大量的可以用来进行统计分析和图表表示的资料，还是通过解释事件和观点而产生效用？

（2）理论和以文本为基础的研究

它是否需要找到相互关系或对比？它是否是关键性的和可评估的？如果主题是一个小说家，它是需要只分析一部小说，并与其他的做比较，还是要分析其全部作品？论文是把小说家的著作与他的生平经历相联系，还是与其同时代的作品进行比较？

14.1.2　时间

同样，考虑到你要处理的其他事情，要合理地安排现有的时间。计算一下，在以后的几个月里你能有多少时间投入到项目中。你了解项目的多少内容？试着计算每个阶段所需的时间：进行研究，搜集并分析数据或阅读文献和文档，然后计划论文内容，开始写作，修改并将其呈现出来。在估算时间时要尽量使时间更充裕。某些阶段可能耗时更长，有些则更短。

你要确保每个阶段的时间都相对宽裕，因为在开始时，你无法预见哪个阶段所需的时间比你预计的要长。因此问自己尽可能详细的问题。

例子：实证研究

你有时间进行所有的采访并将其记录下来吗？如果你打算做一份有意义的定量分析，那么你需要从你的调查中挑选一个合理的样本，并且你还得接受并不是人人都乐意被调查的事实。除了采访，你有没有其他二手数据的来源？

正如你所见，掌控时间的能力与控制研究范围的能力有直接关系。

14.1.3 技能和专业技巧

如果你要展开一次需要复杂的定量分析的调查，要问自己最后一件事：你是否有分析结果的技能和专业技巧。如果没有，你能很快培养这些技能吗？有专门负责教授研究方法的老师可以帮助你，并且如果你有时间，你的导师也会推荐一些你可以参加的课程。如果你没有时间，那么你需要重新设计研究方法。

可行性一览表
- 是否有充分的知识体系来支撑项目？我能否找到所需的文献？
- 在给定的工作量和时间内，能否完成项目？
- 我是否能找到所需的人群、统计信息、文档？
- 我是否具备，或能否快速培养搜集和分析数据的技能和专业技巧？
- 这是否涉及费用，比如旅行？我是否支付得起？
- 有没有道德问题？

14.2 道德问题

研究中的道德问题影响着我们所有人，尽管一些项目所受的影响更大。道德问题在项目中有两点体现：

（1）其他人完成的工作；（2）与其他人合作完成的工作。

14.2.1 其他人完成的工作

在研究文献中，其他人完成的工作是我们的研究得以建立的基础，这也就引发了引用和剽窃的道德问题，我们将在第40章～41章中讲述。我们背负着道德责任，需要明确分清楚自己和他人的工作成果，这是我们需要承认的。

14.2.2 与其他人合作完成的工作

至于在与他人合作中的道德问题，所有参与研究的人都有道德和法定权利。在我们下定决心要得到结果时，很容易忽略或违反这些。关键问题涉及：

- 隐私
- 机密
- 同意
- 安全
- 公正
- 公平

这其中的大多数已经被涵盖在了一些法律条款中，如数据保护法，针对弱势群体的研究员筛选体制，应用于动物或生物医学研究场所的许可证申请制度。另外，存在一些国际上认可的标准，如赫尔辛基宣言，它制定了一些有关善行（积极做善事）、正当行为（无害）、知会同意和保密（保证匿名和隐私）的总体原

则。校方可能也有某些要求，这意味着你的项目必须取得你所属的研究道德委员会的认可。

14.2.3　道德准则

然而，若不考虑法律，这里所强调的是一些不可被推翻的道德准则，它们指导我们的行动和决定——普世主义，以他或她为主体的个人尊严和自主性。

道德准则
- 普世主义。
- 个人尊严。
- 自主性。

1.普世主义

我们相信要使自己的行为符合道德，必须保持行为的一贯性；我们必须使自己的行为普遍化。不管我的身份是行凶者还是受害者，我必须赞成自己的行动或决定。因此，在研究中，我们必须站在合作研究者的立场，间接体验他们的经历，也赞成同样的事发生在我们身上。这就是黄金法则，不管我们的信仰与文化如何，我们都熟悉这点：己所不欲，勿施于人。

己所不欲，勿施于人。

18世纪德国著名哲学家伊曼努尔·康德在他的"绝对命令"中描述了这一点："只按照准则行动，与此同时，它就会成为一种普遍规律。"换句话说，我希望所有人（包括我自己）在相似的情况下能够按照同样的规则行动。判断每个行动的依据是如果它是行为的通用规则，那会是什么样子。它不应该以主观感觉或倾向为依据，而应依照理性的法律——普遍规律，绝对命令。

我们必须把自己置身于合作研究者的位置，并赞成同样的事发生在我们身上。

因此，我们不仅应该能够接受，我们询问对象的问题或者我们对待他们的方式必须是符合我们的道德准则的，还要同意公平对待每个人。我们不仅应保证开展的测试和实验对每个人都是公平的，而且还要保证参与者也是如此认为，如果他们处于不利地位或接受了不公正的待遇，他们会感到受了欺骗。

2.个人尊严

因此，在采访、观察或测试被试验者时我们需要问自己，"我乐意接受这样的待遇吗？"在这方面，两个关键点是：

（1）我们应该被认为是拥有内在价值的，而不是只有为他人服务的外在价值；

（2）我们必须有在信息完备的条件下做出自己的选择的自由。

第一条强调了把个人尊严作为自己的目标的重要性，而不仅仅是作为促进他人实现目标的方式，尤其是当被试验者希望他们所说的内容能够被保密时。实际上，当他们相信我们会尊重其匿名的决定时，他们似乎能更坦诚。

因此，当你使用材料时，要确保你移除了所有可能会推定出他们的身份的内容。在你保存采访的录像带或记录时，去除识别标签，用假的姓名代替。如果需要提到参与者，因为他们的观点增加了你的结论的权威性，那么要精确地把材料归因于他们并征得他们的同意，即允许你在论文里使用他们的观点以及你所采用的引用方式。最好的方法是把你引用他们观点的段落草稿寄给他们，如此一来，他们就能够检查并认可内容的精确性。

> - 从材料中移除能够识别身份的内容。
> - 用假的名字代替。
> - 在引用他人的表述时，要核实你已取得他们的同意。

3.自主性

有尊严地对待别人，就要允许他们做出自主的、完全知情的决定。因此在征求他们的同意来回答你的问题时，要让他们知道你为什么要提问，答案对你有什么用处。如果你要在采访中进行提问，那么你要在开始采访前告诉他们。在大多数情况下，一张参与者信息表是很有用的。参与者在签署同意表之前可以先读一下。如果你使用的是问卷调查，在开头简短的项目描述里解释这些问题。完成问卷调查也就意味着取得了他们的同意。同样，如果你开展的是测试或实验，明确地告诉他们原因并解释实验方法。

> 允许参与者做出自主的、完全知情的决定。

在所有情况下，给参与者谢绝参与的机会，并把拒绝的情况统计为项目资料的一部分。在某些情况下，如果需要延期参与调查，或者涉及敏感问题，最好制定更正式的协定。

> - 告诉他们你要做什么，你将怎么利用结果。
> - 使用参与信息表。
> - 给他们谢绝的机会。
> - 把拒绝的情况统计为项目的一部分。

（1）观察研究

如果你使用不明显的方法介入，比如你仅仅是在教室里观察学生的行为表现，那么你需要使用更微妙的注意事项。除非参与者要求取得其同意，这类观察可以在被试验者通常希望被观察到的情况下发生，因此他们已经含蓄地默许了。尽管如此，记住3条注意事项：确保你没有侵犯隐私权；你的出现没有以压力和焦虑的形式带来任何心理上的伤害；你要了解在隐私和公共场所方面不同文化习俗的要求——在某些国家，如果未经许可，人们无法接受在公共场所，甚至是人群中，被他人拍照。

（2）故意欺骗

然而，在某些情况下允许参与者做出完全知情的决定会累及结果。如果一个人知道你为什么进行采访或让他们完成问卷调查，他可能会给你提供你想要的结果。在这种情况下，欺骗可能是唯一的资源。尽管"作为和不作为主义"被用来证明有意欺骗和保留信息之间的差别，但两者仍然意味着欺骗。

但是，如果没有其他方法，而受影响的问题对项目来说又非常重要，那可能就别无选择了。要弥补这一点，应稍后向参与者汇报情况，并把你保留的信息告诉他们。如果需要，告诉他们具体的联系方式，这样，他们就可以和你或学校的其他人，甚至是咨询服务和求助热线进行交流了。使他们从一开始就明白自己有权利在任何时候无条件地退出，尽管在大多数项目中有个截止日期，通常是在开始进行数据分析时。

- 向参与者汇报情况。
- 告诉他们具体的联系方式。
- 让他们清楚自己可以退出。

（3）让你的读者完全知情

最后，要对你的读者诚实，让他们能在完全知情的情况下做出决定。你不是辩护律师，不需编造证据以呈现最有力的案件。因此，要让读者知道结果的全部范围和本质，尤其是当他们不能支持你在开题报告中呈现的论点和假设时。这样做，可以赢得读者的信赖。然后，在你清晰地呈现全部数据后，分析你的结果，并让读者对你的工作以及你的结论是否公正、一致做出评判。

14.3 道德问题清单

下面的清单将帮助你系统地解决所有这些问题。如果你认为研究项目将关注一个问题，就在它旁边的框内划对号。这样你就得出了针对每个备选主题你应该处理的道德问题清单。在导师的帮助之下，你应该能够找到这些问题的解决方法。但同时，了解每个主题会造成何种问题，将帮助你决定应该选择哪个主题。

道德问题清单	
隐私	
• 如果你的项目需要观察研究对象，你是否已经确定你不会侵犯他们的隐私？	☐
• 你是否考虑到不同的文化习俗会影响我们对于隐私和公共空间的理解？	☐

机密性	
• 你是否已经制订计划，将所有可能揭示你的研究主题的资料删除？	☐
• 你是否已经制订计划，妥善保管磁带和其他数据，而不是贴上标签标注参与者的真实姓名？	☐
• 如果你准备再加入研究对象的资料，你是否确定如何获得他们的同意？	☐
• 如果你的研究涉及敏感话题的讨论，你是否已经确定如何让参与者明白，他们有权拒绝对这些问题做出回答？	☐
• 你的研究是否涉及在参与者不知情的情况下收集他们的个人信息？	☐
• 你的项目是否涉及从因特网收集敏感资料？如果是这样，你是否已经制订计划，获得批准来使用这些信息？	☐
• 如果项目需要查看包含机密资料的记录或者文件，你是否已经确定如何从相应的权威机构获得使用它们的许可？	☐
• 项目是否需要与他人共享信息——如果是这样，你需要通知你的资料来源？	☐
充分知情下的授权	
• 你的研究对象是否了解你询问他们问题或者进行实验的原因？	☐
• 他们是否了解他们将要做出怎样的贡献？	☐
• 你是否计划如何应用你的研究方法，包括如何使用、储存和再次使用这些信息？	☐
• 你是否将编写一份参与者信息单来解释这些问题？	☐
• 你是否会征求你的实验对象的书面同意？	☐
• 你是否会明确表示参与者有权退出，明确可以退出的截止日期？	☐
• 你是否已经确定如何保证参与者的参与不会受到任何形式的胁迫？	☐
• 是否有可能会影响到研究的第三方？	☐
• 如果你不得不采用欺骗的手段才能获得准确的结论，那么你是否已经制订计划其后做出解释，说明你之所以这样决定的理由？	☐
• 如果参与者的第一语言不是英语，你是否已经做出安排确保在他们充分知情的情况下获得他们的同意？	☐
• 你的研究是否会涉及弱势参与者，对于他们，知情情况下的同意可能需要通知其父母、老师或者照顾者？	☐

安全	
• 你的项目是否容易给你的研究对象带来正常生活中不会遭遇的身体或者心理的危险?	☐
• 它是否会直接或者间接给参与者带来好处?	☐
• 你是否会观察研究对象? 如果是, 你是否知道如何确保自己在场不会造成任何压力或者焦虑?	☐
• 你的研究项目是否有动物参与?	☐
• 它是否有弱势人群参与, 比如儿童和认知缺损的人群?	☐
• 为了接触你的研究对象, 你是否需要联系家长、监护人或者对其安全负责的组织?	☐
• 该项目是否有任何可能给你自己的安全带来风险?	☐
• 如果参与者由于你的研究导致焦虑或者痛苦, 你是否已经制订计划, 给予参与者帮助热线或者咨询服务的具体联系方法?	☐
公平与公正	
• 你是否已经确保你的项目不会排除或者歧视某个群体?	☐
• 是否有利益冲突的可能, 会损害你的项目的客观性?	☐
• 你是否会从项目获得直接或者间接的经济利益或者其他利益?	☐
• 研究结论是否有可能影响参与者的利益?	☐

14.4 从决选名单中选择

现在你已经浏览了你的决选名单, 也检查了每个主题, 查看了它们是否有足够的背景文献。如果主题可行且没有无法解决的道德问题, 那么你可能就已经很清楚要选择哪个主题了。如果情况不是这样, 那么就依据下面的一览表来核对每个主题, 假设满分是 10 分, 为每个问题打分。然后, 在做出决定之前, 与导师详尽地交流一下。

为下面问题打分, 满分为 10 分
• 主题有明确目标吗?
• 它能维持我的兴趣和动力吗?
• 有没有充分的背景材料?
• 它是否足够广泛, 能与理论背景相关联?
• 它是否足够狭窄, 可以进行深入探讨? 是否能在有限的时间、知识范围内完成?
• 有独创性吗?
• 是否意味深长且不琐碎?
• 它与课程要求一致吗?

- 是否有机会得出有趣的结论，可能是指向解决问题的方法，或至少明确形式以减少错误的答案？
- 能为我的履历增加价值吗？

总结
- 估算你可用的时间，以及项目的每个阶段所需的时间。
- 确保项目的范围和规模在现有的时间内是可以控制的。
- 确保自己有处理项目的技能和专业知识。
- 确保你已考虑了所有相关的道德问题。依据3个不可被推翻的原则和道德问题清单检查项目。
- 根据10分一览表，评价决选名单上的每个主题。

14.5 下面的内容

在第二部分中，你确认了哪些科目自己最感兴趣，最适合你的能力。你酝酿了自己的观点，提出了有趣的处理方法，从而使你找到了吸引人的主题。在第三部分中，你检查在决选名单中是否每个主题都是可行的；它是否能在未来的几个月里维持你的兴趣和动力；它得出的结论是否能令你和论文阅读者感到惊奇并给人留下深刻的印象。现在，在着手研究之前，我们需要组织项目实践这一方面。

第四部分　组织你的工作

第15章

计划你的研究

在本章中，你将学到：

- 在开始之前，制订详细研究计划的益处。
- 怎样评估其可行性，它产生的答案是否与问题相关，它是否能满足论文任务的官方要求。
- 如何评价项目的可靠性和有效性。

在本书开始时，我们讲到论文之所以重要，是因为论文评审们不仅能从中看出你想什么，还能看出你的思考过程。要把这些做好，你需要计划研究和论文的每个方面，考虑每个能想到的实际问题。

职业技能

当我们这样做的时候，在第四、第五和第六部分你将表明你已经掌握了另一种重要的职业技能，即计划和组织重要项目的能力。一旦你完成了论文，你就已经证明你有能力清晰地分析人物，形成一个可行的计划并且有效地执行。

因此，我们到达了一个重要的阶段：你必须制订研究计划，并把项目暂时的纲要集合在一起——一个开题报告。

15.1　开题报告

你所在的院系可能会坚持这点，而且可能会列出要遵循的指导方针。但如果没有，这仍是一件很重要的事情。这使你的导师可以根据自己的经历观察、评估论文的可行性：它是否符合大学的要求；结果是否重要；你是否采用了最合适的方法；你的结论和介绍是否与目标一致。简单地说，它真正地把你放到了实际操作的位置上，你能更清楚地看到计划的可能结果。

现在做这些总比以后再做要好，那时你已投入了大量的时间和精力，要更改已完成的工作也很难了。在那个阶段，针对论文基本原则的批评会深深地打击你的积极性。你能做的不多，也会感觉到自己无法创作出最好的论文。因此，把你的计划写在纸上，让导师过目，并承认这些都是暂定的：在做出可行的方案前，你还会创作出第 2 个和第 3 个草稿。要解决这点，你不能对自己的计划过于自信：你不能把它看得过重，以至于想到要改变某些方面都感觉痛苦或不可能。

- 它真实地把你放到了实际操作的位置上。
- 现在做总比以后到了难以改变时再做更好。
- 不要对自己的计划过于自信。

15.2　我能得到哪些好处？

你仍可能会问："如果我所在的院系没有规定，那么我做这些又有什么好处？"其实不然，好处多多。

15.2.1　时间

首先，你能学会如何在现有的时间内管理项目。你将拥有一张时间规划图，这样，当你每次分神时，你都可以提醒自己现在应该做到哪一步。身边准备着这个，你的生活也会变得更轻松。

15.2.2　不确定性

其次，这个阶段主要涉及思考大的问题：吸引我们的独特见解以及它在我们的科目文献中的地位。在关注这些时，我们容易忽略细节：技能的不确定性以及在知识和理解上的空白。因此，以这种方式规划项目有助于你识别、消除问题。它能帮助你找到适合自己能力的备选研究方法，甚至改变研究问题使研究更具可行性。

15.2.3　信心

第三，知道自己详细地计划了项目并选择了你所擅长的、能够达成目标的方法和活动，能够增强你的自信心。

益处
- 时间
- 不确定性
- 信心

15.3　计划并不意味着过度理论化

然而，要谨记一点：在发展观点时，你花费大量的时间来建立理论、搜寻文献是可以理解的。毕竟，学术作者们也是这样做的：他们发展、规划理论，然后进行测试，只是为了检查它们是否一直是正确的。但要记住之前我们讲的，这经常是事后诸葛的做法。就像 Peter Medawar 所说，当窗帘掀起时，我们想要在大众面前露出怎样的形象。但这不是新理论和新观点被发现的方法。

这是一个大量反复过程。提出暂时的理论，并进行测试，按照结果进行重新处理，然后再次进行测试。持续进行该过程，直到理论和结果能紧密结合。因此，不管你的项目是实证性的还是以文本为基础的，在开始前不要花费过多的时间来建立理论；尽可能地着手进行一些实际的研究。当然，在开始之前，你需要记录下观点，但不要陷入过度理论化的境地，因为最终，这可能也是在做无用功，浪费时间。

15.4 结构

做开题报告的目的是明确最终能决定论文是否成功的三件事情：

> • 在现有的时间内，根据你的能力和知识，依据所能采访的人和查阅的资料，看它是否具有可行性。
> • 在回答项目提出的问题时，它是否有效。
> • 它能否满足论文的官方要求。

要回答这些问题，围绕 3 个关键问题规划你的开题报告：

> • 我想知道什么？
> • 我应该怎样找到结果？
> • 答案有什么重要性？

对于第一个问题，在阅读所有背景材料时规划这个问题。对于第二个问题，描述活动顺序，分配所需的时间来进行数据搜集和分析，或者阅读、分析文档和文献。对于第三个问题，拟定草案，说明为什么你的答案如此重要。

15.4.1 我想知道什么？

1. 研究问题

首先要明确陈述我们要调查的研究主题或问题。在以科学为基础的研究中，这是我们的论点。在人文科学中，这是我们的一般命题。它能决定我们从事研究的目的：要评价一篇文章，测试一种说法，发展一个理论，监视一次实践，比较并追踪文章、艺术家、作者、思想运动的相似性，或者仅仅增进我们的了解或推荐政策的改变。因此我们要对此非常清楚，否则，将会导致缺乏焦点的模糊结果。试着用多种方法去陈述，看哪种效果最好。

例如，我们的论点或一般命题可能是：

> 法国大革命不是一场资产阶级革命，而是来自传统的统治阶级内部所引发的叛乱。

或者：

> 学生的学习技能问题是源于他们对学习任务目的的认识，如论文，而不是源于缺乏学习技能的指导。

2.假设或问题

从一般命题或论点中我们能得出假设，像名字暗含的意思那样，假设是论点的条件形式，其特征是"如果……那么"形式："如果A，则B、C和D"。这是我们的"如果……将会怎样"的命题："如果法国大革命不是一场资产阶级革命将会怎样呢？""在禁烟令颁布以后，如果酒馆和饭店的营业额增加将会怎样呢？"从每个命题中我们都能得出结论（"……则B、C和D"），然后对其进行测试或搜寻证据。

一般命题或论点 ──────→ 假设/开题报告 ──────→ 一般问题/研究问题

实际上，假设转变成一般问题，然后又细分为子问题。利用这些，我们能把论点或一般命题中的抽象概念运用到所需的具体论据中，以检验我们所做的论断是否正确。通过明确陈述这些抽象词语的含义以及我们如何在研究中识别它们，它能为我们提供促进研究的途径。

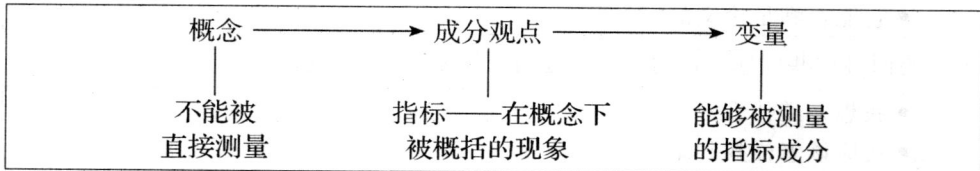

概念 ──────→	成分观点 ──────→	变量
不能被 直接测量	指标——在概念下 被概括的现象	能够被测量 的指标成分

因此，从上面第1个论点或一般命题中，我们能得出下面的一般问题和子问题：

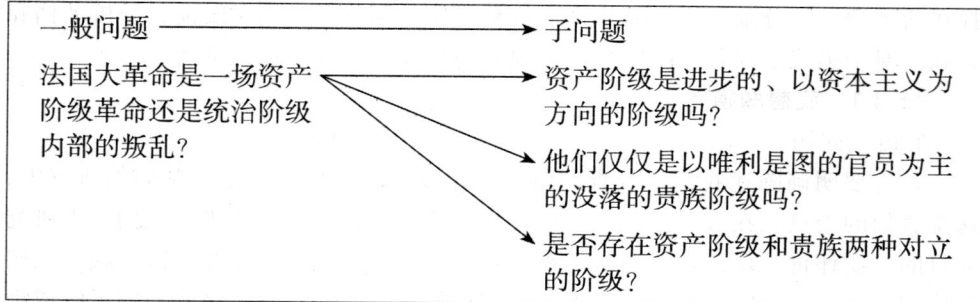

一般问题 ──────────────→	子问题
法国大革命是一场资产阶级革命还是统治阶级内部的叛乱？	资产阶级是进步的、以资本主义为方向的阶级吗？
	他们仅仅是以唯利是图的官员为主的没落的贵族阶级吗？
	是否存在资产阶级和贵族两种对立的阶级？

（1）确定变量

有了这些做武装，我们可以继续决定利用哪些变量评价资产阶级到底是"进步的""以资本主义为方向的"还是"以唯利是图的官员为主的没落的贵族阶级"。例如，为了证明他们是资产阶级的观点，我们可能会寻找证据证明经济改革的需求不断增加，最终带来了资本主义经济和例如自由贸易、自由放任政策以及政府对自由企业取消限制等改革。而为了证明他们是贵族阶级的相反观点，我们可能会寻找证据证明他们对于获得贵族收入来源的不断增长的需求。

我们同样可以利用上面第2个命题。如你在下图中可以看到的，这些子问题的变量更为明显。我们需要找到方式获得清晰、可靠的证据证明，学生们实际考虑的是诸如作文之类的学习任务的目的，以及那些面对同样问题的人们是否持有同样的意见。

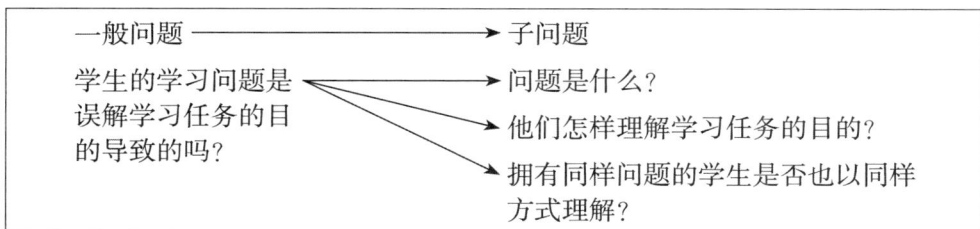

```
一般问题 ─────────────────→  子问题

学生的学习问题是 ──────┐ ┌──→ 问题是什么？
误解学习任务的目        ├─→ 他们怎样理解学习任务的目的？
的导致的吗？          └──→ 拥有同样问题的学生是否也以同样
                          方式理解？
```

当然，对于所有这些问题，还应该有我们想问的子问题，但你能看到如何从一般问题中得出子问题，这些机制是如何促进研究的。

（2）目标和目的

一般问题和子问题的区别分别与"目标"和"目的"的区别相对应。许多教学大纲要求学生按照院系里的目标和目的完成论文。设计这些目标和目的是为了显示你如何有说服力地证实或否定你的一般命题。"目标"是陈述意向的一般术语，而"目的"更具体：它们能清楚地说出结果，看我们是否能满意地回答问题，或证实、伪造假设。

3.研究的理论基础

在这部分中，你的主要目标是把你的研究放到科目当前思想的背景下，看它能有什么效果。实际上，根据背景研究，你发现有需要解决的问题，或者是信息缺乏，或者是一个悬而未决的问题，或者是对某事的误解，等等。阐述清楚之后，你能明白：

- 背景思想。
- 涉及的主要问题。
- 划分观点的方式。
- 研究中的缺陷。
- 针对该问题的最新出版物。

你还显示了自己已经考虑了所有的研究方法，选择了最有效的工具和技巧。

你需要指出自己做了多少研究，这样，你和导师就能看到是否还有明显的缺陷或被忽略的内容。因此，把参考资料运用到调查结果中是很重要的，这不仅能告诉导师你的综述有多么全面，还能看到是否需要以及哪里需要做更多的工作。

15.4.2　我应该怎样找到结果？

1.研究策略

一篇优秀论文的关键是要有好的研究设计，设计要经过认真挑选，认真建构，要与我们的问题相关。一旦我们知道了自己的假设或建议，以及由此引发的主要问题和分解成的子问题，我们就能着手设计出最合适的策略。

在本部分中，我们必须清楚陈述自己想做什么，想怎样做。因此，在第一部分中，我们可能说：

> 根据背景文献，在我们的理解中存在缺陷……缺乏信息……问题……存在悬而未决的问题……因此，要研究的重要方面就是 A，B 和 C。

在第二部分中，我们可能说：

> 要研究这些，需要有 X、Y、Z。

记住在第 3 章中我们把这些部分之间的关系进行拆分的方法：

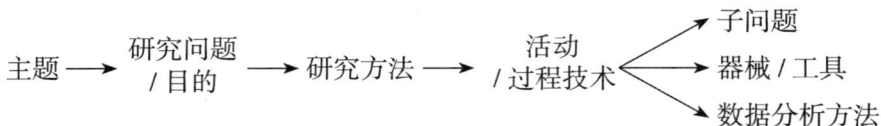

主题 → 研究问题/目的 → 研究方法 → 活动/过程技术 → 子问题
器械/工具
数据分析方法

在描述完研究问题（"目标"）后，我们需要勾画出具体的"目的"和达到目的所用的活动、程序和技术。对我们的方法是如何完成每个目标或子问题进行清晰的描述是很重要的。如果其中一个需要不同的方法，我们必须指出自己满足了这点。因此，要了解你的学科所使用的研究方法，选择最合适的，并考虑周全再运用。你可能会使用一些运用了相同或相似的研究方法的参考文献来证明你的选择的合理性。

人文学科

在人文学科中，你需要展示出想要发现的观点——对比、连续性、相互关系、非连续性、不一致等。然后你需要呈现自己计划执行的分析类型：你解释研究结论的方法。

实证研究

如果你选择实证研究，使用采访、调查问卷、观察、测试等方法从第一手来源中搜集数据，然后通过报告这些实证因素来影响论文的内容和结构。在论文中，有些章节要涉及你的研究设计以及对研究结论的呈现和讨论。

第一次这样做，你可能会感觉很困难、奇怪：你使用的术语和短语都是你所不熟悉的。因此，回顾文献搜索的结果，查看一下学术作者在开始研究时描述同样事情所采用的方法：

> - 他们是如何描述方法的？
> - 他们使用什么术语？
> - 研究的关键因素是什么？
> - 他们使用什么方法？

在你描述完如何开始研究之后，叙述可能会用到的设备和花费，以及研究可能引发的预期问题和道德问题。你的目标是让导师看到你已进行了全面的考虑。因此，问自己如下问题：

- 所有的资料我都有吗？
- 我选择的研究方法是否符合目标的需求？
- 理论或实证研究方法，采用哪个最好？
- 我应该使用定量和定性方法吗？
- 是否存在延缓研究进程的障碍，或是否需要我重新考虑研究的范围？

评价你选择的方法：给出你选择它的理由，指出其有利因素和不利因素。准备好向后退、唱反调。你预见的问题和弱点越多，提前准备的就越好。

评价你的研究策略
- 可靠性
- 有效性

有两件事值得考虑：可靠性和有效性。看起来这两者只与真正的客观性研究命题有关，如自然科学研究。然而，尽管我们的答案可能不是非常清晰、确定，但我们仍需在社会科学和人文科学中找到询问相同类型问题的方法。

（1）可靠性

在自然科学中，当我们询问特殊研究是否可靠时，我们是在问其结果是否可以重复。如果我们在不同的科目上使用相同的方法、设备和实验，我们能得出同样的结果吗？

在社会科学和人文科学中，我们询问相似的问题。例如，我们发现了小说家的某一特性，我们认为评论家曾忽略了这一点。在做出这个结论之前，我们需要确保我们能够通过列举多部我们在其中发现这一特性的小说来证明它。你可能发现在《亚当·彼得》（Adam Bede）第 19 章的开始处，在 George Eliot 对距离需求的描述和作品中更普遍强调的小说的同情之间存在矛盾，你相信这个矛盾贯穿其作品的始末。但如果要证明其可靠性，你必须在其他小说中证明这一点，如《米德尔马契》（Middlemarch）和《织工马南》（Silas Marner）。

（2）有效性

另外需关注的一点是有效性。通过使用自己选择的方法，我们测定自己的想法。在上面提到的学生使用学习技能时经历的学习问题的实证研究中，我们首先要找到这些问题是什么。如果我们打算通过学生问卷调查找到这一点，我们需要问自己它是否具有可靠性；我们是否在搜集仅仅是学生们自认为存在的问题，而不是实际存在的问题。

15.4.3 我的答案可能有什么重要性？

1.重要性——它能引发什么

尽管你在这一部分的回答可能比其他章节要短，但它也同样需要深思熟虑。你必须问自己研究的结果是什么，它有什么价值？它能为理论理解增添什么，能对将来这方面的研究产生哪些影响？或者，谁能受益，它能使现实世界的实际应用有什么不同？

> - 它有什么价值？
> - 它能为我们的理解增添什么？
> - 它对将来的研究有哪些影响？
> - 它能带来什么变化？
> - 谁能受益？

15.5　典型计划

在本页的表格中，你能看到一个典型的开题报告可能包括的每个部分。

部分	内容。
标题	暂定标题——在与导师交流完开题报告后，你可能需要缩短标题——保持其简短。
问题概要	命题或论点——你想弥补的缺陷或想讨论的问题。
目标	意图陈述——对总体目的的一般说明——假设或一般问题。
目的	子问题——指标和变量——证实/伪造假设或问题答案的具体结果。
背景	有关科目当前思想的简单概述（近期出版物；涉及的主要问题；观点划分方法），要弥补的缺陷或要检查的新领域。
研究策略	搜集信息所用的方法——又与目标和目的相联系；每种方法是如何处理每个子问题的——花费和设备；评价你的方法：可靠性和有效性。
时间表	带有截止日期的阶段明细表：要做一系列的事情，像一条线路贯穿论文。
结论	你认为结果是什么——其重要性：对将来研究的影响；谁将受益——与目标和目的有关。
参考文献	开题报告中引用的内容。
论文草稿计划	提议的部分、章节标题和子标题——如时间表，它能使工作有顺序性和结构性。

> 总结
> - 开题报告使你能看清自己的项目是否可行，是否需要改变。
> - 它同样能显示你是否能做出与所提问题相关的答案。
> - 它能反映出是否有明显的缺陷或忽略的事情。
> - 你需要证明通过活动、程序和技巧能达成目标。
> - 根据可靠性和有效性评价你的研究策略。
> - 你也应指出自己的研究结果为什么很重要。

15.6　下面的内容

现在你已详细地了解了自己要做的事情，你可以把它分成不同的阶段，为每个阶段分配时间。在下一章中，我们将学习如何有效地管理时间。

第16章

管理你的时间

在本章中，你将学到：

- 如何应对这个庞大、复杂的项目。
- 如何找到更多的时间，如何最有效地利用时间。
- 如何设计每周时间表以最大限度地利用时间。
- 如何评估每个阶段所需的时间，并在研究进度表里规划出来。
- 如何利用截止日期和存量盘点以确保工作按部就班，并能够对思想上的变化做出快速的反应。

成功完成任何大型项目都需要持之以恒的不懈努力。因此，提前几周或者几个月规划你工作的每个阶段是非常重要的，这样可以给你自己充分的时间完成每项任务而不会造成危机或者最后一分钟的恐慌。规划你的时段并且制定每阶段的截止期限将帮助你指引完成工作的清晰路径，以便你了解需要做什么、以怎样的顺序以及何时这样做。

16.1 做出计划，妥善处理

在早期阶段，当你想知道应该做什么以及自己是否能应对时，做出计划是特别重要的。认真规划你的开题报告和时间能使你更好地控制工作。只要能坚持执行计划，你就能确保自己可以按时完成项目。

当然，你可能发现自己太有雄心，或者雄心不足。如果现有的时间明显不够，你最好现在就缩小关注范围，因为以后再做改变，就要困难得多。你必须减少：

- 子问题的数量。
- 所需资料的数量。
- 你想研究的历史时期的跨度。
- 要包括的小说数量。
- 你计划研究的群体。
- 通过简化分析来减少处理资料的时间。

16.2 不断的现实检查

计划并不仅仅是在初期才那么重要：现实检查仅仅是整个项目中众多计划中

的一个。最坏的事情是允许你自己陷入错误的安全感中。通过把截止日期植入到计划中和定期估量进展的方法，你总能确保自己沿着计划的路线前进。

这样，你能从强烈的责任感中解放出来，你不必再督促自己返回到工作中或质问自己是否有遗忘的内容。我们都知道写论文既耗费精力，又极具压力。你可以有个早期的预警机制，它能提醒你哪个任务花费的时间比预期的要多，以及你需要做出的调整。结果是，在你匆忙完成工作时，你避免了那些最后束手无策的阶段。

16.3 动力

同样重要的是，工作的每个方面都需要一个计划来维持你的动力和长期的投入。面对如此庞大复杂的项目，你的工作就不会看起来毫无目标。不管你在做什么，你都能看到这是项目中重要的一部分。

16.4 找到更多时间

最令人惊讶的事情可能是你会发现自己找到了比预期更多的时间。清晰计划好你要做的事情及所需的时间，在工作过程中你会很少松懈，充分利用所有可用的时间（帕金森定律）。如果不检查，就像电脑会随时中病毒一样：它甚至在我们不知情的情况下侵入到工作的每个方面。

16.5 评价你所拥有的时间

首先你要知道自己每周有多少时间可用，然后计算在未来的几个月里你所拥有的完成论文的全部时间。

计划你的时间
- 持续的努力。
- 每个阶段的截止日期为你的工作指引了清晰的路径。
- 给你管理工作的权利。
- 减少压力。
- 早期预警机制。
- 激发、维持你的动机和长期的承诺。
- 你会发现自己拥有的时间比预期的要多。

16.5.1 典型的一周

要清楚地了解这点，使用本页列出的每周时间表。当你度过每个平凡的一周时，准确地记录你利用每个小时的方法。在周末，计算你用在学习、休息、社会活动、睡觉、吃饭和其他活动上的小时数。这能让你知道自己是如何利用时间的，也能明确地告诉你问题在哪里以及应该如何解决。

16.5.2　计划你的每周时间表

要解决你找到的问题，重新弄一份时间表的复印件，按照以下步骤进行。

1.第1步：常规活动

首先，把你每周所有要做的常规事情填到表格中：正常的上课时间、家庭事务、吃饭时间、你通常需要的睡觉时间、常规社会活动、有偿工作时间、每天路上花费的时间等。

2.第2步：多少学习时间？

其次，决定你每天学习要占用的时间，并填到表格中。尽管这看起来很困难，但你需要为自己设定界限，以确保有效地利用时间。否则，工作就会填满你的时间，造成时间的浪费，并且你要经历通常的挫败和压力。

个人每周时间表

	星期一	星期二	星期三	星期四	星期五	星期六	星期日
午夜-1:00							
1:00-2:00							
2:00-3:00							
3:00-4:00							
4:00-5:00							
5:00-6:00							
6:00-7:00							
7:00-8:00							
8:00-9:00							
9:00-10:00							
10:00-11:00							
11:00-12:00							
12:00-13:00							
13:00-14:00							
14:00-15:00							
15:00-16:00							
16:00-17:00							
17:00-18:00							
18:00-19:00							
19:00-20:00							
20:00-21:00							
21:00-22:00							
22:00-23:00							
23:00-24:00							

3. 第 3 步：休息时间

因此，也必须认真计划休息时间。你要尝试在工作和休息之间找到最好的平衡点，留给大脑足够的时间来处理观点。这样，当你返回工作时，你能清楚地知道自己已做过什么，仍需做什么。留出一天的休息时间，避免长时间无组织的学习。用休息断开学习时段。

4. 第 4 步：计划时段

在计划好其他活动之后，现在你可以安排工作，确保把最需要高度集中的工作安排在工作效率最好的时段。同样，试着把每个学习时段分成若干个可以控制的小时段，如两小时，中间穿插休息时间。

16.5.3　全部可用的时间

一旦做完这些，就要决定自己每周能为论文预留多少时间。然后，用总星期数乘以这个时间数，还要扣除其他活动任务，如作业、准备考试和假期。

16.6　为每项任务分配小时数

在明白自己一共有多少小时可用后，你可以把时间分配到每个任务中。但是，在你这样做时，记住两点：

（1）在所有的研究中，90% 的工作是在最后 10% 的可用时间内完成的，因此，要早点开始。从暑假，或最晚从秋季学期开学时开始阅读一些背景材料，搜集可能的主题思想。

（2）根据研究的一般规则，你应该计划仅用 75% 的总时间来完成论文。这可以预防意想不到的事情发生，以及如果有新的机会出现，你也可以进行调整。但如果这看起来要预留很多时间，可以计划提前两周完成，这样你就可以为不可预料的事情，如迟到、生病等留出缓冲时间。

16.6.1　列出任务

列出所有任务，按顺序安排它们。尽可能完全地列出每件事，包括烦琐的工作和其他如果时间允许你认为有益的工作。直到你完成这项工作，实际上，你都不知道时间是否允许。下页的项目计划能告诉你所需的事情。

16.6.2　它们需要多长时间？

一旦你编辑了任务单，你就可以开始估算每个任务需要多长时间了。这会很难准确地进行估计，所以要给自己留出比想象中更长的时间。留出至少 25% 的可用时间来制作终稿，留出两周时间来制作论文成品，包括装订。文献综述所用的时间通常比你想象的要长，参考资料也是如此。因此，要稳扎稳打并增加你最初估算的时间，甚至要加倍。问卷调查和采访进度安排也是如此。如果在某一点上，突然无法得到人、书和其他资料，而你又未被耽搁，那么你就非常幸运了。

16.7 截止日期

现在你可以在项目计划里把每个任务的起始和终止日期填上，并为上面我们列出的其他任务留出时间。你对自己如何利用时间掌握得越多，在管理、掌控进展时就越有效。

当你要把作品交给导师或满足一些其他要求时，依据关键日期展开工作，为自己完成每个阶段设置临时的截止日期。设置这种类型的截止日期不仅能把项目划分为可控制的各个阶段，还能帮助我们避免帕金森定律。没有这些，我们通常会花费大量的时间在某个部分上而忽略了整个项目。

16.8 剩余工作量盘存

和截止日期一样，当事情开始成形，研究进行了1/3或一半时，你会发现另一个对规划有用的任务是与你的导师盘点已完成的工作。从最简单的层面讲，它能使导师和你更安心。你能从日复一日的工作中抽身出来，做到瞻前顾后。

16.8.1 回顾

在回顾时，你能评估已搜集到了多少资料及其相关性和可靠性。如果你有问题或者在项目的某个特殊方面搜集资料有困难时，你可以选择不同的路径或在没有这些资料的情况下重新调整项目。

项目计划

阶段	所需时间	起始时间	终止时间	存量盘点
1.列出兴趣/选择研究偏好				
2.酝酿观点				
3.在决选名单中可能的假设/研究问题				
4.文献研究				
5.调查研究方法/数据搜集/分析				
6.决定主题				监督
7.决定调查类型/研究方法/工具/技术				
8.详细描述并说明为什么选择它们				
9.写开题报告/交给导师				交给导师
10. 规划时间表/截止日期/存量盘点				
11.组织检索系统				

阶段	所需时间	起始时间	终止时间	存量盘点
12.计划论文大纲初稿				
13.写出初稿：文献综述/导论/研究方法				交给导师
14.搜集论据/数据				
15.分类/分析结论				导师检查结果
16.详细写出结果——整理图表等				
17.计划主要章节				
18.撰写主要章节				
19.把初稿整理在一起，检查顺序，配合导论/结论/文献综述				交给导师
20.修改结构				
21.修改内容				
22.引用文献/参考书目				
23.终稿检查：内容/致谢/标题/表格/标记页数				
24.装订				
25.提交				

16.8.2　向前看

向前看，弄清楚自己还剩多少工作会让你放心。它能帮助你客观地判断，否则你可能会被埋没在日复一日的工作中。更重要的是，你可以看到每件事情是如何相互关系的并融为整体的。如果任何部分较弱或者难以融入，你就有了一个与导师交流的好机会。

> 存量盘点
> - 分析相关性和可靠性。
> - 做出调整。
> - 为你提供视角。
> - 看它们是如何融为整体的。

当然，如果你陷入某个特殊的具有更重要意义的领域，或偏移至某个意想不到的路径，这都是很正常的。这可能反映了你思维的转移，显示出这是当前最重要的事情，或者你感兴趣的始终是它，而不是你在开题报告中强调的那些。如果是这样，你需要与导师进行重新考虑并调整主要问题或假设。这可能仅涉及重新回顾子问题，使之与你搜集的资料相符合。

> 存量盘点能显示出你思维的重要转移。

但是，现在面对这些挑战性的问题要比以后面对更好，到那时，估计你已把不匹配的问题和论据写到了初稿的结构和内容中。到那时就很难处理了。因此，在你开始解释材料或者分析资料来为初稿做准备前，你要清楚自己想知道什么，以及什么决定了你处理资料的方法。在处理资料的延长期后，存量盘点是你的一个机会，它能明确地为项目的最后阶段指出重点。

16.9　每次计划多件事情

如果没有足够的时间来完成你列出的所有工作，你必须缩小项目范围。但首先，问自己两个问题：

（1）是否有工作可被压缩——工作的每个方面都是必需的吗？你可能发现自己正在重复搜集已从别处得来的资料。

（2）有些工作能同时进行吗？要清楚哪些事情必须按顺序完成，哪些事情可以随时与别的事情同时进行。

> 考虑
> ● 把次要工作与重要工作结合起来——否则你会发现次要工作永远没时间做。
> ● 把长期工作与短期工作结合起来。

例如，早点开始写作很重要，而不是把它留在一边，准备最后去写。随着我们的工作进程，写下的论文内容也就越来越多。如果留到最后一刻写，不仅论文内容看起来是仓促而成的，而且观点甚至看起来很天真，而且也无法很好地展开论述。

然而，要对你计划中的那些一次性要完成很多事情的时段保持警惕。如果没有备选方案，给自己充足的时间休息，以便允许自己的大脑处理观点和客观地看待事物。

16.10　使你的进度安排有效

我们大多数人都擅长起草最复杂的计划，秘诀是要使它们有效。因此，要养成根据进度表定期检查进展情况的习惯。如果某个地方出了问题，告诉你的导师。除此之外，在日复一日的工作基础上，要尽量一直清楚自己正在做什么。你很容易走岔路，进入令你感到舒适的区域：那些熟悉的、可靠的活动会让我们感觉到我们是正在做真正的工作，尤其是当我们感到疲惫并处于压力之下时。因此，每隔一两天检查一下自己的进度表，至少也要一周一次。

每周工作进度表

日期	紧急任务	非紧急任务
星期一		
星期二		
星期三		
星期四		
星期五		
星期六		
星期日		

想要帮助自己，你每天可以花半个小时来计划每周时间表，并检查第二天你要做的工作，每个周末花半个小时来检查下周的工作。你需要每周都拿出时间来检查你已做过的工作和仍需做的工作。

> 每天、每周检查你要做的事情。

像上一页那样，每周做一个常规表格，列出每周需要做的事情，然后醒目地张贴在你通常工作的地方，这是很有帮助的。同样有用的是，你可以在同一张表格上列出一些额外的非紧急事件，以备某些紧急任务因无法完成或比预期完成得更早而退出。

16.11　一览表

上两章涉及的复杂过程充满了困难的抉择和精细的判断。因此，在继续推进之前，检查一下你已经按照下面的一览表做好了每件事情，并问自己这些问题。

> 一览表
> - 我对自己的论点或一般命题以及由此引发的研究问题是否清楚？
> - 我是否选择了最好的子问题以生成论据，证明我们的论点或命题正确与否？
> - 我是否选择了最好的研究方法来搜集数据？
> - 我是否选择了最合适的工具和技巧（例如：问卷调查、采访、观察等）？
> - 我是否应该让持相反意见的人检查我的项目是否可靠、有效或重要？
> - 我是否清晰陈述了项目和背景文献的联系？
> - 项目的结构是否清晰？
> - 我是否设计了清楚、可用的每周时间表？
> - 我是否有信心为每个任务分配最合适的时间，并做出项目计划？
> - 我是否与导师讨论了开题报告和项目进度表？

总结

- 在开始工作前，详细计划时间表能使你的整个工作有一条清晰的路线，减少许多压力。

- 在你完成每个任务时，它能帮助你维持自己的动力。

- 预留出比你想象的更多的时间——总会有意想不到的问题。

- 与导师计划存量盘点部分，万一需要改变方向，它能为你提供早期预警机制。

- 每一两天，或至少每周对进展进行有规律的检查。

16.12　下面的内容

现在，我们详细知道了需要做的事情以及如何利用时间来完成任务，我们需要把注意力转移到组织检索系统中。否则，尽管我们在任何时候都清楚自己正在做什么，但我们仍无法保障自己所做的事情是有效的，也无法确保我们找到了所需的能成功完成项目的资料。

第17章

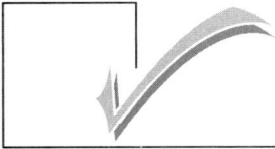

你的检索系统

在本章中，你将学到：

- 如何激励、抓住我们自己新颖的观点。
- 如何通过使用笔记本、日志、卡片索引系统和项目框来建立简单的检索系统。
- 如何设计表格以便在监督过程中反复使用，以及如何在阅读时记录观点和待完成事项。

在印刷术发明及1450年Gutenberg《圣经》（*Bible*）颁布之后的40年里，人们推算它共发行了800万~2 400万册书。由此应运而生的是依据书籍、日志中线性显示的观点所形成的教育模式。我们在阅读这些书时，通常是在沉思中认真处理、评价观点。

现在，因特网改变了所有年龄段人的阅读模式。根据大英图书馆的近期报告及伦敦大学学院的研究，相对于传统意义上的阅读方式，现在我们可以从一个网站"水平地""跳到"另一个网站来搜寻速效的方案，并在每处内容上只停留几分钟的时间。这可能对我们酝酿、发展观点的方式产生了深刻的影响。

17.1　为思考留出一片天地

对于从事研究的人来说，这提出了一个现实的问题。研究是一种持续的、不间断的过程：我们的观点总在演变，在某个意想不到的时间，突然以某种新的形势呈现出来。因此，论文质量的关键取决于在灵感闪现时，我们是否能抓住最闪亮的观点和最深刻的认识。

要做到这点，我们需要理清我们的大脑：要引出一种好观点，我们需要在头脑中为其留出一片天地。但在大多数情况下，不相关的先入之见往往占据了大脑空间，劫持了我们的思维。在这样混乱的大脑中，没有严谨思考的余地。思想可能就在那里，充满了洞察力和想象力，但如果我们不能为其腾出一片空间来进行沉思并开发它们，我们很容易与之擦肩而过，甚至都意识不到它们的存在。

17.2　检索系统

一旦我们在大脑中腾出了空间，我们需要一个非常合适的检索系统来抓住随时随地出现的观点，并且它能为我们更容易地获得观点而提供一种方法。这需要我们进行深思熟虑，需要有点想象力，当然，首先要有灵活性。

> - 清理大脑空间，引入好的观点。
> - 建立检索系统以抓住随时随地出现的观点。

我们很容易忽略检索系统的重要性。它的影响永远都不是中立的。在理解这一点之后，我们发现自己拥有许多具有深刻见解的观点。如果错误使用了它，那么我们的论文就一定要克服可能产生的预测性和模仿性。

> 如果没有好的检索系统，我们会丧失很多优秀的观点，我们的论文也将变得可预测和带有模仿性。

17.3 笔记本

不管我们是否意识到了这一点，在我们解决研究中的问题时，总会有一个持续不断的内部对话在我们的头脑中进行。但好的观点只光顾有准备的大脑：一个对这种对话敏感并随时准备记录观点的大脑。这些闪耀的光芒快速地出现，又快速地消失。因此，无论走到哪里，要记得带个笔记本来记录下这些灵感。它们可能不会再次出现，即使会再次出现，也不会同样地光采、生动，从而使你和你的读者突然领悟。

像我们在第1章中讲的一样，论文旨在看我们是如何思考的，写作是思维的一种形式，也是深入观点的最有效的形式。大学教育主要与发展这方面的能力有关——培养我们更强的认知能力：分析论点和概念；综合观点和论据以创建观察事物的新方法；评价论点和论据。这并不像想象中的那样，只是关于理解我们从课堂上或者从阅读中得到的观点及如何正确地理解使用它们。

> 更强的认知能力
> - 分析论点和概念。
> - 综合观点和论据以创建观察事物的新方法。
> - 评价论点和论据。

我们的成功取决于是否能深入观点的核心，主要通过分析其各部分以及它们与其他观点间的相互关系；看它们如何相互关联、对比、比较；看它们如何与其他观点进行整合，从而在我们所熟知的领域里做出重要的、创新性的突破。因此，当你看到这些关系时，你要迅速拿出笔记本来记下这转瞬即逝的想法。这是你对内在的观点进行连续分析和整合的记录方法。

最值得注意的事情是该过程是自我促进的：你投入的越多，得到的回报就越多。如果你允许自己的思想源源不断地落于纸上，或者你写下困扰自己的问题，潜意识会去你的资料库里搜集更多的观点和论据，建立联系，分析论点和概念，这种方法是之前你开始思考问题时从未怀疑过的。结果，在你再次观察观点时，你会惊奇地发现观点已有了很大的发展。

> 它是一个自我促进的过程：你投入的越多，得到的回报也就越多。

17.4　日志

在观点发展的过程中，笔记本可能是记录观点的最好方式。相反，日志则是一种更积极的方式；是一种积累观点的方式。使用一本手册或一个电脑文件，利用2~3个半小时的时段在每周工作表中写下自己的工作。

我们大多数人很少允许自己自由写下我们的观点。我们通常是在被分配写作任务或在阅读、记笔记时才会写作，所以，那些都是我们的真实观点，没有被我们阅读或提及的内容所影响。尽管我们的想法一直存在，但它们很少被写到书面上。

像笔记本一样，这个过程也是自我促进的：第1次可能要做痛苦的挣扎，但第2次以及以后，则会有很多的观点生成。你给大脑布置任务要生成观点，然后在不知不觉之间，它就做到了这一点，应你的需要时刻准备产生一些观点。

> 自由写作，不要被所读的内容束缚。

论文是深刻的、独立的思考：不仅显示了你如何理解观点，如何使用它，甚至如何用导师喜欢的方法发展观点，还允许你自己生成、发展新的观点。要做到这点，你需要在常规的基础上自由写作。

这将使你的整个项目拥有清晰的轮廓，同时帮助你维持动力和方向感。记录观点的连续性有助于避免论文分裂成脱节的短文。要提醒自己，研究并不是一个整齐的过程：你最好的观点并不是无源而来，否则在过去的几个星期里，你可能把时间留在了写研究笔记中。它们是一个连续的过程，来自笔记和日志中所记录的连贯的想法。

> - 论文是真正的思考：深刻的、独立的思考。
> - 这是一个连续的过程，来自于笔记本和日志上所记录的连贯的想法。

17.5　索引卡系统

索引卡系统也同样重要。索引卡按照论文的章节分为不同的部分，它为我们提供了一种独特的方法，其能抓住那些易被我们错过的观点。当我们碰到一个有趣的观点、独立的统计值，或有用的引语时，很难知道应该如何处理它。你把它写在一张纸上吗？如果你确实把它写到纸上了，那你又将如何存放它呢？而且，一张纸太容易被弄丢了。用一个简单、灵活的索引卡系统即能抓住这些孤立的名目——引语、论点、观点或一系列数字——有了索引系统，就能很容易地在你需要时找到自己想要的内容。

　　这也是一种用便条记录所有资料用途的简单方法，因此，当以后用到它们时，我们能清楚地知道如何使用它们。这能为你编辑引用文献和参考书目节省大量的时间。没有比花上几小时来追踪当时未被记录的参考出处更令人沮丧的了。在索引卡的上面写上所有书目的详情，当你需要时，所有信息都可以随手拈来。

参考书目详情	
图书	作者—出版年份—标题—出版者—出版地
期刊论文	作者—出版年份—文章标题—期刊全名—册号和发行号—页码索引

　　更重要的是，在有限的空间内，你需要把观点转换成自己的话。如果文中的某个词组或章节很有力，你无法用自己的话总结其观点，这时你必须更加认真地选择，记录下一两句较短的引语。

　　当然，另一种方法是把所有信息放到电脑文件里。这种方法允许你记录下更多的信息，而且也拥有利用关键词来搜寻记录的优势。当然，如果你把索引卡系统分到论文的不同章节中，你也会清楚地知道要搜寻的内容所属的章节，这样，问题也能得到解决。

> 索引卡系统
> - 抓住所有你可能忽略的单独的条目。
> - 很容易找到你所需要的，以备不时之需。
> - 一种记录所有资料书目详情的简单方法。

17.6　项目盒子

　　同样，你也可以从职业作家那里借用主意，他们经常会用项目盒子或文件夹把认为对项目有用的内容收录起来。用一个公文箱，甚至一个真正的盒子——现在你可以用档案挡板把塑料盒子划分为不同的章节——当你发现可能有用的材料时，随时放到盒子里。它可能是从报纸或杂志上剪下的文章；可能是电视节目中的说明；或者是你容易遗忘的任何东西，它激发了观点的产生。

　　它的优势很多。在实际应用层面，有个这种盒子本身就能生成很多我们可能会忽略的资料。知道自己有个可以收纳资料的盒子，也可以激励我们注意到处搜寻资料。这样，我们就把项目当成了一个发展的过程，不知不觉地，我们就参与进了其中。这样长期地发展观点，超出通常的研究范围，会使我们收获颇丰。

> - 知道自己有个收纳资料的盒子，我们会更注意搜集资料。
> - 它能使大脑随时准备为项目工作，即使是在我们无意识思考的时候。

17.7　记录表

最终，你发现设计一种简单的常规程序用以记录重要的信息是大有裨益的。因此，当你需要时，你可以直接进入表格查找。例如，可以用一张简单的A5纸大小的表格来记录会议或电话交谈中的重要信息。表格不仅包括交谈的细节，还包括讨论的关键问题，它与研究的其他部分的相互关系，以及后续的工作，比如，需要探索的新方法以及需要回答的问题。

同样，你可以设计一个标准的表格以便每次接受指导时使用，并与其他的常规笔记进行区分。你可以在一张纸上记录下被提出的关键性问题和后续事宜。这能让你清楚自己要做的事情。而且，在你的笔记中不会遗漏掉那些经常会失察或忽略的问题。

联系记录

联系详情	
谈论的关键问题	
关系	
后续问题	

总结
- 我们需要检索系统来抓住随时随地出现的观点。
- 拥有笔记本和日志能帮助我们记录观点，发展更强的认知能力。
- 检索卡系统和项目盒子能帮助我们抓住可能会忽略的资料。

17.8　下面的内容

现在有了从内部资源中抓住观点的系统，我们可以开始从外部资源来阅读、处理资料。在下面的两章里，我们将学习如何做一个高效的读者和笔记记录者。

第18章

阅读

在本章中，你将学到：
- 如何通过检查可靠性和相关性来缩小阅读范围。
- 如何避免在阅读资料上浪费过多的时间。
- 如何有目的地进行阅读、略读、浏览、逐字阅读。
- 深层处理和表面处理的区别。
- 如何对我们阅读的观点和论点进行深层分析。

你要做的最耗时的工作之一是把项目放到研究科目的文献背景中。这就需要大量阅读，主要包括：

- 科目中的标准文本。
- 发表于书和期刊论文中的最新研究。
- 有关研究方法的文章。
- 第一手来源文献。
- 专业来源。
- 政府报告。

大学生论文的参考书目可以包括25～50部参考文献。因此你要确定：

- 某篇特定的文章值得一读。
- 你为什么要读。

否则，你很容易在阅读文献上浪费大量的时间，阅读一些不知道为什么要读的书。这会浪费大量时间，最终得来的只是一堆无用的资料。对于一般论文来说，文献搜索和评论只占用总时间的30%～40%，因此，你要确保自己以最高效的方式只阅读所需的文献。

18.1 决定哪些值得阅读——可靠性

上面列出的两个问题是我们要关注的两个点：可靠性和相关性。首先，可靠性：我们的工作是尽可能地评价文献来源和作者。每次拿起一篇文章，问自己下面表格中的问题。如果你能很满意地回答一半问题，这就可能值得一读，如果不能，那它就可能不值一读。即使它与你的主题有直接的关系并且是必不可少的，你的脑中也要谨记这些规则来阅读内容，也可能会把它们运用到文献综述中。

18.1.1　作者

大多数这类问题都能引起很明显的关注。如果没有列出作者，可能是没人愿意为其中表达的观点承担责任。他们的资历可能与研究领域无关，所以，有必要通过把他们的名字输入到搜索引擎中来核实他们是否是知名的权威人士。你还可以检查他们过去在该领域发表过多少内容，看他们的工作单位是学术机构还是商业团体。

原始资料的可靠性	
作者	作者是否署名？
	他们的资历是否相关？
	他们是否是知名的权威人士？
	他们有其他出版物吗？
	他们在哪里工作？
资料	文章是有偿的吗？
	它被参考或编辑过吗？
	它是第一手还是第二手资料？
	引用了哪些参考资料？
	如何把它与相同科目的其他资料进行比较？

但是，要当心仅在以此为基础排除资料的做法。有的作者可能不出名，或者不是权威，但他/她仍可能有一些很杰出、很有突破性的作品。

例子：现代物理学

在1905年，伯恩专利局一位不知名的、地位低下的二流工程师发表了4篇物理学的研究论文。之前他未发表过任何东西，每家学术机构都拒绝接收他。但是，现在没有人会怀疑爱因斯坦的论文的重要性及它们对现代物理学的影响。

18.1.2　资料来源

对于资料来源本身来说，有些很明显的问题值得提出。如果文章已经被付费，它可能是服务于其他的利益而不是真理。如果是第二手资料，作者可能会有选择地使用第一手资料以支持自己的论点。当然，这也确保了该资料被同一学科的其他资料所支持，而且它引用了其他资料来支持案例。如果它被刊登在一份会被同行所参考的期刊上，这就能很好地证明其可靠性。同样，这并不总是优质的保障。

例子：后现代主义

在 1996 年，纽约大学物理学教师 Alan Sokal 写了一篇骗局文章，拙劣地模仿了后现代主义的思想家。尽管它没有产生任何影响，也仅仅是建立在这些作者的引语上，但他的文章毫无变动地被发表在了一份会被同行参考的期刊上。

18.2　决定你为什么阅读——相关性

尽管可靠性是很明显的关注点，但相关性则决定了你的宝贵时间有多少能被用在文献阅读上。

18.2.1　有目的地阅读

要有目的地进行阅读：知道自己在做什么，你不会浪费时间。既然你已经把观点写在了开题报告中，你就应知道想要回答的问题和子问题，这样就不容易走入歧途。你可以回答两个问题：

（1）这篇文章/论文是相关的吗？

（2）如果是，我需要认真地逐字阅读哪些部分？

通过搜索文献能找出多达 100 个不同的资料来源，因此，你需要略读并快速浏览它们，从而决定出你需要哪些资料以及它们的哪些部分。尽管我们都使用这些不同的阅读策略，但明确地知道它们的意义是很有用的。

阅读策略

● 当我们知道某篇文章或某个段落对我们的工作很重要时，我们会认真地进行逐字阅读，想从笔记中提取出要点及其部分的详细结构。

● 相反，如果我们只是想了解一篇文章或论文的大概内容、关键观点、大致结构，我们最好进行略读。

● 如果我们只是要为某个具体的问题找出答案，比如一个日期、姓名、一串数字或作者讨论的某个主题，我们需要快速浏览全文。

18.2.2　书籍

对于我们通过搜寻所列出的书目，需要我们从头读到尾几乎是不可能的。相反，我们需要明确记下哪些段落是有用的。通常我们要查阅内容和索引页以定位我们感兴趣的问题。如果这行不通，阅读每个章节的第 1 段，因为在第 1 段中作者往往会介绍本章要讲述的内容，然后读最后一段，在这一段中作者会描述自己如何展开内容的。

如果不这样做，可以略读每一页，对每章的内容有个大概的了解，记录下每部分的标题和副标题，这能为你呈现出每一章节的大体结构。或者，你可以快速浏览每一页，寻找关键概念。你可能会发现这些内容往往用粗体或斜线等方式被标识出来。看自己能否随着作者展开论证而领会观点的顺序。

检查

- 目录页。
- 索引。
- 章节标题。
- 第一章和最后一章。
- 章节末尾和书末尾的总结。
- 每一章第一段和最后一段。
- 略读文章，对内容和结构有个大体的了解，记录每个章节的标题和副标题。
- 浏览关键概念。
- 领会观点顺序。

18.2.3 期刊论文

期刊论文也是同样，只是在这方面我们将拥有更多的帮助。最有用的部分是摘要，在摘要中，作者描述了研究的主要原理、关键结果和对它们的解释。因此，在阅读摘要时，问自己：

- 文章内容是否过于笼统或是过于具体？
- 其主要焦点与你项目的焦点有区别吗？
- 有没有哪些限制（涉及的年代、地点或人物有限）减小了它与你的项目的相关性？
- 是否包含有关研究方法和涉及的实际问题的有用信息？

如果显示它是有用的，略读概要和结论。如果没有结论，略读比较明显的讨论部分。关键是看它是否与你在开题报告中所分析的问题和子问题有相关性。

18.3　处理观点

现在你知道了阅读表中资料的目的以及需要读哪些部分，在读的过程中，你可以开始认真地处理观点。最终，我们的论文质量取决于内部处理观点的质量。

18.3.1　表层处理者

表层处理者是被动地阅读，不能对内容进行主动地分析和架构，也无法批判、评论作者提出的论点、论据和观点。在大多数情况下，这类学生只能使用其更低端的认知能力，仅仅是回顾并理解自己阅读的内容，而无法再做出更深层次的举动。当他们生成自己的观点和论点时，主要依靠简单的描述。

表层处理
- 被动阅读。
- 在阅读过程中不能够分析和架构内容。
- 对内容不进行批评、评论。
- 使用更低端的认知能力来回顾和理解。

18.3.2 深层处理者

论文要得高分，我们必须向论文评审们展示自己向纵深方向发展了观点，并且能使用更高端的认知能力来分析、综合、评价观点和论点。这就是"深层处理"：在阅读过程中我们讨论作者的观点；分析其意图；评价其内容；在开始形成自己的观点时，我们把观点和论点综合到一个表格中，以反映我们认识和理解问题的方式。这是我们独创性的观点和洞察力的源泉，因此，不要忽略它或在它出现时不进行记录而就此错失。

深层处理
- 阅读过程中讨论作者的观点。
- 分析作者的意图。
- 进行评价。
- 把观点和论点综合到一个表格中，以反映我们观察、理解问题的方式。

18.3.3 主动阅读

养成让自己对阅读内容做出反应的习惯。当想法和观点闪现时，拿出笔记本记下来，千万不要拖延。如果头脑中产生了明确的观点，集中注意力，尽可能清楚地写下观点、论点和分析。否则，那种强烈感受可能很快就离你而去，你的论文可能会失去成就其优异性和独创性的东西。

当观点闪现时，及时记录下来。否则，你可能会失去猛然发现它们时的那种强烈感受。

18.4 多次阅读

要保证"深层处理"，在大多数情况下，你需要阅读2~3遍，尤其是当文章属于技术类且经过了严密的讨论时。

18.4.1 为理解而阅读

在第1遍阅读中，你的目标可能只是低层次的能力范围，只是为了理解作者的论点。它可能是一篇我们之前从未阅读过的科目的期刊论文，或者可能包括许多不熟悉的术语，在它们每次被使用时，你都要认真思考。

18.4.2 为分析和架构而阅读

在第2遍阅读中，你应该把文章细分为小章节来进行分析，如此一来，你就能知道自己应如何在笔记中进行组织。如果文章不太难，你可能在第1遍的阅读中就能完成这两个任务（理解和分析），但还是谨慎一些好，不要太过草率。记住，既然你已经缩小了要读的资料范围，你可以花费更多的时间来更好地处理观点。

18.4.3　为批判和评论阅读

第3遍阅读涉及批判、评论作者的论点。很明显，在这一遍和第2遍阅读中，我们处理文章的方式更积极。在第2遍阅读中，我们分析段落以找出结构，在这一遍阅读中，我们继续与作者对话，通过这样来批判、评论他们的观点。稍后，在第七部分中，我们将详细探讨如何改进推论的能力。在那部分学习的内容可以被用来批判、评价我们阅读的内容。但现在，在你阅读的过程中，问自己下面的问题。弃一份复本，并放在自己的身边。

批判和评论

● 评论观点

（1）作者的主要观点是什么？

（2）他/她是否始终如一地发展观点？

（3）他/她的结论是否是依据他/她所给出的推理得出的结果？

（4）他/她是否遗留了一些未展开的部分，导致可能会出现不同的结论？

（5）有些假设是否是在未确认的情况下设定的？

● 评论论据

（1）他/她是否使用了足够的论据来支持其观点？

（2）论据属于哪种类型，他/她是否恰当地进行了描述？

·来源于一手还是二手资料？

·统计——作者是如何进行描述的？是否正确？

·逸闻趣事——它有什么代表性，是否可靠？

（3）他/她是否得出了合理的论断以发展论点？

·它得出的结论是否太强大？

·论据与其论点相关吗？

（4）从论据中能得出哪些推论？

（5）其他作者会如何看待这点？

● 评论语言

（1）他/她是否始终用同样的方式使用词语，这些词语在每次使用时所代表的意义是否相同？

（2）论点的意思是否被使用的专门术语和摘要掩盖了？

（3）我们是否需要分析概念以揭示论点暗含的意义？

18.4.4　休息时间

　　最后需要谨记的一点是，不要草率。在第2遍和最后的评论阅读中，要给自己留出一些喘息的时间。你的大脑需要充足的时间来处理所有的材料，最好是隔夜进行，以便自己能清楚、客观地观察问题。如果你尝试在第2遍阅读之后就开始批判、评论作者的观点，此时你自己的观点将会与作者的很相似，以致你没有空间去批判、评论它们。你会发现自己与作者的观点相差甚微。

　　总结
- 除非你认真评价文章的可靠性和相关性，否则文献的搜寻和回顾所耗费的时间将比你预计的要多。
- 有目的地进行阅读：知道自己在寻找什么，从而不会浪费时间。
- 选择最好的策略来与自己的目的进行匹配。
- 积极阅读，可以用高端的认知能力来处理观点。

18.5　下面的内容

　　用这种方法处理完你所阅读的内容后，你需要在笔记上记录观点，以便你把它们做成表格。在下一章中，我们将学习如何选择不同的记笔记策略，以符合各种处理类型。

第19章

记笔记

在本章中，你将学到：

- 灵活使用不同的记笔记策略来记录不同层次的处理内容的重要性。
- 对于不同层次的处理，选择正确的记笔记策略。
- 如何最好地利用线性、图案笔记、时间线和矩阵结构来捕捉、阐述观点。

在上一章中，我们看到阅读的过程比我们通常想象的要复杂得多。对于大多数期刊论文来说，在读第一遍时你需要认真地逐字阅读来理解所有复杂的问题和论点，然后分析文章，提炼结构。在最后一遍阅读中，你可以批判、评价论点。

19.1　要有灵活性

你需要记录不同层次的处理内容：首先要准确地抓住观点的组织和结构，其次要记录你对它们的反应。对于每一个观点，你都要有合适的记笔记策略来让你抓住它们：传统的线性笔记可以帮助你分析内容，理清结构；图案笔记可以被用来进行批判和评价。因此，要有灵活性：不要一律使用同一种策略。如果你总是使用线性笔记，尝试使用图案笔记，直到你能找到完美捕捉观点的方式为止。

19.2　线性笔记

尽管你可能从未学过如何分析概念，如何把论据和观点综合成看问题的新方法，或者如何批判、评价论点，但在这个层次上，你仍然需要评估自己能做到怎样。没有什么比研究和写作论文更明显的了。但要有效地利用这些宽泛的能力，需要更复杂、更适用的策略来满足每个新的需求。它应该提高我们的能力，而不是束缚我们，阻碍其发展。

> 一种很好的记笔记策略应该促进，而不是阻碍我们发展能力。

我们的首要任务是把我们读到的观点加工成相应的结构。没有清楚的结构，我们就很难有创造性地利用我们的观点。我们就没有所需的控制能力，以便我们可以对它们进行重建、重新安排，以便把它们与其他不同的结构相综合。在第7章和第8章中，我们看到了把观点组织成结构的重要性，我们可以利用并操控结构来创建新的观点并找到解决问题的方法。然后，我们的目标是从阅读的段落中区分、提取不同层次的观点，这个过程包括根据相关性和重要性对材料进行筛选。

对于这类分析性任务，线性笔记是很有帮助的。从本页的例子中你可以看到，线性笔记是最常用的笔记形式。在我们发展结构时，我们把每一个步骤或每一处缩进当成论点的进一步细分。这些也同样能细分成更深层次的子章节。用这种方法，我们可以用很容易理解的结构代表最复杂的论点。

19.3　矩阵结构

或者，如果你想清晰地展示事实或人之间的关系，矩阵结构应该是最好的办法。一旦你运用了矩阵结构，要找到解决问题的办法也就很简单了。

19.4　时间线

同样有效的是时间线。如果你以前没有使用过，或没有见别人使用过，你会发现它们在清晰描述一连串的事情时非常有用，更有用处的地方是在不同的人、变动的思想或组织之间的发展关系上。通常，我们只是想要看看全景：我们研究的不同事情是如何相互关联的。但是大多数为分析工作而设计的记笔记策略并不适合这种综合法。因此，如果你想把所有的部分组合成整体以看到事情的全貌，你要使用时间线。在后面的例子中，你可以一目了然地看到在过去的 2～3 个世纪里，在道德思维领域里，不同的思想潮流之间复杂的相互关系。

> **例子：从有关基因和基因治疗的线性笔记中摘抄的章节**
> 3.基因治疗：
> 3.1 定义：负责疾病治疗的纠正缺陷基因技术
> 3.2 方法：
> 3.2.1 替代——
> ① 用正常基因代替无功能基因
> ② 经过同源重组，非正常基因代替正常基因
> 3.2.2 修复——修复反常基因——选择性地回复突变
> 3.2.3 改变规则（例如，规则调动的程度）
> 4.一般方法：
> 4.1 带菌者=靶向分子载体把基因运送至目标细胞
> 4.2 病毒=最常见的带菌者：
> 4.2.1 演变成感染细胞
> 4.2.2 用治疗基因代替携带疾病的基因
> 4.2.3 种类：
> ① 逆转录酶病毒
> ② 腺病毒
> ③ 腺伴随病毒

④ 单纯疱疹病毒

4.3 非病毒传送系统

4.3.1 直接把治疗 DNA 引入目标细胞中

4.3.2 创造脂质体——以水为核心的人工液体半球——通过目标细胞的薄膜传送 DNA

4.3.3 把治疗 DNA 与绑定到专用单元受体上的分子相联系

4.3.4 把第 47 个（人工）染色体引入到目标细胞中

19.5　图案笔记

图案笔记有不同的形式和不同的名称，包括网络笔记和思想或概念地图（见后面），但它们的共同点是允许我们尽快地记录、发展我们自己的观点。

矩阵的一个例子：1993 年至 1997 年到达加勒比群岛的游客				
（20 世纪 90 年代的数据） 1993	1994	1995	1996	1997
柏布马安提瓜岛　　　　240	255	212	220	232
阿鲁巴岛　　　　　　　562	582	619	641	650
巴哈马群岛　　　　　1 489	1 516	1 598	1 633	1 592
巴巴多斯　　　　　　　396	426	442	447	472
百慕大群岛　　　　　　412	416	387	390	380
英属维尔京群岛　　　　200	239	219	244	251
开曼群岛　　　　　　　287	341	361	373	381
古巴　　　　　　　　　544	617	742	999	1 153
库拉索岛　　　　　　　223	238	232	219	209
多米尼加共和国　　　1 609	1 717	1 776	1 926	2 211
瓜德罗普岛　　　　　　453	556	640	625	660
牙买加　　　　　　　1 105	1 098	1 147	1 162	1 192
马提尼克岛　　　　　　366	419	457	477	513
波多黎各　　　　　　2 854	3 055	3 132	3 095	3 249
圣卢西亚岛　　　　　　194	219	231	236	248
圣马丁　　　　　　　　503	568	445	365	439
特立尼达和多巴哥　　　249	266	260	266	324
美属维尔京群岛　　　　550	540	454	373	411

图案笔记不会与流程图和我们用来表示观点的其他图解工具相混淆，因此，我们的读者能够理解它们。图案笔记是我们为自己发明的一种方法，在观点的形成过程中，它代表并配合我们的观点。因此，关键是开发一种你能快速记录自己思想的系统。当观点出现时，当你看到它们与其他观点的联系时，最好的图案笔记就能帮助你立刻展开工作。

很显然，我们讨论、评判文章的含义，发展个人观点的能力首先取决于揭露、记录结构的能力，主要是使用线性笔记。在这之后，当我们开始生成自己的观点、评论和评价时，我们需要能随着观点的发展来灵活应对的策略。

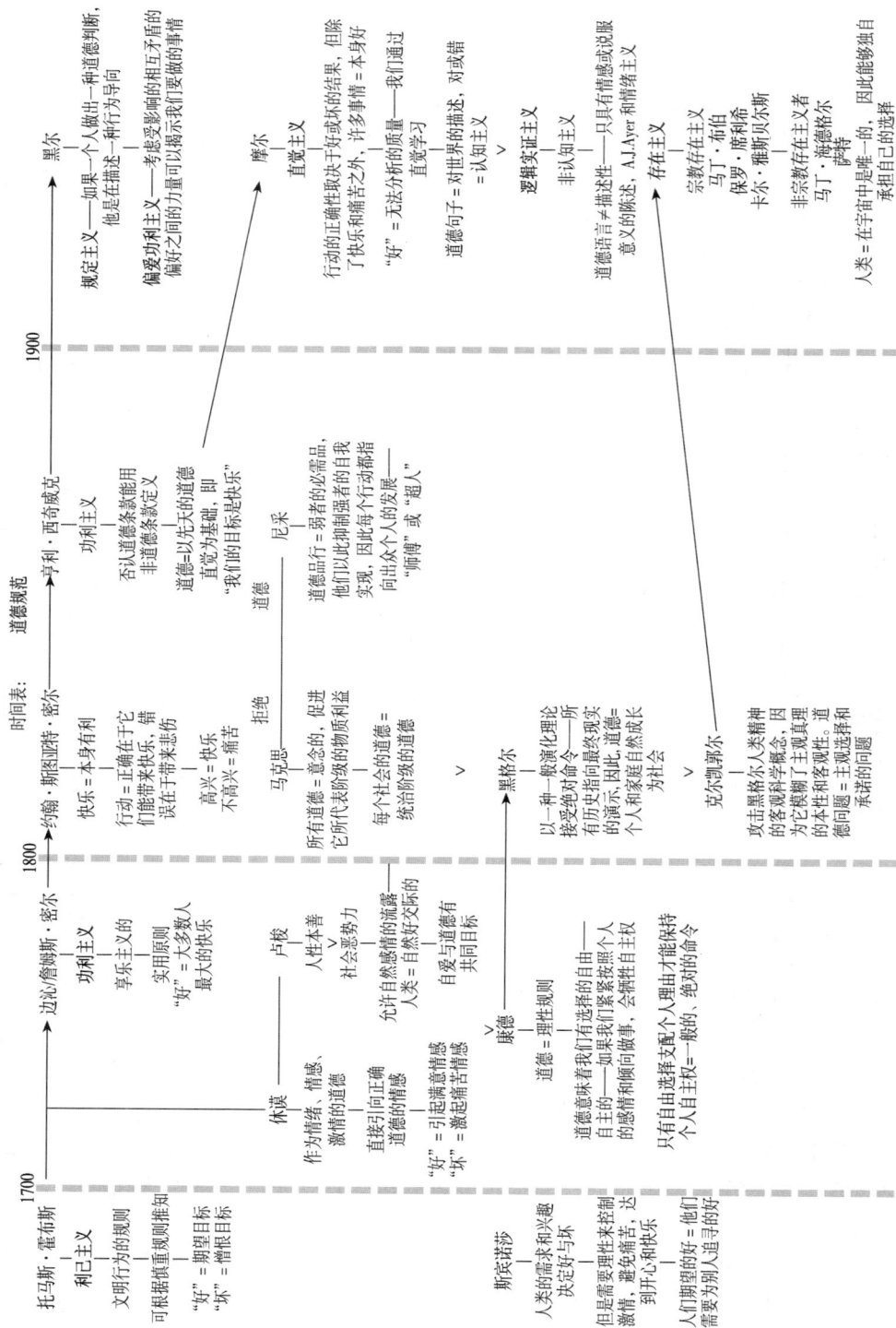

时间表：　道德规范

1700　　　　　　　1800　　　　　　　1900

托马斯·霍布斯 —— 边沁/詹姆斯·密尔 —— 约翰·斯图亚特·密尔 —— 亨利·西奇威克 —— 黑尔

利己主义
文明行为的规则
可根据慎重规则推知
"好" = 期望目标
"坏" = 憎恨目标

功利主义
享乐主义的
实用原则
"好" = 大多数人
最大的快乐

快乐 = 本身有利
行动 = 正确在于它
们能带来快乐，错
误在于带来痛苦
高兴 = 快乐
不高兴 = 痛苦

否认道德条款能用
非道德条款定义
道德 = 以先天知道，即
直觉为基础，即
"我们的目标是快乐"

规定主义 —— 如果一个人做出一种道德判断，
他是在描述一种行为导向

偏爱功利主义 —— 考虑爱影响的相互矛盾有着的
偏好之间的力量可以揭示我们要做的事情

摩尔
直觉主义

休谟
情绪、情感
作为情绪、
激情的道德
直接引向正确
道德的情感
"好" = 引起满意情感
"坏" = 激起痛苦情感

卢梭
人性本善
社会 = 恶势力
允许自然感情的流露
人类 = 自然好文际的
自爱与道德
共同目标

马克思
所有道德 = 意念性，促进
它所代表阶级的物质利益
每个社会的道德 =
统治阶级的道德

拒绝

尼采
道德品行 = 弱者的必需品，
他们以此抑制强者的自我
实现，因此每个行动都阻碍
向众生的发展——
"狮子" 或 "超人"

道德

行动的正确性取决于它好或坏的结果，但除
了快乐和痛苦之外，许多事情 = 本身有好
"好" = 无法分析的质量——我们通过
直觉学习
道德句子 = 对世界的描述，对或错
= 认知主义
v
逻辑实证主义　　非认知主义

道德语言 ≠ 描述性——只具有情感或绪主义
意义义的陈述，A.J.Ayer 和情格

斯宾诺莎
人类的需求和兴趣
决定好与乐
但是需要理性来控制
激情，避免痛苦，达
到开心和快乐
人们期望的坏 = 他们
需要为别人造寻的好

康德
道德 = 理性规则
道德意味着我们有选择的自由
自主的——如果我们紧紧按照个人
的感情和倾向做事，会牺牲自主权
只有自由选择支配个人理由才能保持
个人自主权 = 一般性、绝对的命令

黑格尔
以一种一般演化理论
接受绝对命令——所
有历史中的最终现实
的演示，因此，道德 =
个人和家庭自然成长
为社会

克尔凯郭尔
反击黑格尔人类精神
的客观科学概念，因
为它摸嘲了主观现实
的本性和客观性。道
德同题 = 主观选择和
承诺的问题

存在主义

宗教存在主义
马丁·布伯
保罗·席勒格
卡尔·雅斯贝尔斯
非宗教存在主义者
马丁·海德格尔
萨特

人类 = 在宇宙中是唯一的，因此能够独自
承担自己的选择

"权力仅仅意味着拥有力量"
讨论

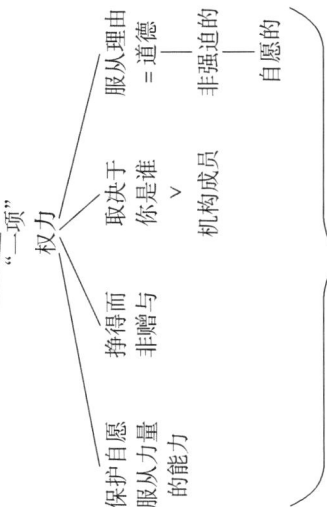

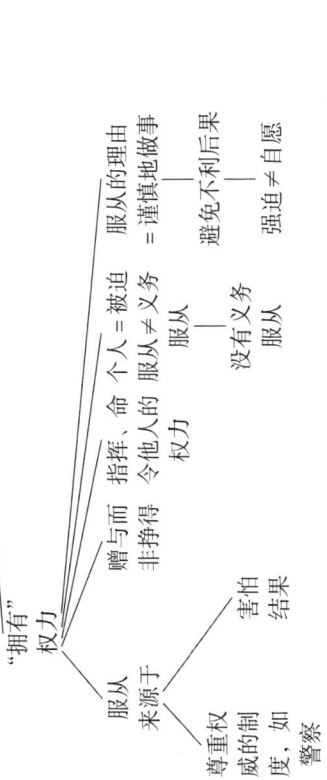

"一项"权力
服从理由＝道德 非强迫的 自愿的
取决于你是谁 ∨ 机构成员
挣得而非赠与
保护自愿服从力量的能力

权力＝说服能力
个人素质：诚实，公正/公平，非凡的领导力
合法化影响：经验/智慧 例如，老人；知识 例如，有经验的艺术收藏家；同意 例如，选举的代表

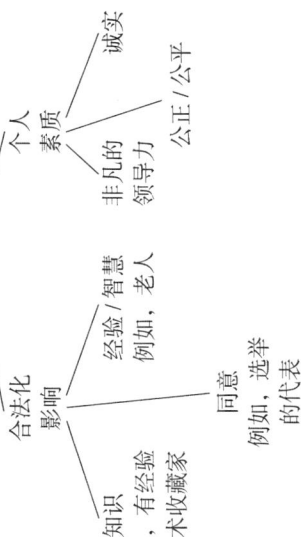

"拥有"权力
服从来源于尊重权威的制度，如，警察
害怕结果
赠与而非挣得
指挥、命令他人的权力
个人＝被迫 服从人的权力
服从 ≠ 义务 没有义务服从
服从的理由＝谨慎地做事 避免不利后果 强迫 ≠ 自愿

＝
采取措施反对不遵守规则的人的权力
通过暴力/武力保护顺从——使事情更糟
非官方的 例如，盗匪地方帮派 贷款人
害怕结果 没有权力服从
可能＝权力
遵守规则
官方权力制度 例如，警察/法官
害怕结果——不利

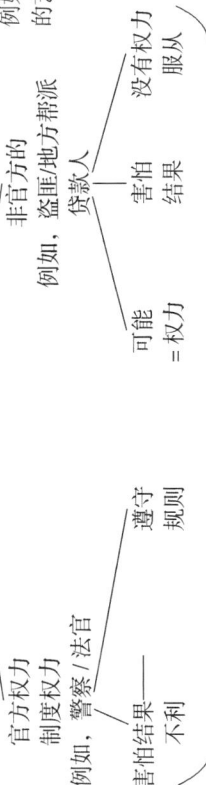

权力本身 ≠ 权威
权力本身和权威 ≠ 合法性

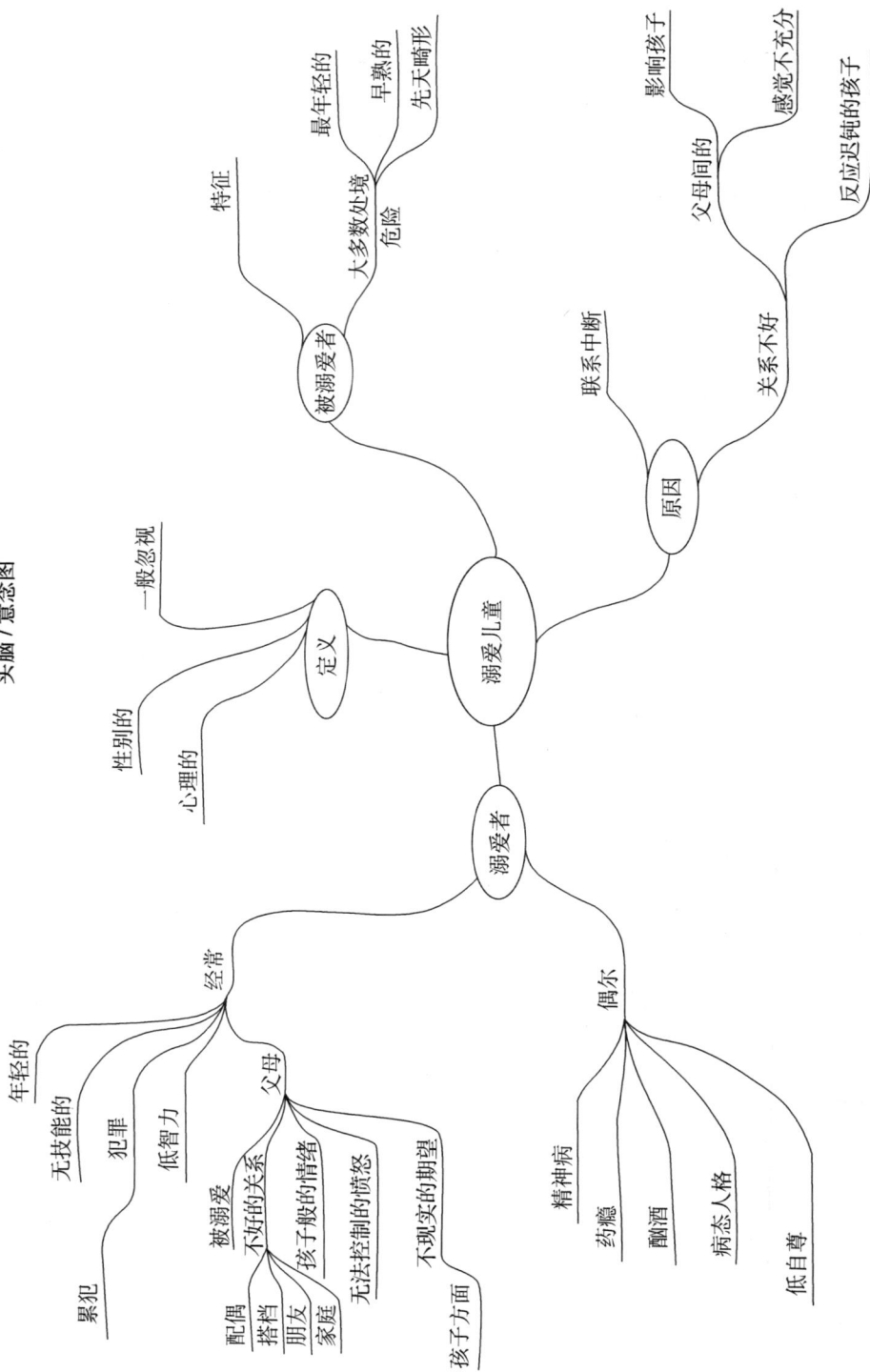

头脑/意念图

溺爱儿童

- 被溺爱者
  - 特征
    - 最年轻的
    - 早熟的
    - 先天畸形
  - 大多数处境
  - 危险
- 定义
  - 一般忽视
  - 性别的
  - 心理的
- 原因
  - 联系中断
  - 父母间的
    - 关系不好
      - 影响孩子
      - 感觉不充分
      - 反应迟钝的孩子
- 溺爱者
  - 经常
    - 年轻的
    - 无技能的
    - 犯罪
      - 累犯
    - 低智力
    - 父母
      - 被溺爱
      - 不好的关系
        - 配偶
        - 搭档
        - 朋友
        - 家庭
      - 孩子般的情绪
      - 无法控制的愤怒
      - 不现实的期望
      - 孩子方面
  - 偶尔
    - 精神病
    - 药瘾
    - 酗酒
    - 病态人格
    - 低自尊

因此，即使你已经以一种线性笔记的形式记录了结构，但还是要留出点时间，坐下来在一张白纸上记下自己的观点和评论，这些在你阅读完之后将会在你的脑海中自成体系。这通常只需要30分钟。观点会泉涌而出，你会惊诧于自己的观点是多么的完美，你的想象是多么的丰富。

> 留出时间，坐下来，在一张白纸上写下从刚才的阅读中记录的观点。

问题是我们自己要真正地思考，而不是重复利用别人的观点，在观点没有任何预见地从四面八方涌来时，我们必须抓住。我们的大脑酝酿观点的速度要比我们找到词汇描述观点的速度快得多。图案笔记不仅能让我们记住观点，还能让我们同时进行几项讨论。在这个过程中，它们能把我们的观点重点突出出来，因此，在我们开始研究时，我们可以很方便地从阅读过的内容中进行评价、挑选。

> 总结
> - 对于每个层次的处理内容，都有合适的记笔记策略。
> - 要灵活：不要千篇一律地使用同一种策略。
> - 好的记笔记策略能促进我们的能力，而不是起到阻碍的作用。

19.6　下面的内容

我们在前面讲过，作为一种评价模式，论文的重要性在于我们不仅能对我们思考什么进行评价，还能对我们怎样思考做出评价。真实思考的特征是思考我们的想法的能力：我们如何搜集资料，对其进行分析、评价，并用它创建连贯一致的、有说服力的论点。结果是，自己亲自思考，将自己的观点、见解汇集起来并在中心舞台上展示出来。

这意味着我们在组织检索系统来抓住观点以及在阅读和做笔记时要灵活，以便我们可以使用更强的认知能力来处理观点。在下面的3章里，我们将学习不同的方法来做到这一点。现在，我们要转到研究技术方面来探讨一下我们如何利用技能来搜集、分析论据；定性和定量研究所需要的不同技能；我们在研究中如何有效地使用一手和二手资料。

第五部分　进行你的研究

第20章

定性和定量研究

在本章中，你将学到：

- 定性研究和定量研究的区别，以及它们各自解决的问题。
- 怎样为项目搜集和分析定量数据而选择最合适的方法。
- 如何对你的资料进行多元互证，以确保结论是可靠的。
- 处理定性研究的独特问题的3条规则。
- 如何确定你所需要的内容，以及如何找到它。

在第15章中写开题报告时，我们发现研究策略的一个关键性核心问题是如何把论文或一般问题当中的抽象概念转化成表明具体证据的术语。这些术语可以被用来证明我们命题的正确性。

要做到这一点，我们需要把论文拆分为子问题，这也为我们提供了需要测量的变量。然后，我们在"目标"和"目的"中展现这些。如果你记得我们的目标是用一般术语对意图进行陈述，如果我们要满意地回答问题，或证实、否证假设，"目的"则清楚地陈述了这种结果。

概念 ⟶	成分观点 ⟶	变量
不能被直接测量	指标——在概念之下总结的现象	能被测量的指标成分

现在我们讲到了关键问题，在这里，我们需要看看我们将如何利用已经决定使用的技术（定量的或定性的），利用需要设计的工具（问卷调查、访谈策略、案例研究等）。我们还需要决定哪种资料，或哪些资料的组合（一手资料或二手资料）最符合我们的需求。在这个过程中，我们将回答第3章中提到的认识论问题：哪种证据可以被当作问题的答案，怎样找到它们？

职业技能

在你的论文中，这部分的工作要涉及一些尤为宝贵的职业技能。这不单需要找到方法来解决问题的能力和形成有效策略搜集信息并创造性加以运用的能力（我们在导论部分谈到的职业技能列表中的第6和第7项），而且还表明你具有信心和动力推动自我，解决大型和困难的项目。更重要的是，如果你的项目需要搜集定量数据，你也将表明自己已经具有解释和应用数据所必需的各种算术能力（职业技能列表中的第2项）。

20.1　定量研究

论文可以以定性、定量研究或二者的组合为基础。像我们在第3、4、5章提到的那样，你的选择需要以个人能力和偏好为基础。但它必须与你的主题相符合，你也要能证明自己的论点。

定量研究以科学方法建模，其目的是通过把结论建立在统计调查结果和其他可测量的实证数据上，使研究尽可能的客观。你研究的情况或事件必须能通过数字的形式来表达，按照大小顺序，然后进行精确的分析，或者只用百分数、平均数等形式，或者用统计试验或数学模型等更复杂的形式。

最明显的例子包括人口统计、犯罪数据、经济和商业数据以及科学发现。但也有很多例子没有很明显的主题和形式，它们可以转换成数字，比如观点和信仰——多少人拥有特别的观点，某人如何强烈地坚持某种信仰。

- 情况或事件必须能以数字表达。
- 这意味着各种事情，包括人们的信仰和观点的力量。

选择哪种方式衡量及分析数据取决于你想要利用你的发现并从中得出结论，然后在你的论文中呈现它们的方式的复杂性。在第22章中，我们将详细检验这些方式，但如果你向自己的导师或研究方法导师解释你想得出什么类型的结论，那么他们会向你解释分析以及处理数据的不同方法。或许，他们会为你指出你可以获取所需的统计信息的来源，或者你可以参加的、能够培养所需技能的短期培训课程。

20.2　定性研究

相反，定性研究的基础是不能转变成数字形式的资料。用描述态度、情感、意见、观点、习惯和信仰的词语来表达，这些不能被简化为平均数、最大和最小值或者百分数。

这类材料通常对人类的行为具有丰富且细致的观察，这对于理解个人、社会和文化也是必不可少的。

- 定性的　　　用数字表示的可测量的经验数据
- 定量的　　　用描述态度、情感、意见、习惯和信仰的词表示

把这些内容挖掘出来通常需要分析概念并追踪我们所识别的变量之间的复杂关系。尽管像悲剧、权利、友谊这样的概念很难用数字来下结论，但它们仍然可以用可检测的方式来被证明。就像我们的日常生活那样，我们能在阅读，解释我们的观察笔记、采访笔录以及文学资料，如小说、戏剧、诗歌、哲学文章、历史学记录和期刊中找出它们。

20.2.1　可靠性

然而，我们需要检验所有资料的可靠性。它们可能不典型、不完整，仅仅描述了一个特殊的观点。它们也可能为不同的解释和评价留有余地。因此，如果可能，我们必须养成进行"多元互证"的习惯：对同一事件或情况，使用不同来源的资料，以检查解释的完整性和可靠性。

> 进行多元互证：对同一事件或情况，使用不同来源的资料。

20.2.2　重复过程

在定量研究中，数字证据都被整齐地编入了表格中，并被计算成百分数、平均数和统计数，与其明显的确定性相比，定性研究则看起来散乱而又令人困惑。在多数情况下，我们主要的资料是文献和文章，其中阐述了人们的观点、价值观、信仰和意见，我们要对这些进行分析、解释、批判和评价。这其中似乎没有确定的东西：仅仅是解释的流沙。在第 8 章我们学习如何分析概念时了解了 3 步技术法，与其一样，重复过程也是所有定性研究和以文本为基础的工作的关键。

问题是要准确地定义我们需要寻找什么以及如何利用它。这不是一个简单的推论过程:我们从论文或命题出发，寻找能证明其成立的资料。在我们分析材料时，它能为我们指引新的研究方向所会遇到的困境以及错误的方向。

> 这不是一个简单的推论过程：我们从论文或命题出发，寻找能证明其成立的资料。

所有的这些都需要对我们独创性的命题和由此引发的问题进行常规的再检验。实际上，这个分析和重新解释的过程是定性研究最显著的一个特征。在材料和我们对其的解释之间总存在着相互影响的关系。在刚开始时，它只是一个你认为自己能找到的简单命题，但随着理解的深入和发展，它变得更加成熟和显著。

> 分析和重新解释的过程是定性研究最显著的特征。

20.2.3　早早开始，突出重点

不可避免的是，这可能既令人费解，又耗时。因此，要早点开始，不要太有野心，试着保持突出工作重点并限定研究范围。在项目的中心，会存在一种地心引力，它能刺激你不断地向纵深发展，追随观点以便观察观点的发展趋向，以免

它们开辟新的、出色的见解。尽管你必须允许这些，但要保持其合理性。要提醒自己，不管你的结论是什么，论文评审们都会想看到结论有充分的材料作基础。如果你选用的材料只能部分支持命题，你的结论和论点就需要使用经过认真选择的、能准确表述确信度的语言来反映这一点。

- 早点开始。
- 不要太有野心。
- 突出自己的工作重点，限定范围。
- 不管结论是什么，论文评审们都会想看到它们有材料作基础。

你的成功既取决于清晰的思考和一致的辩论，又取决于所选用的材料。你需要用正确的、有说服力的论点来支持你对材料的解释。

成功=充分的理由+有力的证据

20.2.4　三条规则

要解决这些问题，在工作实践中谨记三条简单的规则：

1.在进程中分析并处理材料

在你的头脑依然保持思路清晰时，记下你对材料的分析和解释。研究是一种耗时的事情。你发展观点所用的时间越多，观点也就越好。在你记录它们时，它们能生成新的观点和见解。你能发现材料中的漏洞和矛盾。所有的这些都能为你的假设提供新的见解，或许能揭露你的偏见，为你提供意想不到的方式来发展项目。

例子：　采访和观察

例如，在采访或观察结束之后，尽快处理你在采访和观察过程中记录的笔记。否则，你可能会遗漏那些来得快，去得也快的宝贵见解。

例子：文本

在你阅读文章的过程中，头脑中产生的观点会形成一个模式。一旦观点成形，就要立刻记录下来。然后，寻找能支持模式的材料。但同时，你可能会碰到其他不符合的材料，因此，你需要调整模式，以反映这些微妙之处并发展更完整的模式。

2.为改变做好准备

从你对背景资料的阅读和问题的分析中，以及第8章和第9章的概念中，你发展了由一系列具体成分所组成的结构，它能指引你寻找论据。在搜集、处理材料时，时刻准备着提炼、修改这些内容。对其进行测试、发展。在你的观点发展的过程中，你需要改变,甚至放弃它们。

3.在有需要时，用视觉形式阐明观点

为了帮助自己清晰地阐述观点，在有需要时，要使用图案笔记、表格、矩阵结构、曲线图和图表来描述自己的研究结果。在我们阅读文章的过程中处理观点往往是很困难的。大脑从它阅读的内容中创建结构，但这被深深地隐藏在了连续的、无结构的内容里。想要看到被隐藏在字词和复杂的句子结构中的这一点并不容易。因此，要通过使用视觉形式来展示观点，使你和读者都能更容易地理解它。

> 三条规则
> - 在阅读时分析并处理材料。
> - 为改变做好准备。
> - 在需要时，用视觉形式来阐明观点。

20.3　合二为一

实际上，除了人文学科，很少有论文只涉及定量或定性研究方法。你可能想要平衡能显示社会趋势的定量分析，或者用定性研究法分析人们的态度，从而揭示政府政策的一些影响，其中，你可以描述从别人那里听来的或引用从开展的采访中得到的内容。把资料进行多元互证，这能帮助你支持自己的研究结果。所有的这些或许能够或者不能够证明政策的有效性。

即便如此，在大多数的研究中，通常会定位范围的一端或另一端。因此，要检查你需要什么资料，列一张表。然后，把它们分类——一手资料或二手资料，定量资料或定性资料。

> **例子：学习技能**
> 在有关大学生学习技能问题的研究项目中，要想显示出大学生们在记笔记或阅读中所存在的问题的普遍性，收集定量数据是很有用的。而要做到这一点，或许可以通过设计测试和练习来查看他们的表现。但是，要想显示为什么大学生们认为他们存在这些问题以及他们认为什么问题最严重，拥有定性资料也非常重要。对于这一点，或许可以通过采访或观察他们在课堂上的表现。

> 要做的事情
> - 把你需要的资料列成表格。
> - 把它们分类——一手资料或二手资料；
> 　　　　　　——定量资料或定性资料。

20.4　抽象概念

当然，在大多数项目中，我们的问题是确保我们用来描述命题或论题的抽象概念已经经过分析，演变成了具体的成分，而我们能为这些找到论据。对于某些概念来说，可能有定量资料，而对于其他概念来说，则可能依靠定性资料。

> **例子：学习技能**
>
> 在这个项目中，我们区分了"依赖型"和"自主型"学生，因此，我们需要准确知道要决定某个学生属于哪种类型，我们需要寻找哪些学生学习方面的表现。例如，一位自主型的学生可能会自我激发，独立自主，对自己的判断有信心，而一位依赖型的学生需要被明确告知做什么，不愿意批判他认为属于权威性的东西。

在第9章中，我们看到相似的概念在每个科目中都有重要的位置，如"贿赂"、"权威"、"隐私"、"需求"、"悲剧"和"革命"。其中，我们学习了使用三步法技术把概念分析为各部分。但不管是什么概念，不管是哪门学科，你可以用同样的方式来分析概念，以找到具体的成分，并用定量或定性论据加以证明。

要确保自己知道需要什么论据，如何寻找论据，回答下面列出的问题。

> **定量或定性**
>
> - 我是否把需要的资料编辑成列表？
> - 我是否需要自己去搜集资料，还是它已经被搜集、分析和记录？
> - 其中有多少是可以量化的？
> - 能否形成有深度、有意义的结果，或者以之为基础形成的结论是否是肤浅的，甚至是编造的？
> - 我是否需要用定性论据来支持？
> - 我搜集的定性论据是否可靠？有没有办法保证其更高的可靠性？
> - 我是否把抽象的概念分析成具体的成分，进而搜集论据？

> **总结**
>
> - 实际上，大多数论文都是综合利用了定量研究和定性研究方法。
> - 使用定量研究方法，可以研究大量的学科和情况。
> - 定性研究最显著的特征是持续不断的分析和重新解释的过程。
> - 要进行定性研究，在进程中分析资料，做好改变的准备，以及用视觉形式阐明观点。

20.5　下面的内容

现在我们已经明白了定量研究和定性研究的区别，以及每种研究所引发的问题，我们要转向另一个重要的区别，一手资料和二手资料。

第 21 章

二手资料

在本章中，你将学到：

● 如何区分一手资料和二手资料。

● 在采用定量或定性研究方法时，如何在完全依靠二手资料的情况下完成学位论文。

● 这将如何影响你的论文结构。

● 依靠二手资料的优势及不足之处。

很多学生对一手资料和二手资料两者之间的不同感到困惑，这都是情有可原的。因此，在这一章的开始，我们将对两者做一个明确的区分。

21.1 一手资料和二手资料的区别

一手资料的狭义定义是指通过问卷、实验、观察、访谈及其他方式亲自收集的所有资料。但是，这个定义可能过于狭窄。它将大部分通常被认为是一手资料的资料排除在外，包括发表于学术刊物上的研究论文。因此，任何资料一旦被诠释或评价过总会被认为是二手资料，而一手资料是不带任何的评价和观点，是最初的研究人员根据收集数据并提出研究的结果。

正如你所看到的，问题在于研究人员自己也许已经解释或评价过研究结果，这包括在处理材料的过程中参照自己的价值观做出的定义。研究人员会分层次地选择和整理自己的研究结果，这将反映出某些内容的重要性，从主观上使其变得有意义。因此，这不能做出明确的区分。

> 数据或者观点被首次传达

尽管不如我们想象中划分得那么明确，但是这个划分方法就是讨论一手资料是否就是我们能够密切接触到的状况或事件的任何记录，通常这意味着这些观念或数据被首次传达，如政府报告、公司账目、犯罪数据年度报告、十年一次的人口统计结果发布。

例子：一个士兵的日记

在第一次世界大战期间奋战在西方国家前线的一个士兵的日记，虽然仅仅是他的阐述，充满了他个人的价值判断和观点，但却是一手资料，因为它是最能让我们了解到这次战争的一份资料，也有可能是战争资料中最早的一份记录。

虽然这不是数据传播的媒介，但是经过重述和反复采用，就决定了什么是一手资料，什么是二手资料。还有一个辨别的标准是，通过把数据发表在参考文献上，其真实可靠性将被作者的同行验证。然而，正如我们已经看过的 Alan Sokal 就后现代主义所发表的恶作剧般的论文，这极其不可靠。

一手资料的标准

- 亲自搜集的资料。
- 最能让我们近距离接触到事件或状况的资料。
- 被首次传达的资料。
- 发表于可参考的学术期刊。

显然，二手资料是指那些被反复采用过的资料，确切地说是那些来自一手资料，被分析重述过，以其他方式被采用和披露出来的资料。这也包括一些个人的和正式的刊文、评论、书评、日记、杂志、各种记录以及记录事件或发展的数据和概括事件状态的文字。

21.2 二手资料

在下面的章节里，我们将详细检验一手资料以及我们需要从中搜集资料的工具和技术，无论是定性的还是定量的。而在本章节中，我们将检验二手资料的用处。当然，大多数论文需要两者的结合。即便我们的项目主要依靠一手资料，我们仍然需要根据现在的理论和观点，探讨科目的文献以找到研究问题的背景。但大多数论文通常都会偏向二者之一。

像我们之前看到的，依靠二手资料的主要问题在于再利用和重新解释资料，因此，我们必须保证资料的可靠性。你可以使用本学科中有知名度的或专业的杂志，也可以利用该行业从业者大量的日常实践经验。但你必须确保期刊没有自己要保护的视角或利益，不是另有所图，那样会影响它接收的文章质量。它应该首先保护其会员的利益和职业标准，因此，它不会接收对此造成威胁的文章。

问你自己：
期刊是否具有自己需要保护的视角或利益？

在人文学科中，也有相似的问题，尽管它的期刊和其既得利益不会如此严重。如果你要引用某位历史学家对某历史事件的阐述，你的主要问题就是去核实其解释的可靠性，以及其基础数据的准确性。

例子：人口数据

历史学家在研究 17 世纪英国经济发展的原因时，曾使用过从教区登记处获得的出生、死亡和婚姻登记记录来作为人口数据。但你要知道，在 19 世纪之前，第一次正式的人口普查数据并不可靠。当时主要依靠当地牧师的效率和注意力来保持数据的有效性和完整性。因此，你必须评价历史学家资料的正确性以及他所考虑的范围。

当然，在所有的这些案例中，好的做法都需要比较不同来源的资料，以及使用这些资料的人对其做出的不同解释。如果这是你感兴趣的一件或一系列事，参考一下多位见证人的描述。这样，你就能够辨别对同一现象的不同解释，发现解释中可能存在的偏见、错误和简单的想象。

检查
- 不同来源的资料
- 不同的解释
- 不同的见证人的描述

21.2.1 二手资料和定性研究

学生们经常会问他们是否能够完全依赖二手资料，使用定量和定性研究方法来完成一篇论文，答案是肯定的。

例子：人文学科

这种类型的定性研究在人文学科中是很常见的。在文学中，你会发现历年来不同的评论家对某位作者的不同反应，以及如何反映了对其作品不断发展的赏识或批评。在哲学中，你可能会把某位哲学家对某个特殊的问题作为自己的主题，比如 R.M.Hare 对道德思考的解释，或者 Wittgenstein 对私人语言论证的解释，以及其他人如何评价它。同样，在历史学中，你可能会评判某位历史学家对某个历史时期的评判，从独特的视角研究历史，如 Thomas Hardy 的《法国大革命》（*The French Revolution*），或者 Ferdinand Braudel 的《菲利普二世时代的地中海和地中海世界》（*The Mediterranean and the Mediterranean World in the Age of Philip* Ⅱ）。

例子：社会学科

在社会学科中，这类定性研究通常倾向于关注理论问题。根据它们在处理特定社会问题上的有效性，你可以对对比理论进行详细的比较。你可以检查一些概念和理论的有效性来了解特殊的行为模式。或者，在一个更普遍的水平上，你可以评价在了解社交界时关键理论和概念的价值。马克思主义阶级分析与我们了解现实社会有何关联？"相对剥夺"对了解贫穷的概念有何用处？创作这种类型论文的一个典型例子是来自北安普顿大学的一个学生，他想考察"生物社会学和进化心理学对社会学的基本前提有什么挑战性"。

21.2.2 论文结构

选择这类理论和文本标题的一个重要结果是论文的内容和结构可能与你利用自己搜集的一手资料进行的实证研究相差甚远。在理论和文本研究中，结构主要由内容决定。它取决于你对材料的分析结果。

例子：R.M.Hare 的《道德思考》（*Moral Thinking*）

在你分析 Hare 的《道德思考》时，你可能会碰到一些章节具有如下的标题，如"哈瑞探寻基础"、"表达偏好的方法"或"哈瑞的代表理论"，所有的这些都是哈瑞理论的重要部分。

相反，在以实证研究为基础的论文中，你从访谈、问卷调查和观察中搜集一手资料，这种论文结构主要由你研究的实践因素决定。另外，你需要拿出章节来描述研究设计、呈现研究结果、讨论推荐的其他内容。所有的这些事情和术语，如"方法论"，都是这些科目的外来语，这种论文大体上都是理论性和文本性的。

结构

理论的：取决于你对材料的分析结果。

实证的：由研究中实践因素的需求决定。

21.2.3 二手资料和定量研究

至于定量研究，搜集一手资料所需的实地工作对于普通的大学生论文来说确实是个问题。它不仅耗时，还涉及经济成本。因此，你应该更喜欢从事可以搜集二手资料的研究。

与亲自搜集资料相比，其额外的优点是可以利用更大的资料库。如果资料是随机搜集的，那么你可以类推到自己研究的总体上。而且，拥有如此庞大的资料库也意味着你可以非常自信地讨论趋势和社会变化。如果资料库是纵向研究的结果，它还有助于你做纵向的比较。

优点

- 更少的时间和成本。
- 更大的资料库。
- 类推至你研究的总体。
- 讨论趋势和社会变化。
- 做纵向比较。

存在大量的不同的资料库，而它们适用于不同的目的。每个国家都进行正式的人口普查，通常每十年进行一次。大多数国家都对最近的犯罪数据进行年度报告，通常与往年数据进行比较，有时还要划分为不同的区域、城镇和城市。在英国，自1971年以来，持续开展了英国犯罪调查和多目的的普通户口调查，这类调查只在1997—1998年间断过。

例子：一般户口调查

这类调查是由国家统计办公室组织的，主要收集居住在英国私人家庭里的人口信息，并涉及一系列事情。大多数这类信息可以在国家统计局网站上看到（www.statistics.gov.uk/）。

然而，依靠二手资料也有不利因素。最严重的问题是该资料的搜集过程可能与你的目的不同。它可能不能完全符合你的需求。因此，你需要慎重使用。在使用之前，需要考察资料搜集的目的，判断自己是否可以使用。

总结

- 你的论文可能完全依赖二手资料，使用定量和定性的研究方法。
- 二手资料是经过反复使用和重新解释的，因此我们需要保证它们的可靠性。
- 利用二手资料可以减少搜集一手资料所耗费的时间和成本。
- 其优点是使用更大的资料库。
- 但你必须考虑到它们搜集的目的可能与你的不同。

21.3 下面的内容

尽管二手资料能帮助你节省大量的时间，但你不能保证它们能恰好满足你的需求。而一手资料至少是自己设计问题，从而得到的答案能满足自己的需求。在下面的章节里，我们将看到进行定性和定量研究来搜集、分析资料的实用性，以及我们能做到的使研究更有效的简单的事情。

第 22 章

一手资料1：定量研究

在本章中，你将学到：

- 如何为你的研究收集调查对象的最佳样本。
- 采用随机样本和非随机样本的不同方法。
- 如何通过在论文中讨论自己的选择来获得高分。
- 通过测试和问卷调查，从样本获得信息的优缺点。

搜集人们的观点、意见和感情，记录并衡量活动，观察人和事件，这些都是非常耗时的。这里面有太多的内容。因此，我们必须找到办法来缩减范围，使任务在有限的时间内可控。在定量研究中，要缩小范围，可以从可能的研究对象的总体中抽取样本。

如其所示，"总体"意味着能成为研究的一部分的全部研究对象——所有存在学习技能问题的大学生；投资酒馆和饭店而被政府公共场所禁烟令所影响的人们。然而，样本是它的一个子集——在你的学校挑选的50名存在学习技能问题的学生；从波尔顿的酒馆和饭店挑选的60位顾客。

22.1　样本

然而，抽样又给我们带来两个很明显的问题。第一，我们必须确保样本足够小，从而我们可以根据时间和成本进行有效的管理；然而，它也必须足够大，以使得我们能够进行类推。样本越小，其类推的可能性就越差。第二，抽取的样本必须代表整个总体；它必须拥有同样的质量。这同样会影响我们的结果的可靠性：影响我们的结论、建议和推定。

- 它是否足够大以便于概括？
- 它是否足够小以利于管理？
- 它是否具有代表性？

抽样有两种方法：随机抽样和非随机抽样。随机抽样是最可靠的，样本越大，效果越好。当然，非随机抽样也取决于我们自己对选择谁来进行研究而做出的判断，因此，通常无法根据它来进行准确的概括。至于选择哪种方法，最关键的因素是看总体是同性质的，还是由不同的群体和阶级构成。

22.1.1　随机抽样

如果总体是同质的，简单的随机抽样是最好的选择，尽管有时不像我们想象的那样随机。如果你在某个特定的时间去随意采访人，你可能发现他们大体上属于同一种类型，剩下的大多数是在家、在单位、在学校或大学。有些城镇是退休人群较为集中，而有些区域则是以上班族为主。

如果总体不是同质的，那么你可能发现使用其他方式的随机抽样得出的结果更可靠。总体可能由来自明显不同类别的人组成，在这种情况下，你可以采取"分层抽样"：每个类型随机抽取相同数量的人。

> **例子：学习技能**
>
> 你可能发现拥有学习技能问题的学生分为不同的种类，其中一种是25岁以上的成年学生。其中，你可以随意挑选一定数量的人，假设他们与其他成年学生一样拥有相同的特性。

> 分层取样：从每个部分中抽取相同数目的样本。

或者，你可以使用"匹配样本"，选择两组性质相似的样本，或者"整群抽样样本"，根据居住区域或他们拥有的一个或多个特性（他们可能都拥有高等学历），但在其他方面有所不同（例如，年龄、国籍、性别等）。不管采取哪种方法，必须符合项目的需求。因此，要从你的导师或研究方法导师那里征询建议。

> - 匹配样本：两组拥有相似性质的样本。
> - 成群抽样样本：根据区域或共性进行选择。

22.1.2　非随机抽样

同样的建议也适用于非随机抽样，这里甚至有更多的策略可以选择。当总体很大且没有显著的特性时，非随机抽样也是很有用的，但采用非随机抽样无法进行很好的概括。最简单的策略是在给定的区间里从名单中抽选名字，比如，从选民手册中每隔100个人抽取一个，或者在电话簿上每隔50个人抽取一个。

> - 随机抽样：简单的随机抽样、分层抽样、匹配样本、整群抽样。
> - 非随机取样：从给定的区间里选择名字。

如果要调查的总体是同质的，你可以仅调查一小部分而获得结果，但如果不同质，要对其做出准确的反映，你需要扩大抽样对象，当然，这也需要时间、努力和经济成本。

22.1.3　讨论你的选择

不管你选择什么，如果你能够在你的论文中体现出，在权衡利弊之后，你已经做出了正确的判断，那么你会获得很好的分数。讨论你的决定，不要掩饰自己的弱点。让论文评审们明白你已考虑了所有的备选方案，尽管你承认自己的选择有弱点，但你已经尽可能地获取最佳的样本了。简要概括你考虑的所有要素，描述自己是如何选样的。讨论你的选择，即使最终你选择以案例研究为基础的项目。

22.2　测试

　　一旦你选定了你的样本，你需要决定自己要怎样做。你既可以用多种方式来测试自己的潜在调查对象，也可以通过问卷调查和访谈的形式问他们问题。测试能为你提供有用、可靠的定量数据来源。

> **例子：学习技能**
>
> 　　在这个项目中，设置学生理解能力测试来评价他们的阅读效率是件很简单的事，或者让他们为某个特定的段落做笔记，看他们是如何选择观点并进行结构划分的。

　　但是，从这个例子中你能看出来，在设计、使用测试时，我们必须处理好三个相关问题：

　　（1）我们必须清楚自己测试的内容。

　　（2）我们的测试目的要明确，不会忽略一些其他问题。

　　（3）根据相同的标准来评价每个结果。

　　另外，如果你不想设计、使用自己的测试，你可以使用职业测试，比如心理学中的人格量表。经过多年大范围的使用之后，这些量表不断地被发展、被驾驭、被修正，所以它们已经被精炼到了一定程度，而与其进行匹配是很难的。因此，询问你的导师是否有可供你有效使用的测试来作为研究策略的一部分。

22.3　问卷调查

　　贯穿我们的研究的一个关键问题是，既要在大量有代表性的样本中获取广泛的回答，又要找到观点和反馈的深度和广度。在一些项目中，很难两全其美，至少在有限的时间内是很难的，因此，我们只能满足于其中一点。然而，如果你能平衡好深度和数值结果的广泛性，你的结果将会更加具有说服力。

　　要做到这一点，最有效的方式大概就是利用问卷调查了，从大量有代表性的样本中进行概括，然后用从访谈、观察或案例研究中得到的丰富观点和意见支持、阐述这点。

22.3.1　优点

　　用一份精心设计的问卷调查来获取大量充足的样本数据，并对结果进行详尽的分析，这是对形势进行概括的一种理想方法。在大多数情况下，它耗费的时间和经济成本更少，并且可能还涵盖了大量潜在的调查对象。实际上，如果你用邮件分发，你也就不受地域的限制了。

　　更重要的是，由于它不受个人感情影响，所以也是我们获得可靠、客观资料的源泉。对于所有的调查对象来说，要回答的问题都是一样的，他们不会像在多数采访中那样，改变所给出的回答。因为是远程提问，所以调查对象没有任何形式的压力，他们可以自在的工作，随自己的意愿考虑对问题的回答。这也同样意味着如果问卷是不记名的，那么它甚至可以涵盖最敏感的问题。

22.3.2 缺点

然而，问卷调查也有其局限性。最明显的是，如果不花大量的时间催促调查对象回答问题，很难得到高回答率。如果你亲自搜集，可以达到70%的回答率，但如果你想让他们通过邮件进行回答，那么回答率可能会低至10%。

问卷调查也往往青睐那些受过教育的调查对象，这可能会导致有偏见的结论，尤其是在并不是所有的抽样对象都做出回答时。但最大的局限性可能是简单的问题导致回答深度的局限性。有些事情需要按照下面的问题进行后续探讨。

问卷调查	
有利条件	不利条件
1.时间、经济成本低	1.低回答率
2.有可能涵盖大量的潜在调查对象	2.更有利于受过教育的调查对象
3.不受地域限制	3.简单的问题限制了回答的深度
4.可靠性和客观性	
5.所有调查对象的问题都是一样的	
6.他们可以根据自己的速度进行	
7.能涵盖最敏感的问题	

> 总结
> • 样本必须足够小，以便于控制在现有的时间内，但又要足够大，以便于进行类推。
> • 它必须能代表总体。
> • 使用问卷调查，可以涵盖大量的调查对象，他们要回答的问题都是一样的。
> • 但是问卷调查往往更偏向受过教育的调查对象，而且回答深度易受限制。

22.4 下面的内容

尽管问卷调查有许多不利条件，但它仍是在涵盖大量有代表性的样本时最简单的方法。在下一章里，我们将看到如何设计、发放自己的问卷调查。

第23章

一手资料2：设计、发放调查问卷

在本章中，你将学到：

- 在设计调查问卷时要遵循的4条原则。
- 如何设计问题，以确保能得到可靠、有用的反馈。
- 写问题时的4条指导方针。
- 你可以利用的不同类型的问题，以及如何避免最常见的错误。
- 如何处理结果。

调查问卷的设计和发放是相互依赖的两个因素。如果这是一份自己完成的问卷调查，你可以通过邮寄或让调查对象在线完成的形式进行。另外，你可以个人递送，并且在问调查对象问题时自己也做出回答。

23.1　发放

只要列出的问题很清晰，整个调查问卷很容易被完成且不是很长，那么在搜集相对简单的科目资料或仅仅为了有个大概的了解时，自我完成的调查问卷是非常有效的，不用受到分发多少以及发放区域的限制。但这很难预测回答率，尤其是在没有跟进工作时，因此你需要接触更多的人。反过来，未回答的状态也能反映出受过教育的人以及对主要问题感兴趣的人存有的偏见。这能让你质疑调查结果的可靠性。

> 问自己，它是：
> 自我完成的吗——通过邮件或在线的形式，还是亲自递送、亲自完成的呢？

另外，在自己亲自递送调查问卷时，你可以勤督促，多劝告，这样调查对象的回答率也就更高了。然而，这会耗费大量的时间，也会引起拖延，你需要把这点考虑到研究计划中。不过，因为你是现场记录调查对象的答案，他们有疑问时你可以随时进行解释，因此你可以把调查问卷设计得更有深度，让问题更复杂。当然，你要避免的问题是不要把自己的意志加到调查对象的身上。

23.2　设计调查问卷

在开始考虑设计调查问卷时，可以考虑4条指导方针：

（1）列出你的标题。

（2）设计简单，重点突出。

（3）确保清晰的、专业的呈现。

（4）必须有逻辑性的结构。

1.列出你想搜寻信息的标题

第1步就是要列出你想要搜寻信息的标题。主要关注点可能是在定义目标和目的时所识别的变量。你必须确保列出的每个问题都与你的假设和研究问题相关。一旦你做到了这一步，你会发现自己之前想到的许多问题实际上都是不相干的，可以省去。

例子：学习技能

　　大学生们对学习任务目的的认识，如短文，决定了他们怎样使用技能，以及是否参加过学习技能课程。我们在这个项目中的主要关注点就是测试这种假设。因此我们要问学生他们是如何认识这些目的的，它们与自己的学习方式有什么关系，学习技能课程是如何改变他们的思考方式的。

2.设计简单但重点突出的问卷

一份设计很好的调查问卷具有相当高的客观性，能产生大量的有用信息，可以让我们很容易地进行后续处理。要做到这点的关键是尽可能地使问卷短小而又重点突出。这样，就更容易得出结论。

它们也会更有相关性，更有意义。但要做到这点，你需要提前准确地知道你想了解什么，你如何处理结果。

3.清晰、专业的呈现

确保你的调查问卷能激发信心。让调查对象知道你清楚自己想要的信息以及知道自己在做什么。这样回答率可能会更高，回答也更深刻。

（1）认真考虑整个过程

开始时，邀请人们做出回答。结束时，感谢他们的合作。解释问卷调查的目的，你要研究的问题以及观点的出处。让他们确信自己的身份不会出现在论文中，他们的回答也会是不记名的。如果这是一个复杂而又范围广泛的调查问卷，附上一封信来解释自己的全部目的，你将怎样处理结果，调查对象如何获得这些以及他们可能需要的官方联系信息，比如你的导师。

- 解释目的。
- 让他们确信调查问卷是不记名的。
- 感谢他们。

（2）简单的指导

对如何完成调查问卷给出简单的指导，大概估算一下所需的时间。更重要的是，对于如何完成每个问题给出简单、清楚的指导。即使你认为要做什么是很明显的，也要清楚地向他们陈述。这点对自我完成的调查问卷尤其重要。对于每个问题，向调查对象明确陈述应该怎样作答：他们是画圈还是打对勾；他们应该从你列出的答案中选择几个？在有些问卷调查中，调查对象对一个问题的回答方式决定了他们需要完成哪些部分，需要忽略哪些部分。你需要认真地解释这点。

> 解释
> - 他们如何完成问卷调查。
> - 它需要花费多长时间。
> - 他们如何完成每个问题。

4.结构

至于如何组织问题的顺序，你最好按照从一般到具体的方式。这样，前面的问题就很少会影响调查对象对后面问题的回答。以旨在建立调查对象详细信息的问题作为开头也非常重要，比如他们的性别、年龄组等。在论文中，如果能概括出样本群的人口统计特征，你将获得高分，因此认真考虑这些可能会对你的研究起到重要作用。

23.3　写问题

在写问题时，有四条简单的指导方针可以帮助你：

（1）使用清晰、明确的语言。

（2）使问题简单。

（3）不要引导调查对象。

（4）把握方向。

1.清晰、明确的语言

我们使用的语言必须经过认真的选择。首先，它必须适合调查对象回答。问题要简单、直接，没有任何专业行话。其次，确保没有任何的歧义。我们容易想当然地以为其他人也会像我们一样做出假设，清楚我们的意思，但事实却并不总是如此。再次，无论如何要避免含糊性。模糊的问题只会带来不可用的、更模糊的结果。"合适的""一般""通常"这类词对于调查对象来说可能与你理解的意思不同。

（1）复杂的问题

尤其要注意两个问题。首先是复杂的问题，在这类问题中，你一次性地提问了两个问题，而你却认为它们只是一个问题。你可能会问：

> 在选举时，你会为拥有更多经验，能管理好经济的政党投一票吗？

能发展经济的政党并不等同于最有经验的政党。

（2）模糊的回答

由于提问模糊，第2个问题也就随之而来。你可能问：

> 您多大了？请在下面正确的答案上画圈。
>
> 0～20、20～40、40～60、60 以上

20、40、60 岁的人则不知道自己应该在哪个上面画圈。当然，正确的回答选项应该是：0～19、20～39、40～59、60 以及 60 以上；或者 0～20、21～40、41～60、60 以上。

> - 使用简单、直接的语言。
> - 消除歧义。
> - 避免模糊。

2.设计简单的问题

在选择不同的回答模式中，要做到始终如一。避免让调查对象用打对勾的形式回答这个问题，用画圈的形式回答下一个，再用写答案的形式回答下一个。这样不仅很令人费解，也会导致调查对象的不满和极低的回答率。不同类型的问题也是如此。如果可能，要始终保持回答方式和问题类型的一致性。

3.不要引导调查对象

我们很容易用自己的假设引导调查对象，这样得出的答案就无法反映他们的真实想法。这点可以通过你给出的选项和问题实现。例如，你可能会问调查对象：

> 你同意使用人与动物的胚胎做研究吗？　是/否

这些回答选项无法反映人们对该问题持有的不同观点，以及他们同意或反对的强度。至于一个有引导性的问题，你可以问：

> 最近有报告显示，越来越多不负责任的父母允许他们的孩子从 6 岁就开始喝酒。你关注这个趋势吗？

在这种情况下，我们传达了自己的态度，通过用词的选择引导了调查对象：没有人愿意被别人认为自己支持"不负责任的"行为。因此，对所用的形容词做一次审核，看自己是否使用了能传达个人观点的形容词，并以此引导了调查对象。

问题是，我们在写问卷调查时，都会对可能产生的反应和我们需要哪些反应来支持假设有所了解。因此，我们甚至会在无意识的状态下把引导性的问题加入进来。一个很好的解决方案是让一个对你的研究不了解、不知道你的假设的人阅读调查问卷，看他们能否从你的调查问卷中发现你要寻找的答案以及你要表达的意思。如果他们能够做到，那么你需要重写这些问题。

4.把握方向

如标题所示，要去除这些假设，清除所有的歧义，需要把握好问卷调查的方向。先在一部分人中间进行试验，看他们是否有问题，以便你能在使用之前发现

问题。

23.4　问题类型

要在有关人们的信仰、价值观和意见等一系列问题上找到有用的数据，你可以使用不同类型的问题，根据你要寻求答案的问题的性质而定。广义上来讲，主要分为封闭性问题和开放性问题。

23.4.1　封闭性问题

在问卷调查中最常见的问题是封闭性问题。经过了认真的挑选和设计，这些问题能带来大量有趣、有用的定量资料。你可以从6种不同的封闭性问题中选择。

封闭性问题
- 两分问题和绝对问题
- 数值问题
- 选择题
- 多选项问题
- 里克特量表问题
- 等级问题

1.两分问题和绝对问题

两分问题测试对一个命题不同的、相反的态度：喜欢/不喜欢、同意/不同意、接受/拒绝、是/否。你可以用图表的形式在条形图或扇形图上把回答表现出来，或者按照选择每个观点人数的百分比来表示。问题是，在大多数观点中，没有明确的两分回答，而是同意或不同意的变项。因此，在选择这些问题之前，要清楚这一点。

2.数值问题

这些问题要求调查对象用数字的形式回答："你多大了？"或者"你有几个孩子？"这些问题在问卷调查的开始部分是很有用的，能为你的样本建立人口统计学特征。

3.选择题

这种题型对于参加过考试的人来说太熟悉了。但是在使用时，确保两点。首先，确保对于每个问题，调查对象只有一个选项可以选择，否则，无法得到明确的结果。其次，确保你尽可能地覆盖了广泛的选项，没有令调查对象感到迷惑的选项。如果你仅仅给出了一个很局限的选择，他们会选择最接近的一个，尽管它并不能反映事实。还可以加上"其他"选项，它们能补充你未想到的问题。结果可以用条形表、扇形表、图表或百分数的形式表现出来。

> 确保
> - 你提供的问题选项互相之间是排他性的。
> - 你尽可能地覆盖了广泛的选项。

4.多选项问题

如其名字所示，这类问题要求调查对象从不止一个答案中选择。然后你可以按照每个选项的百分数呈现答案，尽管如此，但由于调查对象能选择不止一个答案，选择的总数目可能要比你的样本更大。

例子：公共场所吸烟

评价禁烟令对酒馆和饭店的影响，你可能想知道有关每位调查对象的喝酒方式，因此你可能会问：

在过去一个月里，你使用下面哪种方法买酒？（你可以选择多个答案。）
- 酒吧
- 卖酒的商店
- 饭店
- 宾馆
- 超市

这类问题带来的额外的有用信息是每个销售点被每位调查对象选择的平均次数，这对项目是极其重要的。

5.里克特量表问题

这种问题被描述为陈述，调查对象被要求在一定范围内选定一个数字或回答。你可能提示下面的话：

公共场所禁酒令对个人自由的严重限制。

然后，你可能会问：

下面哪个答案是对你情绪的正确反应
- 强烈支持
- 支持
- 既不支持也不反对
- 反对
- 强烈反对

另外，你可以用数值代表不同的反应，让调查对象选取合适的数字：

强烈支持1……2……3……4……5 强烈反对

不管你选择哪种形式，要确保有中间值；换句话说，所有可选的数目要是奇数。有些里克特量表仅使用4个类别，省略了中间值——"既不支持也不反对"——以便于强迫调查对象表达他们的偏好。这一种甚至是五点量表中的主要问题，它不包括那些不确定自己同意或不同意的强度的人，或者是那些事实上只是没有任何主意的人。然而，这仍是很重要的问题类型。为每一个选项计数，我们可以利用这些找到问题的"平均回答"。

6.等级问题

这是所有问题类型中最复杂的一种，它让调查对象评价选项，按照喜好顺序进行排列，在每个选项上列出1~5。如果你要求调查对象进行复杂的评价，你要保守地使用这些问题。如果使用过多，你的调查对象将不会在选择的时候进行谨慎的思考。展现结果最有用的方式是根据有多少调查对象给了某个选项同一种评价。

23.4.2　开放性问题

开放性问题不会引导调查对象，给他们反应的自由。当你不确定可能的答案或不想引导调查对象时，这种类型的问题很有用。结果是你能生成一些经过深思的回答，以引语的形式带来一些定性的材料来支持你的定量数据。

更重要的是，即使你可能会得到许多意想不到的回答，但如果你的样本足够大，你或许可以将它们进行分类，以扇形图的形式量化它们，并展示用不同方式进行回答所占的比例。当然，用以某种方式给出的数据做一个广泛、实验性的概括是很困难的。

开放性问题要避免的一个问题是意义模糊。如果你向调查对象提问一个很模糊的问题，却又期望得到一系列有趣的回答，那么你所得到的将是模糊、无用的答案。

- 定性材料：用作引语。
- 定量材料：用于扇形图中。

23.5　处理结果

在你设计调查问卷以及进行后面的结果分析时，尽可能多寻找问题之间的关系。这能为你的论文带来丰富有趣的见解。例如，你可能会发现那些强烈支持某个观点的人也强烈支持另一个观点，或者，你可能发现支持某个论点与反对另一个论点有密切的关系。

> 总结
> - 要确保有较高的回答率，你必须考虑自己递送调查问卷，并从调查对象的答案中完成调查。
> - 调查问卷要保持简短，重点突出，指示明确。
> - 其中的问题要简单，使用明确的语言。
> - 不要引导你的调查对象。

23.6　下面的内容

在搜集数据时，我们面临的问题是，要确保材料的客观性和可靠性，它能给我们提供足够的深度和意义以丰富我们的论文。要搜集到所有的材料并不难，但其中的大多数可能是无关紧要的。当然，这一点并不好平衡：我们确保了一方面，可能会丢失另一方面。因此，解决方案通常是使用定量和定性两种材料。这样，我们不仅保证了深度和可靠性，还能用多元互证法分析我们的材料，为我们的结论增加可靠性。在下一章中，我们将看到搜集定性资料的不同方法以及如何可靠地对其进行处理。

第24章

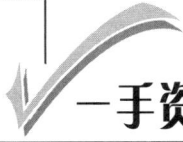

一手资料3：定性研究——访谈和焦点小组

在本章中，你将学到：

- 如何计划、实施一次成功的访谈。
- 如何从三种不同类型的访谈中选择最适合你的。
- 如何排列你的问题。
- 如何使用问题和提示以便从被访问者那里得到最多的信息。
- 如何在论文中评价结果。
- 实行焦点小组所产生的问题，以及如何克服这些问题。

定性研究最重要的优势是它能为我们的研究提供更深刻的，具有丰富内涵的回答。但是，它当然也有缺点：不仅回答的可靠性和代表性上存在问题，而且更困难的是，如何利用它们及其含义。

24.1 访谈

访谈很好地诠释了这一点。要从被访问者那里获得最多的信息，需要提前认真想好，详细计划问题。然后，你需要拿出时间将它们抄写下来，如果你已经做了记录，并要在结果上将其反映出来，从而使你能够挖掘出它们的含义，并针对如何利用它们做出决定。

24.1.1 优缺点

然而，回报会非常显著并很诱人。最明显的是，与问卷调查相比，它们能够提供向更深层次探讨的灵活性。你可以探讨对你的研究很重要的问题，但这些你并没有计划在问题中，或者没有想着用访谈中提供的方式去处理。

而且，与问卷调查不同的是，如果某个人对问题不理解，你能清楚地知道。我们倾向于通过手势、表情等进行更多非语言方面的交流，而不是直接用言语交流。面部表情、眼神交流、语调和身体语言都是我们表达感情、情绪和观点力度的重要方式。同样地，被访问者也能控制他们自己的回答。他们能明确自己相信某事的强度或者把访谈指引到另一个他们认为更重要的方面。

你手中的资料比那些用数值数据和统计资料所描述的资料更加丰富、深刻。你可以探讨更多用于表达感情力度或描写经历、态度的语言所蕴含的微妙解释。但是当你将访谈的内容进行解释的时候，要注意带入偏见的危险。另外，尽管可以通过结构性访谈来生成定量资料，但是很难比较不同人之间的回答并进行类推。

优点	缺点
向纵深发展的灵活性	很难进行对比
探讨无法预期的问题	很难进行类推
如果某人不理解时能看出来	转录并总结含义所需的时间
非言语交流	对内容进行解释时可能带入有偏见的危险
被访问者对自己的回答有更大的	
自控权更丰富、深刻的内容	

24.1.2　访谈类型

从广义上来讲，有三种类型的访谈：

（1）结构化。

（2）非结构化。

（3）半结构化。

1.结构化

结构化访谈的设计旨在为统计分析提供定量证据。它有一套严密的结构，采访者提问每一位被访者同样的问题，被访者从固定的答案中挑选一个作答。当然，这类决定论的问题在于我们所认为是事实的东西不一定符合学科的需求。因此，要节约大量时间，最好在实际运用之前对访谈进行演练。

2.非结构化

相反，非结构化或开放性访谈更加随意。非结构化访谈旨在探寻被访者对研究中提出的问题的感受，对于搜寻无法预见、无法计划的信息来说，这是一种有用的方法。这类访谈能探寻到你意想不到的领域。

结构越不紧密，解释材料所需的技能也就越多，造成偏差的几率也就越大。在这种情况下，很容易产生强调的谬论，并通过强调一句话中错误的字词而产生误解。这就解释了许多有意或无意的语义混乱。

3.半结构化

在这两种结构之间的是半结构化访谈。采访者有一个问题一览表，一些问题被详细描述以引出清晰、简单的回答，而另外一些则是开放性的，以便一些问题可以被更自由地探讨。这样，你就在两个领域内获得了最好的收获：更容易处理的定量资料，以及能把项目引向新领域的、不可预期的回答。

24.1.3　组织

对于研究的每个方面，我们组织得越好，结果也就越好。因此，要确保提前以信件的方式安排好访谈，如果需要，在即将临近时对其进行确认。要清楚地知道自己想要达到什么效果。认真写出你的问题，排列好提问顺序。用便条提醒自己为什么要问这些问题，这样你能得到要追寻的材料，如果你第一次没有这样做，那你要清楚接下来要问的问题的类型。

> 你组织得越好，收获就越多。

决定自己如何记录回答。不管你的选择是怎样的，它能对结果产生影响。有些人可能不习惯录音或录像，而别的人则能自如应对。因此，在访谈之前要征求别人的同意。如果你完全依靠笔记，那么提前准备好问卷，把每个问题和回答进行编号以便于之后进行处理。这意味着你必须提前知道自己如何利用以及如何处理结果。

> 确信你
> - 写出问题。
> - 安排顺序。
> - 把你的提问目的写在便条上。
> - 在准备问卷时使用已经被编号的问题。

24.1.4 开展访谈

1.电话访谈

当然，如何开展访谈取决于你自己的安排。你可能想要开展电话访谈，这样更快，也更节省时间和金钱。你可以提出一系列问题，在 20～30 分钟内完成。然而，这也有局限性。你无法当面向被访者解释问题，不能使用非言语交流方式来激励被访者并对他们的回答做出解释。

2.面对面的访谈

然而，在面对面的访谈中，你可以有这方面的优势，但要确保所在的位置是合适的：要安静、舒适，并不会被打扰。如果访谈很长，要安排好休息时间。

3.问题和提示

要达到良好的采访效果需要对被访者的情绪、紧张、敌意，实际上包括所有阻碍轻松交流的感情，以及你用来提示被访者的自我回答保持敏感性。总之，尽量描述你的问题和提示以避免以某种方式引导了被访者。你必须避免给出任何你想要的回答的提示。

> 要注意被访者的感情和你自己的回答。

4.回答

被访者往往想要取悦采访者，提供他们认为你想要的东西。在接受采访时，好的被访者很容易判断采访者在大多数问题上的态度。因此，你的回答应该比自己预想的更令人信服。如果正常情况下，他们可能会说自己"怀疑"某事，那么在采访的情况下，他们可能更愿意表述自己是"确定"的。

因此，在你采访时，要认真地衡量自己的回答，以便你不会留下自己对受访者的回答很高兴或者满意的印象。要向被访者表示出友好的态度，指出你理解他们的说法，但不要表露自己也是如此认为或是支持他们的情绪或观点。规则是要友好，但也要正式。

确保
- 避免对被访者的回答表达过多的支持。
- 要友好，但也要正式。

---

5. 顺序

不仅仅是问题能引导被访者，你提问的顺序也可以。除非你很认真，否则很容易在前面的问题中就表达出自己的观点，或者激发对某事的判断，进而影响被访者对后面问题的回答。

解决方法与问卷调查一致：安排顺序，把一般问题放在前面，这样能在开始就提出概念性问题，然后再转移到更具体的问题，他们可能会有自己的经历和强烈的观点。

访谈的指导方针
- 按照从一般到具体的顺序排列问题。
- 保持自己的问题顺序。
- 对被访者的情绪要敏感。
- 避免引导被访者。
- 认真衡量你的回答。
- 要友好，但也要正式。
- 要有耐心，不要盛气凌人。

24.1.5 评价访谈

之后，在你的论文中，详细描述访谈是如何开展的以及进展如何。这意味着承认它们的弱点以及你可以如何把它们组织得更好。论文评审们不仅想看到你是一位有能力的研究者，同时，他们还想看到随着不断承认弱点并从中进行学习，你已经发展了个人的技能。

讨论你给访谈留出的时间，以及如何制定访谈的结构。描述你在搜集资料时所需的技能，并评价它们对被访者的影响。他们放松的程度如何：他们是否紧张、安静，甚至不进行交流？描述访谈发生的地点和环境。如果每次采访的地点都不同，你可能很难进行之后的比较工作。每次采访都会成为一个独特的事件。

评价访谈
- 时间
- 结构
- 搜寻资料的技能
- 被访者的心态
- 地点

24.2　焦点小组

访谈之外，另一种备选方案是焦点小组，这能让你同时考虑某个主题的多个问题。这些都是小型的焦点小组，通常由4~6个人组成，他们要讨论一个经过严格定义的主题。你的重点要放在成员之间的互动以及他们所讨论的内容上。这与观察形成对比，观察强调成员的行为而不是内容。焦点小组成功的关键是，在你能够使它保持在正题上时，允许相对自由、自主的讨论。要做到这一点，你需要准备一份列表，上面列明与你的项目相关的讨论主题和问题。

> 在能保持讨论一切正常时，允许进行自由、自主的交流。

如果你想成为焦点小组的一部分，而不仅仅是作为旁观者观察，那么你要留意不要把讨论引导到适应自己的需求和观点上面而造成偏见。技巧是在不发表自己的观点的情况下，促使讨论能够考虑新的主题或是将离题的讨论拉回到正轨上。离题是小组讨论的一个常见问题，小组成员朝着意见一致的方向引导，而不是进行批判以支持少数人的观点。

> 问题
> * 离题
> * 引导使之意见一致

> 总结
> * 访谈让我们接触到更深刻、丰富的回答。
> * 你能深入探讨并遵循意想不到的线索。
> * 但每个问题和它们的顺序需要经过认真的计划。
> * 小心不要在你的回答中表达太多的支持。
> * 在小组讨论中，准备一张话题列表，从而使它保持在正题上。

24.3　下面的内容

调查问卷、测试、访谈和焦点小组都是通过以某种形式询问被研究对象问题来搜集资料的抽样方法。但在一些研究中，要做到这点是不太可能的，或者说，通过案例研究或观察小组的行为来搜集证据似乎更加可靠和有趣。在下一章，我们将学习这些备选策略。

第25章

一手资料4：定性研究——案例研究和观察

在本章中，你将学到：

- 一个成功的案例研究的秘密。
- 在研究中可以运用于案例研究的各种方法。
- 如何构建一个案例研究的论文。
- 可以使用观察的不同研究对象。
- 一个成功的观察策略的主要原则。
- 在开始研究之前你要问自己的5个问题。

贯穿这些章节有关一手资料的一个问题是：当我们的抽样代表更大的总体时，如何从富有含义和言外之意的样本中搜集回答？

25.1 案例研究

一种答案是选择一个案例研究方法。在案例研究中，你的注意力集中在某个特殊的团体、一群人、一系列文件或组织，甚至一个人、一种人格，一件事上。但是，不管你的研究对象是什么，你的基本理念是它在其他许多的调查对象中要有典型性，或者至少是在相当的数量中，因此，你做出的结论可以被运用到这些相同的种类中。很显然，你必须确保它具有代表性。

如果做不到这一点，在如此大的变量中，没有平均的或有代表性的案例，你可能会举出3个案例，范围的两端各一个，中间一个：不同的饮食；在独裁—民主范围内的不同教育方式；不同的管理方式，从上到下、从下到上和两者的结合。

25.1.1 我能使用案例研究做什么？

如题所示，案例研究是在一种或多种案例研究中搜集资料、组织材料、分析，并经过认真判断得出合理结论的一种方式。你试着找出发生了什么，或者谁该为此负责，或者可以做哪些事情来改善某事。在这个基础上，从你搜集到的论据中，你能提供解决方法和解释。

> **例子：行动研究**
>
> 其中一种形式是被许多大学院系所青睐的"行动研究"，这类研究是让学生为将来的职业生涯做好准备，比如社会工作、护理和教育。这类研究使用学

生自己的职业工作环境,发现能被解决的问题,或者可以被改进的操作,或者只是能被更好地理解的工作的某些方面。搜集资料并进行观察。然后在流行的理论和推荐中分析结果。

但是,没有必要拥有如此有抱负的意图,比如在政策或实践中推崇性的改变。大多数案例研究都是为了一定的发现某事的实证目的。你在课程中学到的理论、解释或分析能被成功运用到个人的工作经验上或所居住的地区内。

例子:圈地运动
在历史上,你可能学习过18世纪末至19世纪初圈地运动的影响,因此,你会选择一个案例研究来考察圈地运动在你的地域所产生的影响。

1.以图书馆为基础的案例研究

如题所示,这类研究似乎有无尽的可能性。在历史学、文学和哲学中,你可能会重新分析一手资料来关注一些别人可能忽略了的问题,或者你可能会进一步分析,并将其运用到其他地方或另一个作者或另一篇文章上。像大多数案例研究一样,这种研究是以图书馆为基础的,涉及一手文章、手稿和历史文件。

2.现场案例研究

其他案例研究涉及在工作现场的研究,在本地开展调查,采访当地议员、高官和其他政策制定者们,或者在地理实地考察旅行中,或考古挖掘中。

尽管所有的这些都可能产生之前从未被记录过的,独创性的观点,但遗憾的是,这仍不能保证其重要性,甚至是趣味性。

25.1.2 成功的案例研究的秘密

这引出了成功的案例研究所要遵循的两条原则中的第一条。按照其本身的特点,系统地从事一个组织良好的案例研究能揭示出一些独创性的东西,但要确保其重要性和趣味性,你必须把它与广泛的理论原理和支配文学的实证问题联系起来。你还需要清晰地说出它与文学的关系以及它属于哪种案例。这还让你能够证明自己理解了这些理论,并能把它们与实际形式和问题联系起来。

其扩展意义能引出第2条原则。案例研究不仅仅是描述性研究,你还需要分析研究的案例,为结论建立基础,从而为解决问题的方法提供建议或者解释某个特殊行动或政策为什么成功或失败。这需要经过充分分析的、系统的、严谨的细节,否则,它会退化成一系列随机选取特征的非结构化描述。

成功的案例研究的原则
- 把它与广泛的理论原理和支配文学的实证问题联系起来。
- 通过经过充分分析的、系统的、严谨的细节,为你的结论建立基础。

25.1.3 结构

尽管这听起来是一件很容易的事情,但要平衡这两种因素——背景理论和实际的实证发现——却是一件痛苦、浪费时间的事。在著作《攻读人文科学和社会科学学位》（*Studying for a Degree in the Humanities and Social Sciences*）中，Patrick Dunleavy 使用了一种他称之为"焦点后置的方法"。

1.焦点后置的方法

使用这种策略，我们的论文以理论背景和实证主题的广泛描述为开端，其覆盖的范围通常比我们所需的要广，从而显示出我们的阅读面广泛。

在下面的章节中，当个案的宏观问题让位于微观问题时，论调也就变了。所以，这两章的内容无关联，实际上，我们是在一个不同的轨道上重新开始写论文。最终，我们将结论和建议汇集到一起，有时甚至不需要通过重新检查第一部分中更宽泛的问题来考察案例研究与它们的相关性。

```
┌────────┐
│        └──┐   ┌────────┐  ┌────────┐  ┌────────┐
│           │   │        │  │        │  │        │
│  文学评论  │   │案例研究的 │  │ 案例研究 │  │ 对结果的 │
│           │   │场景设定   │  │        │  │ 再分析  │
│           │   │        │  │        │  │        │
└───────────┘   └────────┘  └────────┘  └────────┘
```

结果是，在第1章中介绍的理论只有一小部分被直接运用到了案例研究中。好像所附加的理论背景只是为了增加严谨性，而没有任何的相关性。更令人困惑的是，针对这种背景理论进行广泛的研究是非常耗时的，这使得我们用来分析结果的时间就变得很少了。但最糟的可能是它对我们论文产生的影响。由于它焦点后置，缺少了主要关注点，无法形成更深刻的结论，所以只能低调结尾。

- 大部分理论背景的缺失。
- 非常耗时。
- 论文结尾不深刻。

2.开放性策略

相反，这种策略以 Dunleavy 描述的"场景设计者"为开端；它不是一个综合的评论，只能够强调基本原理。我们概括想要考察的问题，为选择材料、科目或案例研究的地点提供信息。之后，我们来到了本质性的一章，在这一章中，我们无须讨论其重要性就能概括出所有的实证结果。然后，在最后一章中，我们可以展开分析，根据我们在开放章节中所概括和讨论的问题，揭示我们的结果的重要性。

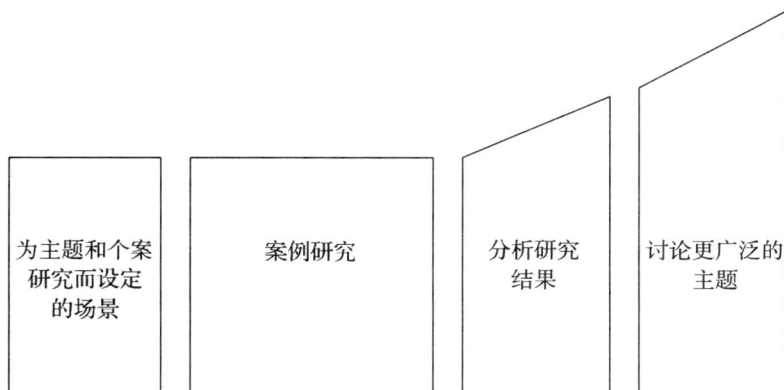

这意味着我们不仅要关注被实证结果所触碰到的更广阔的主题，我们还需要在结尾章节讨论一般的理论问题。这可以使不同因素更加一致地被综合到一起，理论和实践因素都能更融洽地被整合到一篇论文中。

> - 只包括相关主题。
> - 只讨论一次。
> - 被更一致地综合到一起。

25.2 观察

观察涉及一系列不同的研究对象，从人、事物、人工制品、绘画和建筑到地点、事情、条件和活动。当你怀疑人们的行动与其言语或意图不一致时，研究策略可以起到极其重要的作用。他们对形势的了解主要是通过行动而不是解释体现出来的。

> 因此，要问自己：
> 行动比语言更有说服力吗？

> **例子：教学**
> 你采访的教师可能会向你解释他是如何计划一节课的，为你提供他的教案复印件，其中大部分的内容被用在了讨论上。但当你实际听课时，会发现教师的活动主要是向学生进行讲述，而大部分学生则只是静静地听，并没有讨论或者发展他们的技能。因此，尽管在教师备课时可能相信在某些时段学生要做一件事情，但实际上他们真正做的事却大不相同。设想与事实是不符的。

25.2.1 知道自己在寻找什么

观察的一个重点在于能允许我们呈现出一种分离的观点，它们能成为客观、可靠的定量和定性资料的重要资源。但要搜集这些，我们需要认真地组织自己。首先要明确自己要寻找的是什么：我们必须知道变量，并在看到它们时正确地将其记录下来。

25.2.2 记录观察的简单方法

这意味着设计简单有效的方法来记录我们的观察。要设计、测试提前观察表和列有要寻找的内容的计数单以及如何进行记录并不是很难。如果我们能在勾画选项、记录时间和其他简单的方法上节省出对定量资料记录的时间，那么我们可以把剩余的时间用在记录更复杂、更不易预测的定量资料上。我们的策略没有必要过于官僚，但一定要有系统性。

> **例子：教学**
>
> 如果我们在听一堂课，我们可能要有一张听课表，用以记录每个教学活动的起止和结束时间，因此我们可以清楚地了解每个步骤所花费的时间。我们还需要有一张计数单用以列出不同的教学活动，如提问、回答、讨论、记笔记和阅读，在每次出现此类活动时我们进行记录。我们可能对每个学生通过提问或回答问题而与老师进行互动的时间感兴趣，因此，我们可以画一张教室和学生的平面图，对每个学生进行编号，在每次学生参与某个特殊的互动时，我们在图上标记出来。

25.2.3 尽量做到低调

当然，你可以使用记录工具创建完整的记录，但有时这会打破"正常"的情况，使结果无效。因此，要确保尽量做到低调。实际上，甚至是你亲自在场并参与记笔记的活动也会产生这样的情况。因此，要在别人的视线外观察，尽量使你的活动不被发现。

25.2.4 迅速进行处理

接下来，在你完成观察之后，尽快地处理材料。不要积压抄录的磁带，及时处理详细描写的笔记。这些资料会揭示出你未考虑或认为不相关的事情。在你从中进行学习之后，你将改变自己观察事物的方法。如果将它们放置时间过长，你会丢失那些很有价值的见解，而这些东西往往能使你的论文更独特、更有创造性。因此，在进行了1小时的观察之后，至少要拿出2小时来处理资料，解释观点以获得深刻的认识。

> 策略：
> - 清楚地知道自己想要什么。
> - 设计一种简单、有效的方法来记录观察结果。
> - 记录观察。
> - 尽量做到低调。
> - 尽快地处理资料。

25.3 最后检查

在开始研究之前，浏览下面的问题，核实自己是否清楚每一个问题，是否做出了正确的选择。

25.3.1 我是否清楚自己所需的信息？

你知道自己要调查哪些人或现象吗？你知道自己需要在哪些参数上寻找资料吗？

25.3.2 我是否知道应该如何操作？

通常这意味着一手资料与二手资料、定性研究与定量研究的组合。即使你的研究看起来主要是依靠一手资料，但你也需要通过二手资料获得现有文献的背景。你也可能需要2～3种研究方法来搜集资料。如果你用多元互证法分析项目的每个部分，可能会对验证你的研究结果有帮助。

> **例子：学习技能**
>
> 在这个项目中，使用问卷调查、访谈、测试和教室观察来看学生对学习任务的认知是否与他们在课堂上的表现和怎么使用技能相关，这样做是很明智的。

25.3.3 我是否决定了怎样处理结果？

你可以利用许多方法来阐明搜集到的定量资料的特性。记住，你的目标不仅仅是描述资料，还包括找出人物、事件、材料这些研究主题之间的相互关系，甚至包括预测他们的行为。从你的导师或研究方法指导老师那里获取建议并找到可以使用的最佳方法，如果你需要发展这些技能，他们会为你提供可以参加的短期培训班。

> 你不仅仅是在描述资料，还要发现人物、事件和资料间的相互关系。

至于定性资料，你必须决定哪些是相关的，哪些不是。问题的关键在于你要与自己在笔记本和日记中所记录的观点进行对话。随着对话的发展，它将通过材料为你开辟一条道路，让你看到哪些是重要的，哪些不是。每个闪亮的观点都会为你指明方向。然后，你可能会发现使用NVivo之类的软件有助于处理你的资料。它帮助你分析并且组织来自访谈、焦点小组和观察的非结构性数据。

25.3.4 我的资料和我的独创性研究问题直接相关吗？

你必须确保自己期望搜集到的资料和能够得出的结论将与你开头提出的研究问题有直接的关系。因此，检查你计划要做的事情是相关性的，而且支持问题的论点是合理的。

25.3.5 我是否需要在很有限的时间内处理大量的资料？

在开始之前，要核实在有限的时间内，这是否具有可行性。在这之后，你或许没有时间再退后去进行客观的观察了。你或许最后需要在有限的时间内处理太多的资料，或者没有足够的时间来搜集所有的资料。如果情况是这样，缩小研究范围，以确保可以按时完成搜集、分析工作。

问自己

- 我是否清晰地了解自己所需的资料？
- 我是否知道自己应该如何开展工作？
- 我是否决定了应该如何处理结果？
- 我的资料是否与我先前提出的有独创性的研究问题直接相关？
- 我是否需要在过于有限的时间内处理数量过于庞大的资料？

总结

- 要达到有效性，你的案例研究必须与研究对象相关的文献中广阔的理论背景和关注点相关联。
- 但它不能仅仅是描述性的：它必须以对资料的系统分析为基础。
- 为了避免浪费时间，避免论文不连贯，可以使用"开放型"策略。
- 在观察时，要知道自己想要寻找的内容，组织一个简单的方法并低调地进行记录。

25.4　下面的内容

在完成研究阶段之后，你要准备好进入写作环节，这时你要把自己的资料整合在一起。对于我们大多数人来说，这是我们需要面对的最有挑战性的一个环节。正如达尔文解释的那样，如果写作只涉及描述，那很简单。但如果加入了推理，那么你就要做到观点一致，论点流畅。你不得不全盘考虑，并用一种自己从未尝试过的方法来阐明观点。要做好这一点，首先要计划论文的每个部分，在下面的章节中我们将了解这些。

第26章

主要构成部分和导论

在本章中，你将学到：

- 在创作一篇连贯性的论文，提高自己掌控这个大型项目的信心方面，计划所起到的重要作用。
- 如何计划论文以及每个章节的结构。
- 论文的主要部分及其相对的篇幅。
- 导论的重要性，以及如何构建结构。
- 如何把导论与结论综合起来。

现在到了真正把论文落实到纸张上的时候了。像任何其他大型项目一样，你首先要进行计划。你必须知道所有的资料和观点如何运用。论文必须使自己和读者有一个逻辑的认识。计划不仅能节约时间和精力，还能降低复制文章的可能性，因此，你的论文也能更加紧凑且具有可读性。

> 计划能节约你的时间和精力，使你的论文更加紧凑且具有可读性。

所以，要多花些精力详细计划论文的大纲，实际上，内容要比你所想象得更加具体详细。你最不想要发生的事情就是边写作边计划。在开始写作之前计划得越清楚，你对自己要做的事情就越有信心。然而，大纲会改变，尤其是在你开始写作时，但如果你知道自己的目标以及要达到目的所需要做的事情，那么计划会使整个项目更易于控制。

然后，一旦自己列出了章节结构，可以用暂定的子标题，甚至是小标题去填充结构，从而使你能清楚地认识整个结构。将最终的字数进行分配，暂时在每个部分中分配一定量的字数。这样你能更好地了解每个部分需要多少篇幅。对提高信心更有帮助的是，它能使整个项目可以被驾驭：现在它是由一系列小章节组合而成，而不是一个令人生畏的、长达1万字的项目耸立于面前。

- 详细计划你的大纲。
- 计划文章结构。
- 为每个章节暂定子标题和小标题。
- 为每个部分分配一定量的字数。

26.1 主要构成部分

章节的结构主要取决于学科、你选择的处理方式以及院系的要求。但总体上一般有5~8个章节。

在理论和文本项目中，论文结构主要由内容而定。前面是导论，紧随其后的是分散到各章节的讨论，主要是对使用的文档、报纸、文学或哲学文章所做的分析。讨论之后则是下结论。

这些章节的大小看起来要简单且自然。但作为一般规则，导论部分通常要限制在总字数的5%~10%，每个章节大约是15%~25%，结论部分则约为5%。如果你发现自己的某个章节占据了30%的篇幅，那么看看有没有巧妙的办法可以将其进行拆分。如果某个部分不足10%，那么看看是否能把它与其他章节合并在一起。

理论/文本论文
- 导论（5%~10%）
- 对资料每个部分的分析而形成的章节（3或4个）（每个15%~25%）
- 结论（大约5%）
- 参考文献和参考书目（5%）
- 附录

相反，实证研究论文的结构主要取决于采用的研究方法。你可能需要对研究中的实际问题进行报告。你需要一个章节解释研究设计，另一个章节分析、呈现研究结果，然后拿出一个章节讨论结果，并提出建议。

实证论文
- 导论（5%~10%）
- 文献综述（15%~30%）
- 研究方法（10%）
- 研究结果（25%）
- 讨论（10%）
- 结论（15%）
- 参考文献和参考书目（5%）
- 附录

另外，如果你想削减文献综述的重要性，引入更多的灵活性，可以考虑下面的结构。

> 实证论文
> - 导论（5%~10%）
> - 背景（20%）
> - 研究问题（20%）
> - 资料搜集（20%）
> - 资料分析（15%）
> - 结论（15%）
> - 参考文献和参考书目（5%）
> - 附录

26.2 导论

写导论最困难的地方在于如何用一种方法既能突出你的研究重点，又能吸引读者的兴趣，而且还不至于揭露整篇论文的情节。

26.2.1 从一般到具体

你会发现要做到这一点，最好的办法是以一个一般说明开头，清楚、简单地陈述出研究问题、一般问题和子问题。然后，转到具体方面，解释要达到这些目标你需要做什么，你能发现什么，但不要预见结论。

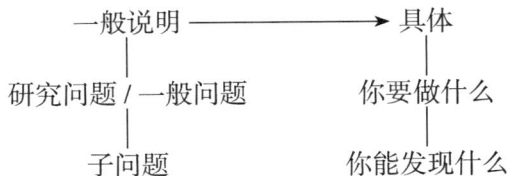

```
          一般说明 ──────────→ 具体

      研究问题 / 一般问题         你要做什么

          子问题                你能发现什么
```

在评价你的论文时，衡量其成功与否的一个标准就是你是否达到了要实现的目标。通常一个项目在开始时设立的一系列目标会随着项目的发展而改变、演化。因此，要通过暗示你暂定的结论是什么，做到导论与结论同步。这样你能突出研究的探索本性。这就意味着你写完导论之后就应该知道结论是什么，否则你会发现结论中提出的问题并没有在导论中预计到。

> 保持导论和结论的同步性。

然而，提前写一份暂时的导论草稿确实很有帮助，尤其是在你未写综合性的写作计划之前。它能为你指出正确的方向，让你对拥有一个好的开始充满信心。像我们之前一直强调的那样，写作是思考最困难的形式，它能促使你把观点具体化，用某种形式清晰地陈述出来。在这个综合观点的阶段，这点是至关重要的。

26.2.2　重要性

将导论的终稿写作放在最后，能让你更好地了解论文的实际贡献，以及它们为什么如此重要。在你概括完研究问题、主要问题以及如何开展研究之后，你需要简单地说明你认为做研究的关键原因是什么，它为什么如此重要。

这没必要非常详细；它需要在论文的主体中以更深的视角来探讨。但你的目的是吸引读者的注意力。解释研究的背景资料——已经被完成的相关工作。然后解释为什么你的论文如此符合，以及它有什么独到之处。用这种方法，你能确保吸引住读者。对你想要达到的目标进行暂时的描述，你将直至结尾都牢牢抓住读者的兴趣。

- 保持导论和结论的同步性。
- 它能为你指明正确的方向，让你对拥有一个好的开始充满信心。
- 它能让你清楚地了解论文的实际贡献以及它为什么如此重要。

26.2.3　地图

最后，你需要告诉读者自己是如何组织论文的。给他们描述一幅可以遵循的地图，概括结构和章节顺序，以便他们能知道在每一步你要做什么，以及为什么要这样做。在这一点上，考虑为每个章节拟定一个标题，而不仅仅是"文献综述""第1章"等。否则，整个结构看起来会很空洞，没有特色。

导论
- 研究问题———一般问题和子问题。
- 你如何实现这些目标。
- 你认为自己能找到什么。
- 从事这种研究的原因——它为什么如此重要。
- 结构——章节顺序。

总结
- 详细计划论文的每个章节。这样从一开始你就知道自己要做什么，你的论文也会更连贯，而你会更有信心。
- 通过把导论终稿保留到最后写作，来确保导论和结论的一致性。
- 概括论文的重要性。
- 为读者画一张可以遵循的地图，概括出论文的结构。

26.3　下面的内容

现在你已经计划了导论，知道自己要做什么，也概括了研究的背景文献。在下一章里，我们要考察如何处理在做计划、写文献综述时出现的许多问题。

第27章

文献综述

在本章中，你将学到：

- 写文献综述的原因。
- 如何避免太长、太耗时且不相关的评论。
- 如何使用评论为你的研究铺设平台。
- 建立文章相关性的简单方法。
- 批判性地评价期刊论文的简单方法。
- 如何使文献综述与你的结论保持同步。

现在你已经清晰地概括了研究问题、它所引起的主要问题以及研究的路径，那么挑选相关的文献并写出评论来补充论文对你来说就容易多了。

27.1 我为何写文献综述？

问题是要明确知道你为什么要写文献综述。有时我们被要求必须以文献摘要为开头，但这会使你为了给自己的研究增添一些背景，以及给考官留下你已经阅读且理解了很多资料的印象而陷入总结该领域的所有文献的境地。然后，当你开始概括自己的工作时，论文的基调会突然的转变，并且从一个完全不同的方向重新有效地开始。实际上，你在文献综述中提到的大部分内容都不会被再次提及。

你会感到非常困惑，不知道从哪里开始。它不仅会使你很难决定哪些内容是相关的，而且在你只需要评论对你的计划产生影响的内容时，它还会推动你总结所有你阅读过的每篇文章的研究结果。

针对如何组织大量的材料，它不能为你提供线索，而且还会占用大量的时间和篇幅。实际上，如果不摒弃这个策略，你没有充足的时间来分析其他问题。原本只占据20%的内容实际上会占据接近50%的篇幅。你留给自己的只是大量的资料，许多还是不相关的，而且是你将在论文的其他部分里忽略的东西。

> 避免一般的简介
> - 决定哪些内容是相关的是非常困难的。
> - 组织起来很难。
> - 占据过多的时间和篇幅。
> - 留给自己大量不相关的资料。

27.1.1　基于文本的论文

我们必须明确自己为什么要写文献综述。在有些科目中，文献综述更有必要。在以文本为基础的论文中，通常是在人文科学和社会科学的理论研究中，其主题就是以小说、戏剧、哲学著作、理论和历史作品等形式的文学本身，文献综述就有些格格不入了。因为在论文的主体中，你会提及这类文献，所以就没有必要进行冗长的评论了。

相反，最有用的事情是概括你认为文章提出的最重要、最有争议的事情，或者分析文章以便读者在头脑中能够形成解释性的结构，从而能跟上你思维的脚步。在你开始批评性的讨论时，你可以利用其中一个。读者将知道你在做什么，这与你的分析一致，而且你没有忽略任何方面。

27.1.2　实证论文

但是在实证研究中，问题就不一样了。你几乎总是要进行文献综述。然而，要避免庞大、耗时的摘要把你带到不相关的方向，谨记文献综述的4个主要功能：

（1）要显示出你围绕主题进行了广泛的阅读：你很好地理解了其中的争论，并且深层次、广角度地掌握了论文主题所提出的问题。

（2）认可其他人的工作。

（3）为自己的研究建立一个平台，并指引你正确的方向。

（4）可以显示出你辩证地了解了背景理论，并且能为你在讨论章节中辩证地评价研究结果提供基础的观点。

我们大多数人都可以满足第1项和第2项功能。但这不是一个简单地显示我们知道以及了解多少的过程。真实的思考在于我们如何利用观点，因此我们要更关注第3项和第4项功能。

27.2　为研究铺设平台

27.2.1　设定场景与相关性

我们要面临的困境是，如何在只使用与研究中所提出的具体问题直接相关的资料下，来描述并阐释我们对研究背景的广义理解以及在我们的学科中占主要地位的辩论。在上面讲到的第1种功能里所提示的场景设置就能帮助我们掌控研究的正确方向。

这意味着我们必须核实所使用的每份资料、每处引语都能为研究增添内容，能回答我们的问题。因此要使用与项目相关的参考文献，要做到无情，只引入最相关的内容。记住，它的主要目的不是为了让论文评审们知道你了解了多少，而是要创作一篇连贯的论文。在论文中，一切都是相关的，并都能起到清晰、构思巧妙的作用。为了这点，你要清楚地了解自己的研究问题，以及能够明确你需要寻找并设定的论据类型的子问题。

主要目的：创作一篇连贯的论文，其中，一切都是相关的，并都能起到清晰、构思巧妙的作用。

例子：哲学

R.M.Hare在其著作《道德思考》中提出传统无非是喜好的表达，如果你想研究其观点是否正确，你可能不需要介绍他关于权利的概念或者他是否是位伦理自然主义者。

例子：公共场所抽烟

如果你要研究政府颁布的公共场所禁烟令的影响，你可能不需要评论有关青少年酗酒现象严重的报道和论文。

27.2.2 新的方向

然而，在搜集论据、发展观点的过程中，你会发现有更多对项目重要的东西需要去探索。这可能意味着你需要返回到文献中重新考察当时被摒弃的论文和文章。与在花费过量的时间后却发现在所收获的内容中仅30%是相关的相比，这应该更易于处理。编辑过量且不相关的文献不仅耗时，而且令人沮丧。

选择的艺术

当然，写开题报告、起草导论能阐明观点，让你更清楚自己要搜寻哪些资料，得出什么结论。然而，只告诉某人如何挑选是很容易的；你需要知道的是如何实施。要有效地进行实施，你需要用明确的标准来决定某篇文章应该是被利用还是被摒弃。在你考虑每个章节时，可以研究本页中列出的7个问题。每个问题都包含如何使用文章的观点。如果它在所有这些方面都没有用处，那么放弃它。

这能帮助你处理阅读过的观点，反之，还能选择你想利用、引用的资料。关键是要有选择性，不要过于野心勃勃。文献可能把你带到一个不同的方向，或者劝说你在研究中采纳不同的重点。因此要谨记能第一眼抓住你眼球的独创性观点也同样能抓住读者的眼球。将它记在一张卡片上，放到某个地方，以便在你焦点不集中时能够随时提醒你。

> 要谨记能第一眼抓住你眼球的独创性观点也同样能抓住读者的眼球。

当然，在特定的项目中，文献综述应该尽可能的全面。但如果你有明确的标准来选择相关内容，你就不会有葬身书海的感觉了。如果你仍需要引用几百处内容，那可能是你选择的主题过于宽泛，或者先前曾有很多人研究过这个主题，它已没有了研究的价值，因为没有你可以作出独创性贡献的空白领域了。

27.3 对背景理论和观点的批判性理解

由于需要展示你已清楚了解了文献，同时还进行了批判性的评价，相似的困境也同样存在。为了向论文评审们展示你的学识，你无法回避分析资料的优势和弱点这一步。

标准——这个资料的有效性？

• 你从什么中获取观点的灵感并建立了自己的项目？

• 有没有揭示对该主题当前辩论的内容？编著者之间有哪些区别？有没有悬而未决的问题？画出你在文中找到的交叉连接关系？如果还援引了另一篇文章，在你看到它时将其快速记在一张卡片上，记录第1位作者是如何说的。

• 它是否详细概括了有关问题的不同看法，以及应该如何处理它的不同观点？这些在形成自己的计划书时都是有用的。

• 针对问题，它是否指示出了不同的方面？

如果是这样，要进行分析。然后，依次针对每个方面进行讨论，弄清楚每个方面的文献所包含的内容，并从中发展自己的贡献。

• 是否能揭示出不同编著者采用的主要理论和相关概念？

弄清楚他们之间的区别和相似点。然后继续评价每位编著者内部的一致性。你可以用搜集的资料和观察结果评价他们的一致性。

• 文章是否有省略的地方？作者是否忽略了什么？

弄清楚这一点，证明自己的结论。然后详细描述为了不忽略同样的内容自己应该怎样做。

• 文章在辨别不同的方法论时有用吗？

在选择最适合自己主题的研究策略之前，评论不同的文章，找出其关键特征。如果作者使用了相似的方法论，标记出来作为证实自己的理由。

这能为你在讨论章节里批判性地评价自己的研究结果提供基础。实际上，记录研究者如何评价他人的作品是一种发展批判性能力的好方法。

27.3.1　保持文献综述与结论的同步性

这点强调了保持文献综述与讨论章节或结论同步的重要性。如果知道自己的结论是什么，那么你也能预见简介终稿的内容，因此你也能知道文献综述的哪些部分是不相关的。

这样你可以有依据地改变文献综述，可以编辑引语，删除内容，去掉无用的参考文献。

27.3.2　较长的引语

要有效地做到这一点，你必须彻底地处理观点，把它们变成自己的内容。如果你引用了文章的大段内容，通常意味着你没有领悟观点的核心。因此，不要仅仅引用或改写文章内容，把它们融会到自己的论点中，如果需要，结合自己的信念和观点使用。核实自己确实需要如此长的引语。现在就对其进行削减或重新改写，稍后再做会更加困难。

- 不要仅仅引用或改写，把它们融会到自己的论点中。
- 你需要这样长的引语吗？

27.3.3 发展批判能力

在第七部分中，为了创建一致性的论点以及有效地使用语言和论据，我们将考察改进思维技能的方法。但在我们的论点中存在的弱点也会在其他人那里存在，因此通过学习如何改进技能，我们能学会如何评判自己的资料。但现在，在阅读资料的过程中，通过问自己本页的10个问题或使用第18章的完整版本来发展你对它们的批判性理解能力。这样，你能为自己在讨论章节里批判性地评价自己的研究结果打下基础。

27.4　结构

学生们在文献综述方面遇到的最严重的问题源于没有明确自己处理资料的独特方法。这能揭示出你所选择的评论资料。在对每份资料进行批判性地评价时，要谨记这点。知道哪些是自己的贡献，在你从一般到具体、从理论到实践的过程中，评论自然能深入项目的核心。

评论一览表

- 作者是从哪里搜集的资料/论据？
- 它是否具有相关性？是否足够支撑论点？
- 她是否进行了正确的描述？
- 她是否从中得出了最相关、最一致的推论？
- 论点具有平衡性吗？它是公正的/有偏见的、客观的/主观的？
- 她是否忽略了什么内容？
- 论点具有一致性吗？
- 她使用的语言是否正确？在使用一个词时，是否在不同的地方有不同的含义？
- 在使用语言，她是否能揭示出自己的全部假设，或者只是想当然的？
- 她的论点是否与别人的相合或相悖？如果是，为什么？

像我们看到的一样，这意味着没有必要评论大量的文献：其中的大多数与你的主题并不相关。

27.4.1 从一般到具体文章

尽管把自己的论文植根于研究者们已经开拓过的更广的领域中是很有用的，但不要探讨过多的细节。你所做的只是显示自己的研究范围，以及它与研究的其他领域的相关性。从这里你可以很自然地转到具体文章上来，直接关注你感兴趣的事情。当然你要详细处理这些内容，它们能显现出文献中的空白，为研究提供平台。有些作品你需要从自己研究的特殊角度去进行批评性的评价。用直接的导语结尾，与自己的作品建立清晰的联系。

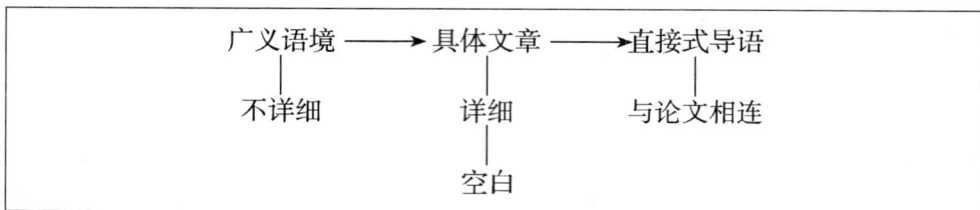

```
广义语境 ──────→ 具体文章 ──────→ 直接式导语

  不详细              详细              与论文相连

                     空白
```

27.4.2 子章节和副标题

要做好这点，你需要用子章节和副标题清晰地计划评论的结构。无论如何，不要使评论变成一系列资料的脱节描述——利用你的资料，而不是被资料所用。子章节不仅能帮助你避免偏离主题，在从事自己独特视角的研究中保持正确的方向，还能为组成每个子章节的部分进行合理的范围划分。例如，你会把评论分为一般资料和具体资料，在这其中，又细分为理论研究和实证研究。

总结
- 避免在一般摘要中为了让论文评审们了解你的阅读范围而对文献做笼统性的概述。
- 你必须创作一篇连贯的论文，其中一切内容都有明确的作用，都是相互关联的。
- 你可以回过头来重新考察先前被丢弃的论文。
- 保持文献综述与结论的同步性。
- 从一般到具体，把每个章节细分为子章节。

27.5 下面的内容

告诉自己，在选择文章以及计划、建构评论时所付出的努力都会有丰厚的回报——如果一个人认真写了文学评论，他写的论文不成功的几率很小。现在我们可以接着看论文的主体部分：研究方法、研究结果和结论。

第28章

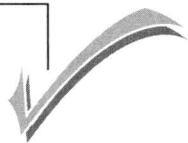

研究方法、调查结果、结论和附录

在本章中，你将学到：

- 如何把每个章节整合成一篇连贯的论文。
- 如何最好地利用定向和定量论据，如何清晰地呈现。
- 如何有效地使用图表、扇形图、条形图和表格。
- 如何计划并写出调查结果的讨论部分。
- 如何写出既能突显论文的重要性，又能为未来的研究指明方向的结论。

学生们在从写短文转到写论文时碰到的最普遍的问题是每个章节看起来与其他内容相脱节，因此整个论文看上去就像一系列不相关的短文。

28.1　研究方法

在研究方法这一章中，这个问题可能更突出。因此，通过把你选择的研究方法与研究问题和子问题联系起来可以把它与其他部分绑在一起，通过参考其他研究者的一些方法把它与文献综述绑在一起。

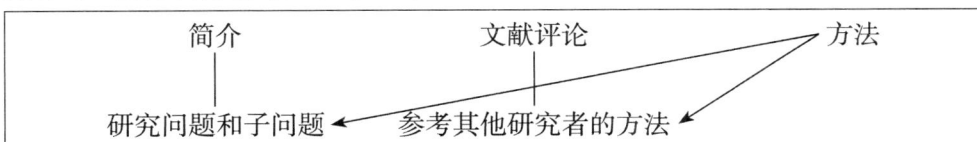

28.1.1　方法、技术和工具

在本章中你的主要关注点是你已经很好地掌握了支持研究的认识论问题——你清楚在研究中哪些应该被当做知识——你了解自己用来搜集资料的方法、技术和工具。你需要解释自己使用的方法（定量和定性），它属于哪种研究方法（实证的或理论的）以及你使用的资料类型（一手资料或二手资料）。

至于技术和工具，你需要对你所选择使用的问卷调查、访谈、观察等进行描述。如果这是科学项目，你需要解释自己使用的工具、设备和资源、所做的观察以及开展的实验。所有的这些都是为了进行详细的描述，以便于别人对其进行复制。

28.1.2　证实

描述完采用的研究方法之后，你需要证实选择的正确性——看其与研究问题和假设的关系，以及为什么会摒弃其他方法。然而，不要浪费过多的时间和篇幅解释你没有选择的研究方法。你应该主要考虑研究过程，利用对其他方法的参考，讨论你所选择的方法的优缺点。坦率很重要，要让读者知道你所做的任何变更，你发现的所选方法的缺点，以及你如何克服这些问题。

> ● 不要浪费时间解释备选的研究方法。
> ● 要坦诚介绍你所选用的研究方法的有效性。

28.1.3 研究对象

最终，描述研究对象的重要特征：研究的人群、选择的样本和开展的实验。

> 研究方法
> ● 把它与其他内容绑在一起。
> ● 显示你已很好地掌握了认识论问题。
> ● 你已经掌握了方法、技术和工具。
> ● 评价所选择的研究方法。
> ● 描述研究对象的重要特征。

读者们需要了解其本质和在研究中是否有道德问题被提及，以及你是如何处理的。

28.2 调查结果——陈述和分析

从表面上看，这可能是最简单的一章。因为内容太容易，很可能会从简单的描述和分析演变成讨论。在本章中，你要做的只是解释自己所做的内容以及陈述调查结果。要有效地管理内容，你需要为自己陈述的资料划分结构。因此，把章节分成小节，每个小节依次描述一个关键问题。

> ● 仅仅解释自己所做的内容，陈述调查结果。
> ● 为资料清晰地划分结构。

28.2.1 陈述

在每个章节中，你都需要陈述资料，因此认真思考自己需要搜集哪些资料，以及你将如何对其进行分析。大量的资料需要被清晰地总结和陈述。在测量数据时，复杂程度的等级各不相同，因此你要确保不会使读者感到困惑。不能迫使他们重新阅读某个章节以更清楚地了解内容。利用图表、表格、曲线图、比例尺和百分比帮助读者清晰地认识资料。

28.2.2 定性论据

如果可以，要平衡定量论据和定性论据。从参与者那里逐字引用的话能更强烈地吸引读者，这是简单的数据、图表和曲线图所无法比拟的。没有什么能在生成移情反应时如此有效。但是过多的定性资料也会成为一个问题。在相连的段落中进行多次描述会显得冗长且令人困惑，除非你有很好的结构。认真编辑、组织引语；有些可能不需要被完全地陈述出来。

> 没有什么能在生成移情反应时如此有效。

28.2.3　定量资料

至于定量资料，明智的做法是向专家请教如何最好地陈述并分析它。你的导师、研究方法老师和数据部门都能为你提供有用的建议，甚至能向你建议短期培训课程。最低要求是确保读者能清楚地了解你使用的比例尺、表格和关键词的意思和含义，不要让读者自己去猜。用标签进行编号，如果需要，进行简短的解释。关键原则是使用的数据在脱离文章的情况下能让别人理解。

> - 确保读者能理解你陈述的内容。
> - 脱离原文，数据仍能够被理解。

1.图表、扇形图、条形图

图表、扇形图和条形图经过很好的利用之后会成为简单、有效的视觉工具，尤其是在带有颜色的情况下。尽管你要小心不要歪曲任何一个比例尺从而提供了错误的印象，但要推断趋势仍是很容易的。然而，注意不要太夸张，确保它们不会使数据更晦涩，或者给予过多的关注。如果你只是在尽量让它看起来非常巧妙且足够复杂，那么它会打乱你的目的。在解释过程中，关注最重要的特征——那些能真正揭示你想让读者了解的具有重要意义的特征。

> 线性图是描述两种信息如何相关联的一种方法，比如在供给和需求图中的数量和价格。下面的线性图描述了我们遗忘信息的速度。

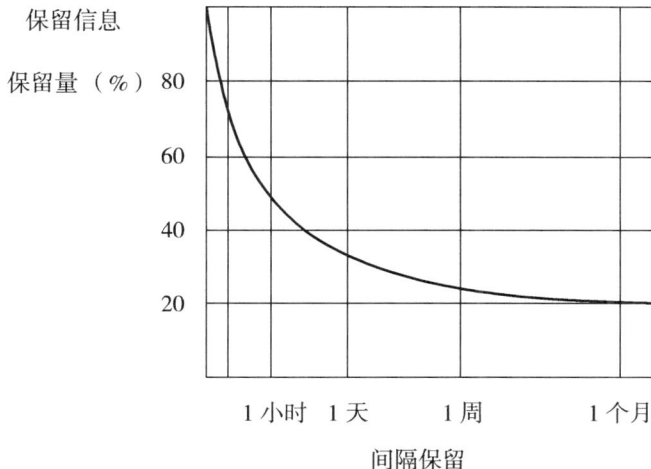

保留信息

保留量（%）

扇形图显示出学生们认为他们遇到问题最多的一些学习技能。

短文写作	36%
记笔记	24%
阅读	19%
组织	13%
不确定	8%

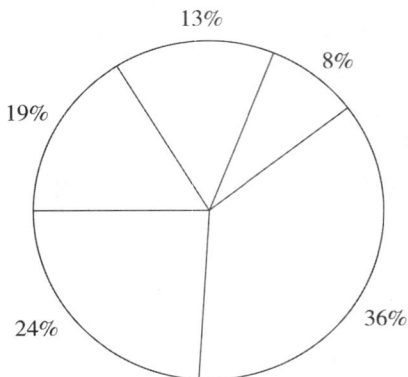

条形图尤其擅长展示一定时期的变化。下图显示了在过去的 4 个季度里消费物价指数的增长。

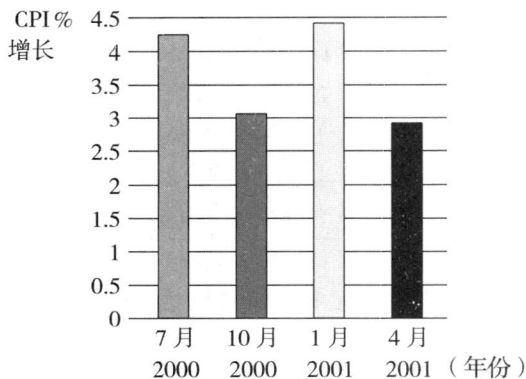

复合条形图在表现同一时期不同因素之间的对比时更复杂。

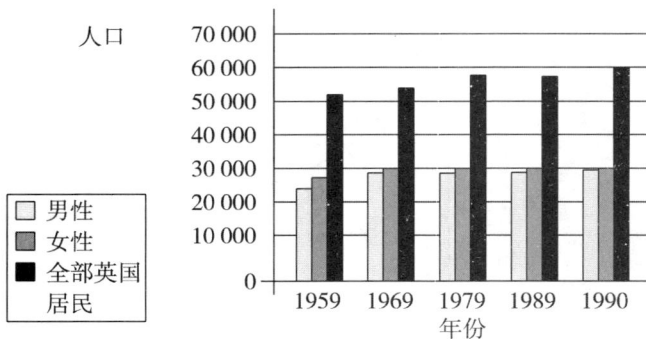

2.图表和统计分析

图表在陈述简单的资料时也是非常有效的，如调查资料。但是，至于运用其他陈述方法，你要确保在其后有对它们的直接解释。它们需要认真的解释——你认为很明显的事情对不太了解内容的读者来说，就不一定明白。

任职资格	全部	研究生水平			其他	
		研究生本科生	第一/第二荣誉学位	其他	国家高等合格证书	国家普通合格证书
图表：摘自某公司员工任职资格的详细记录						
语言：						
法语	4	—	2	2		
德语	1	—	1	—		
俄语	3	1	—	2		
其他						
社会科学：						
经济学和政治学	9	2	4	3		
社会学	1	—		1		
人文科学：	6	1	1	4		
技术职称：						
机械工程	29		2	2	17	8
电力工程	28	1	2	1	13	11

至于更复杂的统计分析，要避免对于明显不合适的地方勉强使用以提供严格支撑的做法。有些复杂的分析只能产生不重要的结论，这会削弱你的分析结果。数据分析对于特殊种类的数据最有效，比如测试结果或是人口调查。关键是清楚地辨别能衡量的变量，然后认真解释、证实结果。

28.3　讨论

这是你充分利用你辛苦的工作的好机会，可以显示出你研究的重要性。因此，给自己留出足够的时间来计划并撰写这个章节。这是一种绝对真实的讨论：你要介绍对你的研究有影响的、相悖的观点。这是你在所读文献的不同视角的指引下，评价自己调查结果的好机会。

28.3.1　重新考察问题和子问题

首先，根据在简介中概括的主要问题和子问题解释调查结果。呈现你的论文是如何回答简介中提出的问题的。问题和子问题很容易被忽略，因此要提醒自己和读者。确定自己做的每件事都是相关的。让读者看到自己又回到了那个独创性的问题，并且得到了满意的答复，他们会有种极度的满意感。

拿出专门的小节来讲解每个子问题，以便读者知道你确实解决了这些问题。强调所有的含义，详细说明结果的每个特征。总之，最大程度地利用你从工作中得到的关键性见解。

- 看论文是如何回答问题和子问题的。
- 向读者展示你已完成了自己的承诺。

28.3.2 综合——把所有因素综合在一起

最终，把它们综合在一起，看是否能回答论文中提出的主要问题。重要的是要把发现的所有关系综合在一起。如果你从事的是理论、文本研究，在每个章节中，你可能关注主题的某个特殊问题。你可能会对某位小说家的情节构思和人物发展感兴趣，或者在每一章中，你分析一部不同的小说。或者你从事的是实证研究，其中，每个章节都探讨研究方法的某个方面。不管是哪种，现在到了把这些进行综合的时候了。

28.3.3 评价论文

最后一步是评价论文：它是否成功？依次回答下面的问题，你会发现大有裨益：

（1）你遇到了哪些困难，它们是如何影响工作计划的？

（2）在研究中有哪些局限性可能会影响结果的力度？针对问卷调查，反馈是否有限？或者现有的时间是否限制了访谈的开展？可能你已意识到了对结果产生影响的偏见。

（3）与你要回答的问题或要测试的假设相关的资料有哪些优势和弱点？

（4）资料是如何支持命题的——它是否是确定性的，还有没有怀疑的空间？

（5）它是证实还是否定了你的见解？

如果事情没有按照计划实行，不要掩盖，要做出解释。如果能表示出自己对学术真实性的尊重，而不是仅仅守护一个角落，你也会赢得高分。

28.4 结论

结论也需要进行认真的计划，否则你会发现自己是在重复讨论部分的内容，或者没有什么内容可写。你要做的是进行高层次的思考，而不是描述细节。因此，要坚决并简明地引用内容。只关注两点：论文的重要性和任何对于未来研究的建议。使用副标题来保持自己的焦点是很有用的。

28.4.1 重要性

把陈述内容限制在2~3个主要问题上。尽管在论文的相关章节中，你要引用参考文献，或者引用其他作者的论文来进行比较，但是你不要对此进行讨论，你只需要得出结论。

挑出论文中那些关键的部分，以及那些对于理论背景的理解或者能加深我们对于现在从事的研究的理解有重要含义的内容。你可以说自己的论文隐含了理解这些问题的方法，或者理解它们更好的方法。

28.4.2 建议

任何种类的研究都不可能回答提出的所有问题。更多时候它会提出新的、更有趣的问题。因此，正确的做法是把焦点集中于小规模研究的局限性上，指出将来可能解决相似问题的研究方向。实际上，别人可能希望你提出如何改进论文的建议，以及你的研究认为值得进行深入调查的其他领域。用这种方式，你可以显示出你已经发展了论文重要性的认知以及其对相关领域更广阔的含义。

> 结论
> - 重要性——2~3个重要的含义。
> - 建议——深入调查的方向。

28.5 参考文献和参考书目

把你在论文中引用的所有书籍、期刊论文和其他你在论文中引用的资料做成参考文献索引是必要的。而参考书目则是列出你所指的所有资料，但不一定引用。尽管你可能要用所引用资料的范围和相关性打动论文评审们，但没有必要用无用的参考文献拉长文章的篇幅。在第41章中，我们将近距离地接触参考文献-索引、参考书目以及如何引用资料。

28.6 附录

最好避免写附录。如果你确定要使用附录，不要包括任何实质性的材料，如完整的问卷调查和通过观察获得的数据列表，或者用于讨论问题的资料。附录中的资料，要么是相关的，需要包括在论文的主题之内，要么就是不相关的，不需要在论文中提及。有时引用一些能吸引专家的材料也是很有用的——能显示出你是如何开展研究的：

> - 问卷调查（不完整的）。
> - 信件和其他获得许可的表格。
> - 访谈问题一览表。
> - 观察获得的数据单表（不完整的）。
> - 对论文重要的研究方法的背景信息，但不是核心信息。

原则是附录中的内容都是选择性的阅读材料，没有它也不会影响论文的主题和结论。但它必须是有用的信息——不管多么简单，每个附录都必须在某一点上涉及论文的主要内容。

> 总结
> - 把研究方法章节与研究问题和文献综述绑定在一起。
> - 确保读者能理解你陈述的资料。不要给他们留下任何疑惑。

- 在讨论中，看自己是如何完成在之前提出的目标，如何回答所有的问题和子问题。

- 评价自己的工作，不要掩盖任何弱点和局限性。

- 在结论部分，解释论文的重要性，为深入研究提供建议。

28.7　下面的内容

现在你已做好了写论文的准备。然而，像我们在本书中提到的那样，写作是思考的一种形式。要想写作思路清晰，思维应该清晰。因此，在下面的章节里，我们首先应看如何改进我们的思维。

第七部分　组织思维

第 29 章

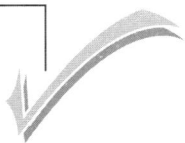

展开前后一致的论证1：主要成分

在本章中，你将学到：

- 写作的清晰度决定于思维的清晰度和连贯度。
- 我们必须考察3个因素：论点、论据和语言。
- 归纳思维和演绎思维的区别及其有效性和真实性。
- 如何核实论点的主要成分，如何看是否有遗漏。
- 一种可以不断提醒自己应该寻找什么的简单方法。

在本书开始时我们强调写作是思考的一种形式，而且是最困难的形式。在写作时，我们被迫严格考察思维以记录观点，进行理性的组织并清晰地将其陈述出来。在每个观点上，我们要问自己，"这确实是我要说的吗？"如果我们能强迫自己清晰地思考，我们的写作思路也能很清楚。这就解释了把论文当做一种解释方式的重要性。它们为论文评审们考察学生的思维提供了一扇窗。他们能观察你如何进行推理、分析概念、解决问题以及展开论证。

29.1　思维：3种因素

因此，要创作一篇好的论文，我们需要改进思维方式：不仅是如何酝酿自己的观点，还包括如何发展观点。优秀的思考者都是自我反省的：在思考过程中考虑自己的思维。这就是"元认知"。这意味着在我们评价论据以及其使用方法，通过分析概念以及语言来揭示它们的内在含义时，要保证观点的一致性。很明显，我们一般需要常规地思考3件事。

1.论点

（1）它们是否真实有效？

（2）我得出的结论是否与假设一致？

（3）论点中是否有隐含的假设？

2.论据

（1）我是否有足够的论据来证明论点的正确性？

（2）我是否准确地描述了论据？

（3）我是否从中得出了可靠、相关的推论？

3.语言

（1）我表达的意义清楚吗？

（2）我使用的语言是否具有一致性？

（3）我使用的语言是否有我所未认知的言外之意？

反过来，我们需要学习如何批判性地评价阅读内容。我们都容易犯同样的错误；关键是把它们带到了写作和思维的核心舞台。在下面的章节里，你会学到便捷的表格和一览表。把它们复印下来，贴在你的桌上，或粘到电脑屏幕的边缘，这样在写作的过程中你就可以提醒自己了。在开始时你可能无法做到全部领悟它们，但你会逐渐做得更好，而且你总归要迎来论文的修改阶段。

职业技能

正如你所能看到的，这其中包含着一项重要的职业技能。用这种方式组织和批判性地评估你的思维，可以表明你已经有能力进行逻辑性思维，能够依据可靠的相关论据创建前后一致的、有说服力的论证。

29.2 创造性、批判性的思维

在本章和下一章里，我们将研究上面提到的第一个问题：如何创建一致的论证。像我们之前说的，观点本身价值不大——只有在它们之间相互联系时才能体现出其重要性。智力最显著的特征是能够鉴别相关性并把可以结合的内容整合在一起。这就是我们在第二部分中看到的创造性思维。

与之相对照，在下面的章节里，我们主要关注批判性思维。尽管它本身不能生成新的观点，但它能指出如何创建想要的联系，因此我们要理性地、一致地发展观点。你可能酝酿了最有启迪性的见解，用新的方法综合了观点，但除非你运用一致的方法来建立联系，否则你会浪费掉最好的论文。

29.3 两种思维

那么，我们应如何在论证中展开，将观点连贯地从一个问题谈到另一个问题？首先，我们要区分两种不同的思维：演绎法和归纳法。

29.3.1 演绎思维

用演绎法论证，我们通常以普遍的或主要的前提为开头，通常涉及"所有"或"一些"（"所有的单身汉都是未婚男士"），然后增加一个小前提，通常指具体情况（"John是一位单身汉"），我们从中得出逻辑结果（"因此，John是位未婚男士"）。从这个简单的例子中你能看出结论自然地、富有逻辑性地从前提中被推出。实际上，在逻辑的或"确实的"演绎论证中，如果前提是正确的，结论也一定正确，因为结论的内容都被包含在了前提（构成论证的假设）之中。

例子：正确的论点

如果大前提是，

所有的狗都是动物。

然后针对一只狗增加了小前提，

Aldous是只狗。

之后我可以得出结论，

Aldous是一个动物。

1.真实性和有效性

在这种情况下，我们知道大前提是正确的，如果小前提也是正确的，那么结论肯定正确，因为论证是有效的。换句话说，结论是从前提中逻辑推理出来的。区分真实性和有效性的不同。

- 有效性：论证的形式——其一致性。
- 真实性：实质——前提是否正确。

有效性能确保如果前提是正确的，那么我们也能保证结论的正确性。如果一个论证是有效的，那么如果其结论是错误的，前提则不可能正确。

有效性

有效性保证了如果前提是正确的，结论也是正确的。

29.3.2 归纳思维

演绎论证陈述的内容都是在前提中所包含的，与之相反，归纳论通常要超出其前提。在归纳论证中，我们用单一观察的叙述做开头，叙述中包含在重要方面都有相似性的某些事件，然后导出适用于这个类型的所有事件的一般概念，包括观察的和未观察的，过去的、现在的和将来的。我们能从有限数目的观察叙述中得出无限的结论。我们已远远超出了观察叙述所允许的范围。

归纳论证超乎前提。

17世纪法国哲学家兼物理学家Blaise Pascal在开始测试大气压力定律时，在得出水银高度随着海拔的升高而降低的结论前，曾几次让其内弟Perier拿着气压计到多姆山省观察。因此，他提出的气压计随着海拔的升高而降低的定律实际上是如下所示的一系列单独观察叙述：

（1）第1次把气压计拿到山顶时（意味着海拔的升高），呈降低趋势。

（2）第2次把气压计拿到山顶时也是呈降低趋势。

（3）直到第N次把气压计拿到山顶都是这种现象。

（4）因此，随着海拔的升高所有的气压计都呈下降趋势。

要使之成为一种正确的论点，我们需要插入另一种假设——归纳原则——在进行头3次叙述之后，其大意是：

> 所有未观察的情况与观察的情况相似。

有了这些做基础，我们可以准确地概述说："随着海拔的升高，所有的气压计都降低。"但不幸的是，这种假设也面临同样的问题：对于这种普遍的说法，我们只能提供有限的论据。正如苏格兰哲学家 David Hume 所说的，这是一种恶性循环：要保证归纳原则的正确性，我们必须建立正确的归纳原则。

因此，得出的结论是所有的归纳论证皆为无效，因为前提永远不能证明从中得出的结论是正确的。即使如此，这也是从实证论据中得出一般结论的最好方法。在第31、32、33章中，我们将考察需要做哪些事情来保证在使用归纳论证时避免最常见的错误；在这两章中，我们将集中关注演绎论证。

29.4 核查主要成分——存在哪种前提？

对于演绎思维，有两种简单的核查方法：

（1）主要成分部分——包含观点的假设。

（2）它们之间的联系——推理。

29.4.1 事实和价值观

我们要问的第一个问题是：存在哪种前提？如果我们混淆了两种前提，可能会犯错误。找出事实前提和表达价值观前提之间最明显的区别。事实陈述旨在代表事情是什么，因此可以用正确或错误来评价，而价值观陈述则是指事情应该怎样，因此不能用上述标准来评价。其中一个是描述性的，另一个是规定性的。许多价值鉴定仅仅就是看法不同的问题：没有客观的标准去解决这类问题。

事实	价值
有关事情是什么的陈述。	有关事情应该如何的陈述。
描述性的	规定性的

我们需要防范的问题就是把两者混在一起，演绎出的结论是从事实前提中得出的价值鉴别。用这种方法，别的观点可以偷偷潜入，似乎它们才是事实的陈述。你可能会发现有人声称：

> 所有的大型工程都能导致税收的增加。
> 新的发电站是一个大型工程。
> 因此，它需要被叫停。

不管正确与否，主要前提和小前提都是事实的陈述，但结论是一个有价值的判断。我们之前说过，演绎论证是正确的，因为由它们推出的结论都已被包括在前提中。要记住的关键原则是：

> 没有哪种结论能从前提不包含的内容中演绎出来。

这意味着任何价值判断都无法从本身不具备价值判断的前提中演绎出来。在上面的论点中，如果主要前提有改变，我们只能从中得出下面的结论：

> 由于税收的增加，所有大型工程都应叫停。

尽管这看起来很明显，但在无意识中很容易把价值引入到论点中。有些词，如"诚实""英勇""许诺"都是事实和价值混合在一起的。当使用这些词时，我们会在无意识中把价值判断带入到了事实论证上。

例子：承诺

"John 承诺支付 Sarah 30 法郎"是简单陈述事实的前提。但"承诺"不仅意味着从事某事或制止做某事，它还意味着坚持好的作风，摒弃坏习惯。从事实陈述"John 承诺支付 Sarah 30 法郎"中我们能推论出"John 应该支付 Sarah 30 法郎"这个价值判断。

29.4.2 概念

代表概念的词也是如此——它们也可能是融合体：部分是概念性的，部分是事实或价值性的。下面是一位取消透析治疗的病人的陈述。看你是否能找出哪些陈述是事实、价值和概念，哪些是混合的。然后决定它们是由哪些混合在一起的。

- 病人很粗鲁。
- 他咄咄逼人。
- 他生活质量差。
- 他应该被拒绝治疗。
- 他目前失业。
- 他住在为无家可归的人安置的招待所里。
- 治疗应该提供给其他人。
- 他没有寄托。
- 他没有家庭。
- 他把一切搞得一团糟，护士们不得不清理。

答案：

混合的：（a）事实/概念 8、9、10

（b）事实/价值/概念 1、2

（c）价值/概念 3

非混合的：4、5、6、7

1.事实/概念

在（a）组中，这些很明显都是事实陈述，但"粗鲁的""糟糕""家庭"是什么意义呢？一个人生活得乱七八糟可能会使另一个人的生活杂乱无章；有些事只是一些不值得生气的小事。至于"粗鲁的"，病人可能没有家庭，但在招待所里，他可能有丰富的人际关系。甚至连"家庭"也能引发问题。他可能没有很多具有血缘关系的亲人，但他可能有许多能称得上"家人"的朋友。

2. 事实/价值/概念

至于（b）组，"粗鲁的"和"咄咄逼人的"不仅仅是描述行为的方式，还有评价的意思：我们通常不赞成这种行为。这些词还能引发概念问题。"粗鲁的"和"咄咄逼人的"是什么意思？它们仅仅是表达个人偏见或者有没有客观的标准来判断这类行为？

3. 价值/概念

（c）组的陈述也存在相似的问题。很明显使用"贫穷的"一词能引出价值问题，也能引起"生活质量"概念的问题。在允许自己把它运用在这类问题上之前，我们需要认真进行分析。

在每个使用概念的案例中，我们要问一个独特的问题："是的，但是你所说的X意味着什么？"在探索中，我们用自省的方式质问自己这些常见词的用法。不能再想当然这样认为；使用这些词时隐藏了一些含义。

在一些讨论中，我们必须退一步，问这些问题。在关于透析病人的陈述中，我们要问：在使用"粗鲁""咄咄逼人"，甚至"家庭"等词时，我们有什么用意？通常通过讨论能解开这些概念的意义。关于事实区别的讨论看起来像是有关概念区别的讨论，两方面使用的方式不同。

> 问题：
> 连贯论证所需的准确性与语言的灵活性相冲突。

存在该问题的一个原因是语言的灵活性。词有承载不同含义的能力，甚至是一些不相关的意义，它能把问题附加到逻辑良好的论证和观点中。推理的本质是精确性，而语言通常是不精确的。两种相反的力量在起作用。意义鲜明、清晰以及一致对一致推理很重要，这些与语言的模糊性不一致，语言欠鲜明和稳定的定义相冲突。

29.5 隐含的前提——是否有遗漏？

如果已经确定了正在使用的是哪种类型的前提，我们必须检查确保不存在任何遗漏。通常在论点中，我们在没有明确自己正在做的事情时就提出了假设：我们隐藏了没有明示的假设。直到揭示出被限制的假设，我们才知道自己的论点可能是正确的。看自己能否从下面的论点中辨别出隐含的假设：

（1）Aldous是只狗。

（2）因此它很忠诚。

很明显，如果这个论点正确，必须要有隐含的假设：

> 所有的狗都很忠诚。

这不是太困难，但我们经常碰见的是简单的内容，像下面的这些，都需要经过认真的思考。

（1）顾客不能期盼可以从跨国公司那里获得更多的考虑，如XXX。

（2）你为什么脸红？你没有什么可以羞愧的。

（3）买这辆车你不用担心，发动机很好。

（4）无法忍受？是的，那是当然。他是位种族主义者。

29.6　一览表

这些都不难理解。最严重的问题是在写作和思考观点时，要做好准备经常性地考虑这些事情。在你核查论点时，如果问自己一定数量的小问题是很有帮助的。复制下面的一览表，养成问自己问题的习惯。

主要组成部分

- 我的假设是纯事实性的吗？
- 是否有我未揭示的价值判断？
- 是否有概念值得我问，"它的意义是什么？"
- 我是否弄清楚了所有的假设？论证是否依靠隐含的假设？

总结

- 你要评价自己的思维方式，因此要核实论证的正确性。
- 如果你从事实假设中引出价值判断，论证是不正确的。
- 核查自己的前提是否是混合性的：部分是概念性的，部分是价值和事实性的。
- 如果自己所做的假设不清楚，论文也会因此丢分。

29.7　下面的内容

在创建前后一致的论证时，核实论证的每个部分是第一步。下面我们必须核实它们之间的联系。

第30章

展开前后一致的论证2：相互关系

在本章中，你将学到：

- 如何核实我们已在观点之间进行了正确的联系以及形成了前后一致的论证。
- 在创建这些联系时，如何避免6种常见的错误。
- 使用一览表中简单常规的方法来提醒自己应该寻找哪些内容。
- 如何使用韦恩图检测错误。

既然你已经掌握了所有的主要成分，也知道它们属于哪种类型，现在可以开始核查它们之间的相互关系。

30.1　限定词

首先，把前提和结论联系在一起之后，检查论证是否保持之前的力度。如果你在前提中提出"大多数"人同意某事，你不能在结论中说"所有"人同意某事。"一些""大多数""所有的""少数"等限定词表明了你的主张力度。在下一章中，我们还能再次碰到这个问题，届时我们将查看一下如何正确地描述论据。但是，在本章中，我们主要关注假设和结论的关系。问题是在日常对话中，大多数人不注意使用限定词。

> **例子：更安全的司机**
>
> 我们可能从报道中看过警局发言人声称老司机比年轻司机的安全系数更高。结果我们可能争论说由于 Philip 比 Mark 年长，他在驾车方面也就更安全。但发言人的意思大概是说作为一条一般的规则，它是正确的，而我们则认为它是"一直"正确的，因此，在 Philip 和 Mark 的例子中也应该成立。

这种简单的概括很容易欺骗我们。如果不认真权衡论据，选择能正确反映力度的限定词（"几乎所有""几乎一半""少数"等），很容易做出绝对的判断（"所有""每一个""总是"等）。这也带给我们顿悟的感觉，好像突然明白了什么，使事情变得更清楚。我们也能更有信心地计划自己的生活和思维。

限定词——它是否正确，前提和结论之间使用的限定词是否一致？

30.2　措辞分类

忽略限定词会引发另一个常见问题。在许多陈述中，例如"商人很残酷地对待其工人"或者"记者不关注事实"，我们忽略了表示部分的限定词"一些"。但如果使用了限定词，我们就无法从措辞的分类上得出结论。措辞分类是为了指出它所代表的词类中的每个成员。如果我们对"商人"进行分类，我们可能说：

所有的商人对待工人都很残酷。

这意味着现在我们可以争论说：

Malcolm是位商人，
因此他对待其工人很残酷。

但是，如果我们使用一个表示部分的限定词，论点就变成了：

有些商人对待工人很残酷。
Malcolm是位商人。
因此Malcolm对待其工人很残酷。

你可以看出，这不是一个正确的推论，因为Malcolm可能是一位善待工人的商人。检测这种错误最好的方法是在每次做总结时都要问自己，"这是否是一般的主张？"

措辞分类——这是一般的主张吗？

30.3　处理措辞

如果说限定词和措辞分类的问题很常见，那么错误处理措辞所引起的问题则更普遍：假设它们所指的意义比实际意义更宽泛或更狭窄，利用它们得出的结论也会比假设中允许的要更广或更窄。看下面的论点：

所有的孩子都是天真的。
成年人不是孩子。
因此，成年人不天真。

你可能会同意结论，但论证是无效的。我们无法从两个前提中得出这种结论，因为主要前提中没有把其他类别从"天真"中排除掉，如有些成年人仍然很天真纯洁。通过下面的韦恩图可以看出，从论点"所有的孩子（Cs）都很天真（Is）"中无法得出"所有天真的人（Is）都是孩子（Cs）"。

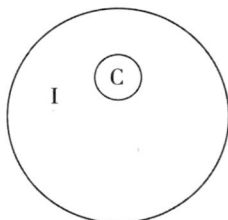

处理措辞——我是否想到了它们的意义可能比实际上更广泛，或者更狭窄？

30.4 非法转换

这也是非法转换的好例子。转换是句子的主语（在这里指"所有的孩子"）和补足语（"天真的"）相互变换的过程。在大多数情况下，这样得出的结论是正确的，但在此处行不通。我们可以假想只要能声称"所有的 A 都是 B"，我们也能推断出"所有的 B 都是 A"。

错误不在于前提本身，而是在于我们使用前提的方式。我们设想前提能允许我们做的事情事实上不一定能实现。

例子：酗酒与贫困

你可能会很正常地推测，如果一个男人喝酒过多变成了酒鬼，他可能会变得一无所有。他可能会丢失工作、家和家庭，最后发现自己露宿街头。但是从这里很容易辩论说如果一位男士很贫穷，他一定是个酒鬼。这当然不是一个有效的推论。

一些命题的主语和补足语可以互换，但前提是两者之间是完全排他的。如果我说没有任何女人是足球队的成员，我也能说足球队的任何成员都不是女的。

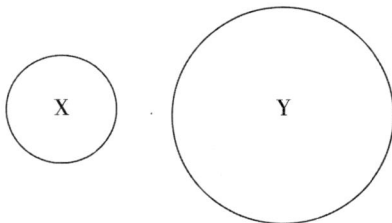

当存在部分交集时，情况也是如此。如果你说"一些爱国者是非战主义家"，你也可以说"一些非战主义家是爱国者"。

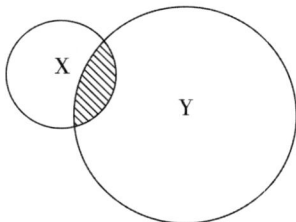

但如果其中一个完全包含在另一个之中时，我们无法转换主语和补足语。假设所有的统计学家都是数学家，我们不能说所有的数学家都是统计学家。这就是**非法转换**的例子。

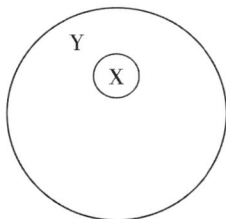

实际上，大多数形式的种族主义和种族歧视都是以这种错误开始的。

例子：种族主义

　　有些人可能看到或听说有人在街上被抢劫，每个案件看似都是由某个种族的成员犯下的。因此他们得出结论说所有的抢劫都是那个民族的成员所做的。然后无意识地，他们转换了推论，声称那个民族的所有人都是抢劫犯。从所有的 X 都是 Y 中，他们得出的结论是所有的 Y 都是 X。

因此，要记住两条原则：

（1）两者之间完全没有交集的可以互换主语和补足语，而两者之间完全包括的则不能互换。

（2）部分包含的也可以转换。

　　非法转换——我是否错误地转换了主语和补足语？

30.5　非法翻转

另一种误用假设的常见方法是非法翻转。每种命题都可以用积极和消极的方法解释。推论"没有一个打高尔夫球的人不具备竞争性的"，还可以说成"所有打高尔夫球的人都具有竞争性。"

最初的命题形式被称为"正面"，而改变它的过程称为"反面"。然而，在从正面向反面转换的过程中，很容易犯一个错误，因此，所得出的结论也往往是错误的。例如，从下面的命题中：

　　所有打高尔夫球的人都具有竞争性。

某个人可能会推论出：

　　所有不打高尔夫球的人都不具备竞争性。

很明显这是错误的；这就是非法翻转的例子，你能从韦恩图中看到。

不能说不属于 X 的内容同样也不属于 Y。

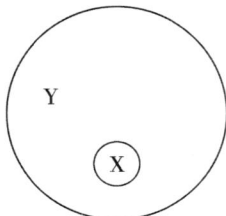

事实是不打高尔夫球的人并不一定没有竞争性。许多其他的运动、活动、职业也同样要求想要成功的人们具有竞争性。

> 非法翻转——我是否错误地认为不属于一种事情则意味着属于另一种事情？

30.6 肯定结果，否定先行词

最后，我们要看当把两种观点结合在一起来解释某事时，最容易犯的错误。

> **例子：爱因斯坦**
>
> 下面的论点是一位专业科学家为支持爱因斯坦的相对论而提出的，它看起来很合乎情理，但问题出在哪儿呢？
>
> 如果爱因斯坦的理论是正确的，则接近太阳的光线就会被反射回来。经过认真实验发现，接近太阳的光线确实被反射了回来。因此爱因斯坦的理论是正确的。

我们可以看到，其主要特征是"如果/那么"结构的条件或假设命题，这种类型主要被用于创建"如果……将会怎么样"的问题。

我们可能同意在体育运动（一种观点）中服用兴奋剂的运动员是没有资格参赛的（另一种观点）。因此，我们会辩论说：

> 如果一位运动员被查出服用了兴奋剂，那么他就没有资格参赛了。

这个假设命题有两部分："如果"条件从句，又称为先行词，"那么"从句，又称为结果。在这种情况下，如果我们使用假设命题作为论点的主要前提，我们可以争论：

（1）如果一位运动员被查出服用了兴奋剂，那么他没有资格参加比赛。

（2）Stephen 曾被查出服用了兴奋剂。

（3）因此，他没有资格参赛。

30.6.1 肯定先行词

但是，这种论证有两种正确形式。从这个例子中能够看出，首先是要"肯定先行词"，在这种情况下就是"如果一位运动员被查出服用了兴奋剂"，在第 2 个前提中我们肯定了"斯蒂芬被查出服用了兴奋剂"。因此，得出的结论"他不具备参赛资格"是正确的。

30.6.2 否认结果

第 2 种正确形式是否认结果。还是使用上面的例子，假设命题的结果是

"……那么他将没有资格参赛"。因此，如果在第 2 个前提中我们否认斯蒂芬不具备参赛资格，那我们的论证就是正确的，然后能得出结论说他没有被查出曾服用过兴奋剂。

30.6.3 两条简单的规则

我们可以遵守许多非常简单的规则。只有在你肯定先行词或否认结果时论证才能正确。记住下面简单的表格。

先行词	结果	
正确的	承认	拒绝
不正确的	拒绝	承认

你可以看到，我们必须要避免否认先行词、承认结果的谬论。

> 不正确的形式
> - 否认先行词
> - 肯定结果

30.6.4 否认先行词

如果否认了先行词，论证的形式就是无效的：

（1）如果一位运动员被查出服用了兴奋剂，那么他就没有资格参加比赛了。

（2）Stephen 没有被查出服用了兴奋剂。

（3）因此，他有资格参加比赛。

很明显，这是错误的。Stephen 没有被查出曾服用过兴奋剂，这并不意味着他就有资格参加比赛。他可能以其他方式作弊了。

30.6.5 肯定结果

另外一种谬论是肯定结果，这也能产生同样无效的结果：

（1）如果一位运动员被查出服用了兴奋剂，那么他就没有资格参加比赛了。

（2）Stephen 没有资格参加比赛。

（3）因此，他被查出服用了兴奋剂。

同样，Stephen 可能因其他原因没有资格参加比赛；服用兴奋剂只是其中一种。

30.6.6 必要的、充分的条件

我们容易犯这类错误的其中一个原因是在命题"如果 X，那么 Y"中，混淆了 X 是 Y 的充分条件与 X 是 Y 的唯一充分且必要条件：如果一件事是另一件事情发生的充分且必要条件，不需要寻找其他备选理由。如果我们错误地这样以为，实际上我们会把表示假设的"如果 X，那么 Y"与命题"有且只有 X，那么 Y"相混淆。

在 Stephen 的例子中，我们实际上会陈述，"有且只有在运动员被查出服用兴奋剂后，他就被取消了参赛资格。"这意味着没有其他的原因作为评判是否有参赛资格的标准。因此，如果他没有参赛资格，原因只能是服用了违禁药物。

假设命题——我是否否认了先行词或者肯定了结果？

例子：爱因斯坦

因此，我们前面提到的科学家的论点错误在哪里呢？现在你已经意识到科学家肯定了结果：

- 如果爱因斯坦的理论是正确的，接近太阳的光线会被反射。
- 经过认真的实验，证实了接近太阳的光线确实被反射了。
- 因此，爱因斯坦的理论是正确的。

但是，犹如 Stephen 没有参赛资格一样，这可能是由多种原因引起的，而不仅仅是爱因斯坦的相对论。当然，论证可能是正确的，但前提条件是只有当它是反射的充分且必要条件，即当它是唯一的原因时。然而，如果要使之正确，我们可以用另外的方式陈述，"有且只有爱因斯坦的理论正确时，接近太阳的光线才能被反射回来。"

关系

- 限定词

结论与前提的力度是否一致？

- 措辞分类

是否能从措辞的分配中得出结论？得出的推论是一般的还是部分的说明？

- 处理措辞

它们的意义是否比实际含义更宽泛或狭窄？我得出的结论是否比前提中允许的更多或是更少？

- 转换

通过互换本不能变化的句子的主语和补足语所得出的结论是否是正确的？

- 翻转

通过错误地把肯定形式变成否定形式得出的结论是否正确？

- 假设命题

我是否否认了先行词或肯定了结果？

总结

- 很容易假设没有限定词的推论是绝对（"所有的"）陈述。
- 如果主要前提有个表示部分的限定词，论证的措辞不必分类。
- 最常见的一个问题是处理措辞：我们假设它们比实际意义所指的更宽泛或更狭窄。
- 只有完全没有交集或者有部分交集的可以形成互换关系。
- 我们最常见的错误可能是承认结果以及否定假设命题中的先行词。

30.7　下面的内容

　　在上一章的开头，我们讲到智力的主要特征不是你知道什么，而是如何利用它：识别相互之间的联系并对其进行合并的能力。不论是逻辑思维还是批判思维都无法帮助我们做到这一点。它们不能生成新的观点，但它们能帮助我们决定哪些内容是需要保留的。在下一章中，我们要学习在归纳论点中，哪些论据需要保留，哪些问题应该避免。

第31章

使用论据1：进行描述

在本章中，你将学到：

- 如何通过正确地描述论据为论证打下坚实的基础。
- 如何避免夸大或低估论据，或者避免在非典型的例子、不充分或过重的论据基础上推论。
- 使用"典型的""常规的""一般的"等形容词引发的问题。
- 在使用统计信息时如何避免最常见的问题。

既然已经了解了在发展演绎论证时如何避免易犯的错误，现在可以把注意力转向归纳思维。这里我们主要关注从论据中得出合理的结论，否则可能使最有说服力、最前后连贯的论证无效。要避免这点，我们必须确保两条内容：对所使用的论据的描述要正确，从论据中得出正确的推论。

然而不幸的是，组织良好的论证经常会因论据的描述方式不对而被认为无效。除非我们很认真，否则很容易夸大或低估论点，或者在非典型的例子、不充分或过重的论据基础上进行推论。

31.1 非典型例子、不充分或加权的论据

最后一个问题可能也是最常见的。由于3个很常见的错误，这种问题经常发生：我们从单一或孤立的例子中，或者从选定的例子中，或者仅仅依靠未经核实的假设或认为某事应该怎样的偏见中进行推论。通过问自己3个简单的问题很容易避免这些错误：

3个问题

- 我的推论是否建立在足够多的观测例子之上？
- 这些例子能代表公平的样本吗？
  - （1）它们典型吗？
  - （2）是否存在特殊情况？
  - （3）是否有例外情况？
- 推论正确性的可能性有多大？是否有理由相信它的正确性？

即使我们已经满足了前两个问题的要求，也应该考虑这种推论正确性的可能性有多大。我们可能说"在没有支撑时，所有比空气重的物体都会落到地面

上"，但我们只能找到有限的论据来证明这个无限的、普遍的问题。每个被观测到的例子都支持这个论点，但我们永远不能说已经观测了所有的相关例子。一般陈述所涵盖的不仅仅是过去和现在的例子，还包括将来的例子。

因此，我们的论断必须建立在我们的自信上，我们要认为我们已经观察了充分多的例子以及这种规则正确的可能性是极高的。当然，在历史学、人类学、社会科学和一些自然科学中，无法通过实验证明推论的可靠性，我们更应该多加努力，确保有充足的自信心。毕竟彗星、超新星的出现，以及文明的衰退和没落相对来讲都是很稀有的事。

31.2　夸大或低估论据

至于在描述过程中夸大或低估论据，最常见的错误是论断超出了论据范围。

31.2.1　所有/一些

在有意或无意间，我们没有把语言与论据的力度匹配起来。我们可能说某事"总是"怎么样，但实际上可能只是"通常"这样。我们可能陈述，"坏天气总是从西方而来"，但实际上只是坏天气通常是从西方来的。"通常""几乎""很少""几乎不"等限定词被简单的绝对词"总是""一直""从不"和"一点也不"所代替，即使很少有充分的证据证明这点。

> - 把语言与论据的力度匹配起来。
> - 在使用简单的绝对词时要谨慎。

在避免通过使用简单的绝对词夸大论据之后，我们需要从一系列合乎规格的词和短语中选择自己所需的。

例子：描述证据

如果我们声称"坏天气通常是从西方来的"，我们需要问自己论据是否支持"有时是从西方来的"这样的论断。如果我们说"很少有人相信公众应该知道他们之间居住着有罪的恋童癖者"，论据是否支持这点，或者比例是否在50%以下？如果我们使用形容词"很可能"或"有可能"，平衡性是否是一半对一半呢？

"一些"陈述不再重要

在陈述中，我们偏好使用绝对词"所有的"原因很明显。在上一章中我们看到，因为绝对（"所有的"）陈述对措辞进行了分类，所以我们从前提中得出结论。同样重要的是，一旦我们使用了"一些"，除非确定其所占的比例，否则即使陈述没有完全变得毫无意义，也至少失去了大部分重要性。"所有的"陈述很容易被证明是错误的：我们要做的是找到一个相反的例子。但"一些"陈述则几乎无法证明其不正确性。

> **例子：重要性**
>
> 　　如果我们说"一些商人对他们的工人很残忍"，论证其正确性的意义很小。我们只要找到两个对待其工人很残忍的商人就可以证明论点的正确性。但是，除非我们有十足的把握，它无法表达其所占的比例。

31.2.2 "典型的""常规的""一般的"

　　如题所示，避免这些问题的方法是呈现论断建立的论据基础，尽可能精确地认真描述。媒体为了增强其陈述的正确性，通常使用"典型的""常规的""一般的"等形容词。但是，在亲自使用这些之前，确保"典型的房主""常规家庭"或者"一般工人"所指的含义。

> **例子：记者**
>
> 　　记者喜欢在一个想象的个体中总结整个国家的文化传统。他们讨论"英国工人""美国纳税人"和"澳大利亚农民"，就好像他们代表了简单的同一群体，而他们的价值观、愿望、兴趣和需求可以被我们所有人立即了解。

　　他们的典型性如何，又有多少特殊情况不符合这种传统呢？我们可能知道某人是英国人，他或她是位工人，但我们所知道的也仅此而已。因此要利用这点来识别某一特定的论据样本，我们必须认真地描述它。

　　一般的

　　即使更精确的词"一般的"也能带来同样的困惑。我们必须清楚自己头脑中想的是什么：平均数、中位数或者众数？大多数情况下是平均数或众数平均数。由于平均数未向我们提供结果的分布方式，因此可能会误导你。它们可能集中在中间部分，或者从最低分到最高分呈均匀分布状态，或者在顶端的一些不具典型性的拉高了平均数，或在底端的一些降低了平均数。如果使用这种方法计算工业国家居民的平均收入，可能会得出错误的印象，因为财富的分配是不均匀的。

> 平均数：缺少有关分布的信息。

　　对于这点，众数平均数更有用。当分布范围很可观时，它能更好地代表组群，因为它代表了最常出现的例子，表明了整个系列中最大的子群。因为这个原因，它通常被看做是系列的"典型"代表。在我们的日常用语中，平均数通常是众数：你最可能去做的事情；"众数"或"模范人物"，与平均数不同，它不会被两端的极端值影响。

31.2.3 统计信息

　　避免这类问题的一种方法是使用精确的统计信息。但是我们都知道统计信息很容易使人误解。就如苏格兰诗人 Andrew Lang 所说，有时使用它们犹如一位醉汉使用路灯柱一样，是为了支撑自己，而不是为了照明。3 种常见错误都可能是导致这种现象的原因：隐藏的条件，用于比较的不同数据之间缺乏一致性，绝对和比较数据之间的混乱。

> 统计信息——3种常见的错误
> - 隐藏的条件。
> - 不同系列间缺乏一致性。
> - 绝对数据与比较数据。

1.隐藏的条件

大概能使论点更具吸引力的最常见错误就是不能揭示隐藏的条件。

> **例子：早餐谷类食物**
>
> 　　在近期的广告活动中，一个受欢迎的早餐谷类食物的制造者声称："研究表明，如果食用我们生产的谷类食物，孩子的精力能提高9%。"要评价这种声明的可靠性，我们至少需要知道两件事情：调查中涉及的孩子数量，以及暗含的假设。我们尤其需要知道这是否意味着孩子们吃任何种类的早餐都不会在上课时趴在课桌上睡觉。吃过早餐后，他们能保持精力，上课更集中，表现也更好。

2.缺乏一致性

我们还需要知道"有精力"的意义，以及如何进行测量。在长期做研究的过程中，我们的注意力主要集中在需要做的小事上。

很容易想当然地承认我们对测量的这些内容拥有同样的假设。我们可能假设在使用"压力"和"沮丧"等词时所指的意义是一样的，或者我们对某个问题的设想与其他人的是一致的。

> **例子：压力和乳腺癌**
>
> 　　最近《英国医学杂志》（*British Medical Journal*）报道说，根据一项延续18年，针对6 500名妇女所做的调查显示，与压力小的女士相比，压力大的女士患乳腺癌的几率要低40%。但2003年发表的一项持续24年的研究表明，压力大的女士患乳腺癌的几率要高两倍。

比较两种研究，似乎它们描述的压力不一致。对于不同的人来说压力的具体形式也不一样。要区分压力与其他因素也很困难，生活方式、饮食和家庭疾病史等因素对疾病也能产生很重要的影响。在第一个研究中，善于报告压力水平的人也善于注意到那些能引起癌症的其他事情，因此，他们能对其进行预防以减少患病的几率。在评价这两种调查结果时，我们必须在同样的基础上对它们进行比较。

3.绝对和比较数据

我们的第3个问题是最明显，也是最容易避免的。但令人吃惊的是，我们经常能从报道中看到直接给出简单的总数以显示长期趋势的现象。

例子：犯罪数据

官方数据显示犯罪年增长率惊人，但是除非我们知道在过去几年里犯罪的增长情况，以及该国人口增长情况，否则无法知道增长的数量。更可靠的指示器是平均每 100 000 人中有一位犯罪者。

这些反映比率的数据能更真实地体现趋势，尽管这些数据可被那些需要统计信息来做支持而不是用于阐明观点的提倡者操纵以达到他们的目的。

论据——描述和推论

- 推论是否建立在充分的论据之上？
- 它们属于适当的例子吗？
- 是否有合理的理由证明其正确性？
- 我是否使用了简单的绝对词，如"所有的"，而如果使用其他限定词，如"一些"可能会更准确？
- 我的论据是否正确？
- 是否了解"典型的""常规的""一般的"的含义？
- 我是否选择使用了正确的表示平均的词：平均数、中位数、众数？
- 我是否核实了所使用的统计信息？
（1）没有隐藏的条件？
（2）所做的比较是否一致？
（3）我是否混淆了绝对数据和比较数据？

总结

- 要正确地使用论据，我们必须正确地描述，从而得出正确的结论。我们必须避免两个关键问题：夸大或低估论据；在非典型的例子、不充分或加权论据的基础之上进行的推论。
- 这意味着把语言和论据的力度相匹配，在使用简单的绝对词时要谨慎。
- 在使用"典型的""常规的""一般的"等形容词时要谨慎。
- 在使用统计信息时要避免 3 个常见的错误。

31.3 下面的内容

正确描述论据为我们打下了良好的基础。现在我们要学习从论据中得出正确的推论。

第32章

使用论据2：进行推论

在本章中，你将学到：

- 如何安全地使用类比以从论据中得出可靠的推论。
- 利用三点一览表评价类比。
- 如何避免论证中的主观主义和价值判定引起的问题。
- 如何避免得出不相关的推论。
- 如何评价用以支持论证的权威。

既然我们已经正确地描述了论据，就可以开始从中进行推论。我们可以从中得出许多不同的结论。有些是有价值的，有些不是。问题是：我们如何决定哪些是有价值的？

32.1　使用类比法

最自然的事情是寻找一个相近的类比。我们假设两种东西在某些方面很相似，它们在更多的方面也会类似，我们可以从中得出结论。因此，理解论据含义的关键是理解相似的、熟悉的内容。实际上，我们在开始学习使用抽象概念推理之前，就已经学会了用类比法进行推理。

例子：寓言

很早之前，我们就被寓言表达道德信息的能力所震撼。它们的有效性取决于我们找出不同故事或情景之间相似性的能力。

通过这种方式，使用我们已经掌握的可以利用的内容，类比法为我们提供了扩展知识的方法。它们还具备明显的说服力，帮助我们阐明、简化复杂的观点，并使之更生动。

然而，并不是所有的类比都是可靠的：并不是所有在某些方面相似的事情在其他方面也具有相似性。类比只是一个引子。尽管能通过类比得出结论，但它们本身并不能创建结论。我们仍需按照论据对其进行再次测试以找到其因果关系。因此，原则是当两者之间只是因果关系而没有很相似的地方时，我们只能从其共同点中得出结论。

类比只能为结论提供建议，而不能建立结论。

因此，当你使用类比法进行推论时，要注意核实下面的3个关键因素：类比和解释之间关系的本质；涉及的相似点的数量；类比及其得出的结论之间关系的可靠性。

> 类比法——核实
> ● 关系：
> （1）因果关系。
> （2）什么时候关系中断？
> ● 数量：
> （1）使用的样本数量。
> （2）相似特征的数目和种类。
> ● 与结论的关系：
> （1）是否有适当的力度？
> （1）区别和相似性的重要性如何？

32.1.1 关系

要核实的第1件事是类比是否建立了因果关系，而不仅仅是一种呈现观点的方法。从第10章中可以看出，如果说我丢了一支笔引起了一场汽车碰撞事故，这不会令人信服，因为两者之间没有任何相似性：没有任何法规，或生活中没有类似经验说钢笔的掉落会导致汽车碰撞事故。要想进行成功的类比，需要有可信的因果关系。如果我说掉落的钢笔的光线分散了司机的注意力，这还有些可信度，因为我们知道生活中有人因分散注意力而发生了事故。

第2个需要询问的事情是：类比何时中断？在某些时点它们都有此倾向。

> **例子：光线**
> Isaac Newton 爵士利用台球的类比法解释分子和粒子的光行为。尽管很有用，但发展到一定程度后，光的表现形式是类比无法解释的。与其他电磁反射一样，在传播过程中，它像波浪一样运动，在与其他物体发生作用时，它又像粒子一样。

32.1.2 数量

我们能找到用于支持类比的样本数量越多，我们的信心就越足。类比和实际情况之间共同特性的数量和种类也是这个道理。当我们忽略掉不同点而关注相似性时，问题也随之而来——错误类比的谬误。

> **例子：经济**
> 在20世纪80年代，一些政府努力劝说人们政府支出的减少是不可避免的，它们当时使用了一种似乎有用的类比方法，告诉我们"经济就像家庭预算"，我们是在透支并且负债。尽管它们之间存在相似性，但两者之间的区别还是很

大的。首先，家庭预算中的支出往往不能带来更多的收入和工作机会，而在国家经济中，这类投资不仅能提高生产力，还能产生其他多种效果，提升经济活力，提高直接税收和间接税收的水平，通过为更多人提供就业机会来减少福利开支。

32.1.3　与结论的关系

最后，我们必须确保从类比中得出的结论要有正确的力度，考虑类比和实际形式之间所有的相似性和区别。我们必须决定这些区别和相似点的重要性，我们是否忽略了其他条件，而这些条件可能都是保证类比正确的必备条件。

例子：其他星球上的生命

你可能会说太阳系的其他行星上也应该有生命——毕竟它们与地球在很多方面都很相似：它们围着太阳转，它们有光源；一切都受制于万有引力；有些能够自转，像地球一样能区分白天和黑夜；一些也有月亮。有了这些相似点，通过类比，我们可以合理地假设说在这些星球上人也能居住。但这些并不是我们在考虑是否能居住时所要考虑的最相关的条件。在其他因素中，我们需要考虑是否有充足的水以及所谓的"可居住区"：轨道离太阳不太远，这样就不会太冷，水也能保持冰冻状态；离太阳也不要太近，否则水容易沸腾。总之，距离要适宜。当然，我们还需要有可呼吸的环境。

32.2　客观性和主观性

用这种方法检测类比的可靠性，我们能更好地控制自己和其他人得出的推论。但在以同样的方法、同样的标准进行鉴别时，我们仍然无法证明推论中的有些判断是有根据的。

价值判断是不可避免的。并不是所有的事情都是客观的，因此需要衡量论据，考虑价值判断的力度。尽管一些结论是通过大量的论据来支持的，但论据也是以不同的方式进行解释的。这主要取决于解释者是谁，取决于他们的背景、品味、经验、价值观等。我们只能看到头脑中愿意给我们看的内容。

> 价值判断是不可避免的——需要衡量论据，考虑价值判断的力度。

32.2.1　误解

我们无法从论文中排除掉价值判断，但可以避免使用它们，以防削弱论证。因此，应该如何做到这点呢？首先，让我们理清一些常见的误解，就像下面的这些：

（1）"如果陈述是所有事实的一个平衡观点，那它就是客观的。"

这都取决于你如何理解"平衡"的概念：这是一种观念的问题。一个人认为很平衡的解释在别人看来可能还存在偏见，还有相互矛盾的潜在风险。一旦我们掌握了"所有事实"，形式可能会显得严重不平衡，论据也更倾向于一种论点。

（2）"某事是正确的，因此如果人人都同意，也就不再是一种价值判断了。"

尽管人人都同意，但它仍可能是错误的。陪审团会一致宣告某位清白的被告有罪。

（3）"如果它仅是某个人的观点，那它则是主观的。"

这是对第2点的延伸：某位个人可能是正确的，但其他人可能是错误的。1633年，伽利略被迫放弃他关于地球围绕太阳转的观点，因为公众的意见与他的不一致，但实际上他仍然是正确的。

32.2.2 使用价值判断

因此，如何使用价值判断以保证不削弱论证的力度？

1. 能证实的价值判断

首先，有些价值判断最终通过客观标准的推论得到了证实。如果我们都站在窗前向外望，我判断对面的树离我们有30码远，而你则认为有50多码的距离，最终可以通过使用标准测量卷尺来解决我们判断之间的区别。换句话说，有个我们都能接受的客观标准，我们可以加以利用。

2. 没有客观标准

然而，对于一些没有客观标准的其他价值判断则没有很简单的解决方法。我们无法判断Jane为了保护她男朋友的自尊心而撒谎是否是正确的，也无从知道Verdi的《安眠曲》（*Requiem*）是否是音乐名篇。

例子：音乐

要解决第2个问题，我们需要坚持3种价值判断。首先，我们需要拟定一个能被大众接受的定义以及一个广泛的标准。然后，决定《安眠曲》是否具备标准里提到的特征。最后，是否具备标准里提到的大多数特征。

---

3. 解决方法：要开放！

这点听起来复杂，但里面隐含着解决问题的方法。当你要为没有客观标准的内容进行价值判断时，要弄清楚自己的基础是什么。与我们上面使用的标准测量不同，用来判断《安眠曲》是否是音乐巨著时所用的标准是不明显的。因此要思路清晰，让读者能看到你的标准是经过认真思考后的结论，具有合理性。在自己和其他人的论文中检查哪些资料需要被保留下来以支持结论。揭示出你认为相关的论据。这本身就包含了价值判断，因此在判断时要做到开放。

- 弄清楚判断的基础。
- 展示合理的、经过深思熟虑的标准。

32.3 不相关的推论

然而，随着研究的深入，你可能更加承认某种观点，这种想保护观点的急切之情往往会取代开放性。结果是，各种不相关的推论和论证都来支持你的观点。这种谬误的专门名称为忽略问题：我们看起来是通过证明另一个不相关的问题来支持论点。我们把注意力转向了那些我们感觉更有信心的不同问题上，而不再继续坚持观点。在本页的表格上，你能看到需要注意的4种形式。

不相关的推论

人　　　　　　（ad hominem——对于个人）

流行　　　　　（ad populum——对于大众）

权威　　　　　（ad verecundiam——对于敬畏或恭敬）

折中

32.3.1　人

通常这会采用偏见和感情用事的形式。在 ad hominem（对于个人）的论证中，由于怀疑提出该论点的人而回避论证。根据某人的动机、性格或私生活而提出的有破坏性的论据，把注意力从论证转到了可能引起偏见的主题上。

例子：有关艺术、音乐和文学的论文

这类论文的关注点通常是艺术家，而不是他的作品。一个作家可能会很残忍、无情，一个玩弄女人的男人会欺骗他的妻子，不管孩子，这些事实与对其作品质量的判断没有任何关系。

32.3.2　流行

ad populum（对于大众）论证也很相似，它是通过迎合大众的情感观点来处理不困难的论证。它通过迎合大众情感以回避或支持某论点，假设不管怎样大众的想法都是正确的。提问法是最常用的方法："你是否同意选举 X 先生任职？"问题的设计是为了引起我们相似的态度和意见。

他们也能得到想要的答案。如果他们成功了，会迫使我们同意，因为如果不同意，我们会陷入与大多数人相悖的境地。因此，如果你碰到以"确信地""明白地""清楚地"等词开头的句子时，问自己它们确实是在展开论证，还是仅仅在吸引读者的大众心理。

32.3.3　权威

ad verecundiam（对于敬畏或尊敬）论证也是转移注意力的一种方式，但它不是迎合大众的观点，而是面向声望高或权威的名字或人物，一位受尊重的权威人士，甚至是一种传统的礼节。

当然，向合法的权威提出呼吁没有任何错误。但如果我们呼吁的所谓的权威不是真正的权威，或者是与论点领域不相关的权威，那么问题也就随之而来。我们要注意可以有偿从别人那里获得建议，而且我们需要提醒自己在一种领域内具备的能力不一定能够转移在其他领域。对于所谓的权威，养成问自己如下简单问题的习惯：

评价权威

- 他是否知道自己讨论的内容？
- 他的观点是否建立在认真的研究或广泛的经验之上？
- 他的职位是否能为自己提供更高的权威性？
- 他的观察力和判断力是否比我们都强？
- 他的动机是什么？他是否能促进自己的利益？

即使我们引用的是相关的权威专家的资料，也要问自己他们是谁，他们在该领域是否有充分的经验和很高的声望。

32.3.4　折中

最后，注意可以作为两种非理想的极端之间的折中方案的论证，以使拒绝接受的人也能认识到其合理性。它能产生很强的压力从而使读者同意。几乎所有的论点都能作为两种观点间的折中方案，因此单凭这一点不能称得上是接受它的好理由。真理可能存在于每个极端，也可能存在于折中方案中。使用这个工具，可以把注意力从论证的力度上转移到最合理的折中方案上。

得出推论

- 我是否根据3个关键点判断类比是否能站得住脚？
- 我是否通过清晰的标准评价价值判断？
- 我是否弄清楚了它们的基础？
- 我是否通过使用不相关的推论避免了辩论自己的问题？

总结

- 从论据中得出推论的最常见方式是使用类比，但要确保其安全性和可靠性。
- 它们只能建议，而不能建立结论。
- 价值判断不可避免。
- 对于这些无法证实的内容，使用的标准一定要有开放性。
- 避免使用不相关的推论来支持自己的论证。

32.4　下面的内容

在本章前一部分的内容中，我们知道要证明一个类比的可靠性，必须找到因果关系。在下面的章节里，我们要学习如何找出因果关系，如何避免最常见的问题。

第33章

使用论据3：建立因果关系

在本章中，你将学到：

- 如何避免过于简化，或者在论证中得出无效的因果关系。
- 4种最常见的简化模式，以及如何避免它们。
- 5种从论据中得出无效因果关系的常见方法。
- 为了避免这些问题，我们经常要问自己的问题。

不管论文的主题是什么，在从论据出发做出推论时，我们必须确保所找出的因果关系是合理的——它们既不是过于简化的，也不是无效的。

33.1 过于简化

33.1.1 固有成见

可能过于简化最常见的方式是使用固有的成见。当然，在某些情况下固定印象是合理的，尤其是当我们从事广告活动或利用政策资源有效地打击某种犯罪类型时。不合理的固定印象通常都是种族性的、社会性的。如果我们把涉及的因素限制在某个特殊组织的成员上，我们曾对此组织进行过肤浅的假设以帮助更好地理解其多样性，那么要找到两种事物之间的因果关系就更简单了。但是这种因果关系经常是不可靠的。

33.1.2 稻草人谬误

同样为人所熟知的是稻草人谬误，这通常发生在我们过于简化一种因果解释时，不管是蓄意地还是无意地，这样我们就可以因认为它是错误的而摒弃它。

要避免这点，问自己是否在没有分析、判断任何先入之见的情况下就接受了它。你可能发现为其进行的辩解已经扭曲了自己的选择和对论据的解释。

例子：奇迹

有人可能声称："如果说奇迹从未发生过，那是很荒唐的，毕竟我们生活在一个充满奇迹的年代：产生了电视、电脑、太空旅游，以及可以治愈50年前被认为是绝症的医疗保健。"提出此观点的人重新解释说奇迹从未发生意味着从未发生过特别的发明。当然，要证明这个论点是错误的并不难。

33.1.3 片面辩护

片面辩护谬误也很相似。当我们十分相信自己的论点，极想用论据来支持自己的论点而忽略了所有与它相悖的观点时，也很容易陷入这种谬误中。另外，我们发现自己在一篇文章中使用这个论点，因为怕引出相反的结论而拒绝在另一篇文章中使用。这时，也容易犯这种谬误。

> 片面辩护
> - 只呈现支持观点的论据，忽略与其相悖的论据。
> - 在一篇文章中使用一个论点，因为怕得出相反的结论而拒绝在另一篇中使用。

在实践中，注意这点，尤其是在论证中使用归纳时。这有两种形式：

（1）从具体的、有限制的情况向不要限制的一般结论发展。用这种方法，能避免考虑某个特殊情况的所有特性。

（2）相反：从没有限制的论断向具体的论断发展。在这种方式下，谬误在于当事实完全不同时，它争辩说情况是相对不同的。

> **例子：滴入式经济**
>
> 在 20 世纪 80 年代，滴入式经济学的支持者——政府官员、CEO 和工业领袖们——在把自己的工资提高了数倍后，批评工人们要求加薪的愿望，理由是他们的工资已超过了通货膨胀率。他们寻找理由来证明这是特殊情况，但实际上，并没有相关的区别。他们争辩说尽管工人可以要求同样的，甚至更高的工资，但他们花费的增长工资可以带动经济并产生工作机会。

> 片面辩护：归纳
> - 有资格的→无资格的。
> - 无资格的→有资格的。

当你在自己和其他人的论文中遇到了不同形式的片面辩护时，从下面三件事中挑选一件去做。首先，比较同一个人在不同时期说过的话。其次，评价提出观点的人的资质——观点是否来自于利害关系人？再次，对于忽略相关要点，通过使用含义丰富的概括性语言来掩饰忽略的论证来说，养成向提出观点的人提问的习惯，要他们详细说明自己的意思——问他们谁、什么、为什么以及怎么样的问题。

> **例子：早餐谷类食品**
>
> 在我们前面提到的为早餐谷类食品所做的广告中，我们需要知道：
> - 谁做的研究？
> - 涉及什么数字？
> - 为什么其他早餐没有同样的效果？
> - 孩子的精力是怎么样被测量的？

补救措施
- 比较同一个人在不同时期说过的话。
- 资质——它是否来自于利害相关方？
- 忽略相关要点——详细说明！谁？什么？为什么？怎么样？

33.1.4　两难推理的谬误

在"全有或全无"的谬误或者叫两难推理的谬误中，我们假设自己处理的问题可以用非此即彼的方法解决。它们只是两种选择，当然实际上也可能是多个选择。政治、宗教和道德的争论经常让我们认为只存在黑白两种选择，尽管大多数决定并不属于这类。因此，如果你发现自己的问题也属于这种情况，问自己是否存在更多的选择。

过于简化的因果关系
- 固定印象
- 稻草人谬误
- 片面辩护
- 两难推理的谬误

33.2　无效的因果关系

根据论据创建无效的因果关系，例如过于简化，会严重削弱论证。它会破坏论文或命题中心的因果解释。

33.2.1　因果颠倒谬误

可能最诱惑人的是因果颠倒谬误（实际上，post hoc ergo propter hoc 谬误——"在这以后，所以由于它"）。其错误在于认为一件事发生在另一件事之后，它也必定是由其引发的。如果我们经常看到两件事一起发生，一件事紧随着另一件，我们倾向于把它们理解为因果关系。实际上，这种错误很普遍，如类推，它已成为许多迷信长期存在的根源。无怪乎有人注意到常在梯子下行走会有倒霉事发生，因此迷信就认为前者是后者的原因。

因此，要问自己：
它是巧合还是有原因？

33.2.2　原因/相关性

当我们把原因和相关性混淆时，相似的错误就会发生。

例子：犯罪

在我们试着解释西方社会暴力事件增多的原因时，我们会发现80%被判刑的人都经常看电视上的暴力节目。这样的相关性很有说服力，但仅仅是因为这些吗？它只是具有相关性还是也是一个原因？我们可能发现80%被判刑的人也咀嚼口香糖，但我们不会认为这也是一个原因。

因此，在辨别规律性之前，我们必须找出两者之间的一些相似之处，其能让我们定论一件事是另一件事的原因。我们知道暴力和咀嚼口香糖之间没有任何因果关系，因此我们可能没有找到两者之间的关联，但我们清楚在暴力节目和暴力行为之间存在一种因果关系。

> 因此要问自己：
> 它们之间是否存在类似的地方，其能指示出一种因果关系？

33.2.3　多重原因

如题所示，情况往往比我们想象的要复杂。要注意，对于大多数事情来说，相关的原因往往不止一个：第二次世界大战爆发的原因；许多学生存在学习技能的原因；与 10 年前相比，家燕为什么早返回 3 个星期。要证实只有一种原因，必须只有这种原因才能产生效果，实际上，这是很少见的。

> **例子：医生的诊断**
> 针对某位心脏病发作的病人，医生会问一连串的问题以找到原因。他们会认真找到长期病因的证据（饮食、生活方式和基因史）、中期病因（饮食和胆固醇的控制）和短期病因（近期压力过大、过度劳累、睡眠不好）。

假设只有一种原因往往会过度简化解释，这经常会导致事后归因谬误。

> 因此要问自己：
> 它是否比我想象的更复杂？

33.2.4　潜在的原因

然而，在某些情况下，看起来有许多因素在起作用，可能有潜在的原因解释所有的这些，或者它们根本没有因果关系。

> **例子：健康和私人医疗保健**
> 看一个许多因素起作用的例子。研究可能揭示接受私人医疗保健的人比不接受的人更为健康，这可能意味着私人医疗保健能够带来更健康的身体，两者之间可能存在因果关系。但是，很有可能这些变量也和第三个变量相联系：在本案例中，能够支付得起私人医疗保健者的社会和经济地位。相对于其他两者，这可能是个潜在的原因，因为那些更富裕的人可以从更健康的生活方式中受益，包括的不仅仅是更好的医疗保健，还有更健康的饮食、成为健身俱乐部会员、更好的工作环境等。

> 因此要问自己：
> 有没有潜在的原因能解释这些结果？

33.2.5　错误归因谬误

另外，两种或更多的因素可能根本不存在因果关系：错误归因谬误（non-sequitur，不遵守）。严格说来，当我们从前提中得出的结论不符合逻辑时往往会犯这种错误。更不严格的是，它把结论建立在不充分、不正确或不相关的理由上。

例子：压力和乳腺癌

研究表明压力大的女士患乳腺癌的几率比压力小的要低40%。这可能是指压力和乳腺癌之间不是因果关系。可能是善于报告压力的女士也擅长监控自己的健康，同时做出迅速的反应以应对其他未指明的因素所造成的风险。

因此要问自己：
如果假设这些因素之间是因果关系，那论据是否充分？

无效的因果关系
- 因果颠倒谬误。
- 原因/相关性。
- 多重原因。
- 潜在的原因。
- 错误归因谬误。

总结
- 过于简化因果关系会削弱我们的论证。
- 最常见的方式是使用固定印象、片面辩护、稻草人谬误和两难推理谬误。
- 得出无效的因果关系会破坏论文中心的解释。
- 通过问自己一些常规的问题，我们能避免最常见的5种形式的错误。

33.3　下面的内容

我们描述论据得出推论的方式能决定我们得出的结论，以及它们是否能经得起推敲。现在我们把注意力转向在使用语言发展论点时要避免的最常见的问题。

第34章

使用语言1：行话

在本章中，你将学到：

- 作为职业技能的良好写作能力的重要性。
- 如何清晰、简单地表达并形成复杂的观点。
- 行话和抽象在我们写作中的影响。
- 如何减少我们对于行话的依赖。
- 如何使用抽象概念而不会造成读者的困惑。

以词和句子的形式给出我们的观点是清晰思维必不可少的因素。它能使我们的观点具体化，并为它们提供其原本可能不具备的清晰度和一致性。像我们之前所说的那样，问题是语言的灵活性，词承载着许多的意思，甚至是不同意思的集合体，它与清晰思维所需的逻辑一致性是相冲突的。清晰思维需要尖利的、清楚的、一致的意思。在这三章中，我们将学习解决这种冲突，满足思维中清晰度和一致性的需求。

重要的职业技能

其重要性基于一个事实：没有什么能够比写作更能清晰地揭示我们思维的质量。它是巨幅广告，你可以借此向所有人展示你是个优秀的思想者。如果你的写作毫无缺陷、清晰并且你的用词精当，那么作为一个杰出的思想者你会脱颖而出。因此，如果你想要给未来的雇主留下深刻印象，让他们相信你是所有公司都会想雇用的有价值的员工，那么就要提高你的写作能力。你的论文为你提供了极好的机会来体现你已经具有了这些技能。

雇主们知道好的写作者会成为更好的员工。这种写作者对自己所写的东西经过认真思考并且犯错更少，而不这样做的人往往会给职业水准和公司声誉带来损失。成功的雇主非常希望录用注重细节的员工，而没有什么比写作更能体现出你对于细节的重视。如果你在写作中犯了错误或者很少花时间精心选择你的措辞，那么雇主就可能会认为你在工作的其他方面也是粗心的。

> - 如果你想要给未来的雇主留下深刻印象，让他们相信你是所有公司都会想雇用的有价值的员工，那么就要提高你的写作能力。
> - 好的写作者会成为更好的员工。
> - 写作能体现出你对于细节的重视。

34.1 逃避为思考付出努力

不幸的是，我们都渴望找出方法，逃避为思考付出努力。正如 Aldous Huxley 曾经说过的，似乎"人的一生大部分时间……都在不断努力避免自己进行思考"。避免为思考付出精力的两种最常见的形式包括使用我们日常生活中不经思索惯常使用的词汇和短语，或是当我们太过疲惫不愿意开发或者自我思考时，使用我们研究科目中的行话进行讨论和传达思想。

逃避思考

1.使用日常词汇和短语。

2.使用行话。

34.2 日常词汇与短语

问题在于这样做非常容易养成不良习惯。我们往往会成为常规的思考者，总是准备模仿我们所听到的东西，而不是进行独立思考。电视中的一两个评论员使用某个词，那么一时之间，所以有人谈论时都在使用"number"而不是"figure"，并且看起来所有事情都是"iconic（符号性的）"。

提醒自己要用自己的思想进行思考，而不仅是采用你用过的或者听别人使用过的熟悉短语。这样做的一个最简单的方式就是，每次你要表达自己思想时问自己，"这是我想要说的确切内容吗？我能用更准确的方式表达吗？"列出一张你最常使用的词汇、短语清单，这样也会有助于提醒你留意从你身体里自动跳出来的词汇和短语。这里有一些例子来帮助你开始：

● 猜测——猜测是"未经过实际衡量或计算"的随机臆测（引自《牛津英语词典》）。如果你经过深思熟虑想要传达一个更为准确的判断，那么使用"假设"或者"推测"。

● 像——这就是承认你的描述是不准确的：事实上你所说的并不是你所描述的事物，只是像它。

● 有几分——如果某件事只是"有几分"或者"有点儿"，那么你并没有告诉读者它确切的样子。使用的词汇应该能够准确表达你想说内容；给读者准确的描述。

● 不合适的——这是另一个被过多使用的词汇，缺少你表达思想所需的清晰度。从什么方面看它是"不合适的"：是不道德、缺乏效率、粗鲁、不够敏感还是其他？

● 很多——这也是模糊不清的，主观的。对于不同的人群，它的意思各不相同，因此用自己的思想思考和准确表达到底多少。

34.3 行话

观点的清晰度主要取决于我们利用观点的方式。在与其他人交流时，我们的观点思路更清晰。不幸的是，多数大学生在表达观点时倾向于用模糊的语言，而不是追求清晰度。作为学生，我们所读的文章通常都是浮夸的、多音节的、写得很糟糕的，呈现在我们面前的只是令人费解的句子和容易误导的行话。当你下次坐在图书馆里，拿着一本已经读过3遍却仍然无法理解其意思的期刊论文时，试着唤起自己的信心，问自己这是否不是你自己理解力的问题，而是作者本身的问题。

> 多数大学生在表达观点时倾向于用模糊的语言，而不是追求清晰度。

学术模糊的一个原因是人们假设写作风格简单是头脑简单的标志，然而实际上却是深度思维和辛苦工作的结果。大多数学术作品缺少清晰度是因为它们主要使用许多被动词、长的普通名词和不必要的行话，与人们的日常现实和日常用语的具体细节是绝缘的。就像 Peter Medawar 爵士所说的，如果文章很难理解，那是因为大家都决定远离这种粗俗的感性，然后我们会很难发现作者想让我们理解的内容："我们必须弄清楚……就像我们弄清楚不完全理解的语言中的一段话。"

> - 简单的风格是深度思维的结果。
> - 与日常生活绝缘的文章理解起来会非常困难。
> - 没有哪个科目复杂到难以用简单的语言进行表述。

相反，我们应该学习质朴的行文，清楚地表达自己的意思，并植根于现实的日常生活中。不管科目多么复杂，它都能够简单地被表达出来：没有哪个科目不能用清晰的语言表达出来。如果你对此有疑问，可以读爱因斯坦相对论中的任何一个段落：《具体和一般理论》（*The Special and General Theory*），伯特兰·罗素的《哲学问题》（*The Problems of Philosophy*），或者 G.M.Trevelyan 的《19世纪及其之后的英国历史》（*British History in the Nineteenth Century and After*）。这三本书讲述的是最深奥、最困难的科目，然而，却用简单、优雅的语言使人们更易于理解最复杂的观点。

> 清晰、含蓄的散文
> - 短词
> - 主动词
> - 日常用语的具体细节

34.3.1 行话和学习我们学科的语言

写作是揭示思想漏洞的最好方法。它是揭示我们不知道、不理解的内容最有效的方法。但是同样，隐藏我们不知道、不理解内容的最常见、有效的方法包括利用行话和抽象。

对于学生来说，这使我们陷入两难境地。学习任何科目的主要任务是学习其语言，但我们还要学习如何清晰、准确地表达观点。因此，我们应该如何在使用合理的概念和行话之间进行区分呢？

概念，回答这个问题的一个很简单的方法是清晰、准确地分析概念的每个部分，用日常用语表达。

行话，是专业人士的语言，他们认为他们的观点不能够用其他的方式表达。完全使用行话会显示出其使用者很内行，但实际上是完全没有意义的。

1.行话能使观点免除批评和评价

行话有时看起来像是有意为之的困惑，假装有深度，有意义。

> **例子：英语**
> 　　在描述自己在一所顶级的英国大学学习英语时，Helena Echlin 使用了长长的句子，观众席上一片敬畏、沉思般的宁静，这听起来像是英语，却表达不了任何意义：
> 　　在加入不可进入的团体前，需要解决唯我论的问题。
> 　　如果她说，"应该如何解决一个问题，或加入一个组织？"实际上，你如何参加已经不存在的组织？使用加了后缀的词没有别的用意，只是为了使句子看起来更模糊、神秘："迟钝的"变成"不活泼的"，"关系"变成"关联性"，"技术"用"方法"取代。
> 　　现在我们讨论内在化生产的技术。

这种困惑能使讲述的内容免于评价和批判。正如 Echlin 所说，"如果没有可改写的意义，也就没有异议，因为没有可供攻击的端口。"

但是作为作者，我们有义务让读者对我们说的话感到舒服，不要使用让他们感觉很深刻或完全不能理解的词语。我们不是独家俱乐部的看门人，在那里只说一种机密的语言。在其著作《写作为了学习》（*Writing to Learn*）中，William Zinsser 引用了一位"著名的社会学家"的例子，他的著作是以下面的风格完成的：

> 　　建构现象的第3个主要成分涉及建模的符号象征的使用，通过想象和语言内容的形式来引导公开的表现。它假设代表方案的恢复为自我教导提供了基础，即为了产生新的行为模式，各成分的回应是如何必须被组合和排列的。

2.清理语言

这当然可能会是两位社会学家交谈时的托词，但我们仍有义务清理语言，使之更简单、优雅、易于理解。其中一种方法是把自己想说的精简为经过深思熟虑、逻辑思路清晰的句子。用这种方法，你可以发现自己的知识和推理中的漏洞。如果哪处你不明白，除非是一系列行话，否则你可以把行话分解成具体的词汇，使自己的观点植根于日常现实中。而不是把教育首创精神描述为：

交流助长技能发展介入法。

这种描述没有人的活动，没有使用具体的日常生活中的语言进行转换，因此如果改成：

一种促进人们更好交流的程序，则更容易理解。

- 把你想说的内容用经过深思熟虑、逻辑清晰的句子表达出来。
- 把行话分解成植根于日常生活的具体的词。

34.4 抽象

然而，我们用不同的方法使用词语，而且不是所有的意思都与某种具体的事情连在一起，从而使我们都知道自己所指的是什么。从大量不同的情形中，我们提出一系列共同的特性来组成一个抽象的一般概念。随着进程的发展，也出现了不同的抽象等级。当我们描述一件物体为白的时，我们忽略了它的其他属性，然后，当我们使用"白色"这个概念时，又进行了更深层次的抽象，连具体的物体也忽略了。

白的 ——→ 白色的

忽略其他　　　忽略具体
属性　　　　　物体

34.4.1 我们利用它们好像它们本身是真实的

这些是思维强有力的工具，帮助我们在观点间建立重要的关系，这些观点能产生最有启迪性的见解，让我们更好地了解周围世界和我们自己。但有时我们会把抽象看成是真实物体，因为没有具体物体能与它们联系起来，我们允许自己赋予它们一个我们想让其拥有的意义。我们在词典中看到它们是根据具体的指代物定义的，相信这点也是十分诱人的。但在许多情况下没有这种指代物；它们只是高度抽象的词。

没有具体指代物，我们赋予它们一种自己想要的意义。

34.4.2 我们假设其他人也使用同样的意义

从这里很容易进入下一步，并假设当我们使用它们时，其他人也使用同样的意义，尽管对于不同的人或者同一个人在不同的情形下来说，同一个词的指代物（如果有的话）可能不同。谈及"自由"或"平等性"时，就是要知道它们是如何影响我们的社会生活的。

> 两个步骤
> - 我们赋予它们我们想要的意义。
> - 我们假设其他人也使用同样的意义。

这两个简单的步骤会带来毫无意义的结果，尽管可能有些说服力。记住 Helena Echlin 的例子，"在加入不存在的团体之前，颂诗必须解决唯我论的问题"，记住 Alan Sokal 的恶作剧论文，他拙劣地模仿了最差的后现代作家的论点，并具有很强的说服力，它未经修改就被发表在了一份同行人发表评论的杂志上。他认为自己最大的挑战就是要写得充分地不能被理解。他解释说："我必须一遍遍地修改，以达到预期的含糊的目的。"

34.4.3　写作变得沉重和难以理解

更重要的是，只带有抽象概念的段落——没有人，没有人物媒介——是沉重、笨拙的。它们被抽空了所有的活力。代表抽象概念的名词，如"自由""公正""人类"等只有在用于特殊文化语境中的具体情况下才有意义。清晰、有活力的写作是明确的、具体的。它是生动的，是以我们从经历中识别的细节为基础的。用这种方式，它与读者的人性相关联。读者会很快识别出所给予的熟悉画面，他们知道你要传达的意思。

> - 优秀、清晰、有活力的写作是明确的、具体的。
> - 它通过我们所识别的熟悉画面来产生关联。

34.4.4　我们能做什么？

然而，答案不是拒绝使用抽象概念，或者怀疑任何使用抽象方法的论证。如果没有抽象、归纳和理论使它们有意义，孤立的具体事实也是毫无意义的。

因此，在写作中，注意下面3条方针：

1.平衡性

抓好抽象性和植根于现实生活的具体细节之间的平衡性。

2.距离

当你利用它们与其具体指代物之间的距离以及利用它们可靠性的含义时，你要变得更清醒。

3 交叉换位

养成在抽象概念和它们代表的具体物体之间交叉换位的习惯。用这种方式，你能评价自己是否可以在不同的语境中放心地使用它们，或者在使用上是否有局限性，这是你必须承认的。

由于我们对一个词很熟悉，经常使用，并且对其代表的观点和含义也很熟悉，这样就很容易被糊弄。当我们只是把很相似的词串在一起时，也很容易相信自己是在思考的。实际上，如果这些词不代表任何意义，整个段落也不会有意义。

因此要问自己：

- 我所说的有什么实用价值？
- 这些词代表什么？
- 它们的客观意义是什么？

分析抽象概念并把它们转化成日常语言。我们必须问它们能对我们的生活产生哪些影响：读者如何理解在他们的经历中他们的工作方式？总之，要时刻警惕把抽象性看做是其本身。

使用抽象概念
- 找准平衡。
- 注意它们及其具体指代物之间的距离。
- 这是如何影响它们的可靠性的？
- 问自己"这些词代表什么意义？""它们的客观意义是什么？"
- 不要把抽象性当做其本身。

总结
- 良好的写作是一种重要的职业技能：雇主们知道好的写作者会成为更好的员工。
- 为了展开前后一致的论证，我们必须确定我们使用的词汇具有鲜明、清晰和恒定的意思。
- 与日常生活绝缘的文章理解起来会非常困难。
- 借用行话是我们掩盖我们不了解某件事情或者我们思维已经停顿的方法。
- 没有具体指代物，我们赋予抽象一种自己想要的意义。

34.5   下面的内容

在下一章里，我们将审视如何对我们的思维施加更多的控制。通常，我们使用的语言可以操控我们展开论述的方式：不是我们的想法决定我们使用的语言，而是我们的语言决定了我们的想法。学习辨认能够操控我们思维的词汇和短语，将使我们成为更好的写作者和思考者。

第35章

使用语言2：操控性语言

在本章中，你将学到：

- 一些词汇如何在我们没有意识到的情况下操纵我们的思维。
- 如何辨别鼓动性语言。
- 抗击鼓动性语言影响的5种策略。
- 窃取论点是什么意思。
- 如何避免窃取论点造成的循环论证。

我们在思考和写作中都会碰到的问题是控制语言，使之能按照我们想象的方向发展。不幸的是，往往不是我们控制语言，而是语言控制我们。在我们没有意识到的情况下，思想已经被控制了。

35.1　鼓动性语言

最明显的例子是鼓动性语言，它和我们在前一章谈到的行话、抽象不同。我们并不是不明白我们所使用的语言的含义，而是我们没有有意识地注意到它所承载的全部意思。其中的词语所承载的不仅仅是其字面意思：在我们无意识中，它所包含的情感内容或价值判定已经操控了我们的反应。通过这种方法，在我们没有近距离的观察时，作者就鼓励我们接受她的论点。

例子：带倾向性的解释

　　如果某人拒绝为他所相信的问题让步，评论员可能会为形成正面影响，把他描述为"坚持自己立场的人"，然而，另一个不赞同的评论员可能会把他描述为"固执"或"倔强"，甚至是"强硬派"。

35.1.1　我们能做什么？

为了避免在自己的论文中出现这类问题，使用下面的4种策略。

1.把观点从语言中分离出来

删去充斥着情感的语言以及在无意识间偷偷潜入的无法证实的或不相关的假设。如果你发现形势与你当初描述的不一样，问自己是否是因为通常使用的语言使你习惯了相信这点，或者是否有实质性问题指引了你的判断，这意味着有很好的理由去这样想。

2.转换

指出你怀疑具有鼓动性的段落，把它转换成中立的措辞。换句话说，通过删除所有鼓动性的语言并且使用代表你核心观点的中性词汇，准确表达你想要说的实质。通过这种方式阐释观点，不受个别词汇本身的隐含意义的影响，你可以更好地揭示你论证中核心观点的说服力。

3.反向描述

要测试你书写的文章中鼓动性的语言有多严重，你可以看一下当你使用同样的语言描述论点的相反方面时，你的论证在多大程度上发生了改变。如果它严重地扭曲了你对于事件的看法，那么问自己是否是因为语言引导了你的想法，还是有实质性的问题支持你的观点？

例子：管理层与工会

在20世纪90年代，格拉斯哥媒介学派（Glasgow Media Group）分析了媒体使用语音描述工人与管理层的薪酬纠纷的方式。他们发现一种值得注意的有启发性的区别：当描述工人活动时，媒体普遍运用的是轻蔑性的语言；但在描述管理层的声明时用的是更为正面的语言。他们发现工人们通常"要求"并且"威胁性"；工会"威逼""敲诈"并且"恐吓"。与之相对照，政府和雇主被描述为行动理性并且明辨是非，向工人"提议"和"恳求"。

为了表明这种做法是多么失衡和具有操纵性，一个著名的左翼政客反转了语言。结果对新闻造成了惊人的不同描述。按照这种描述，工人们"提议工资增加15%并且恳求他们的管理层不要降低他们的生活标准"。管理层要求他们接受工资增加2%或者5%的工作条件并且威胁如果他们不接受就裁掉他们。

4.审查形容词

还有一种更需要谨慎使用的方法，就是审查段落中的形容词，看有没有形容词传达的是无法证实的态度，而不是一个思路。如果没有该形容词可以吗？它会影响段落意思吗？形容词是很容易添加的，但如果它们没有事实基础以及表达一种不被人注意的态度，那它们也是很危险的。它们比其他任何词更容易滑落到理性雷达之下。在读报纸或听新闻时，一定要调试自己的雷达。

5.三步技术

如果你不能确定一个词是否能表达实质内容，发展思维，可以使用第9章中的"3步技术"分析该词。问自己，"我所说的X是什么意思？"这就能深入到事情的核心。这可能会耗时更长，但是在使用这个词时，你会知道其所指的意义。

> 鼓动性语言——4种策略
> - 把观点从语言中分离出来。
> - 转变成中立术语。
> - 反向描述。
> - 审查形容词。
> - 分析词。

35.2 循环论证

如果我们不知道所使用词语的含义，我们可能会对观点的发展方向失去控制。其中一个很好的例子是循环论证，通常出现在当我们把假设的内容当做结论时。通过在前提里偷偷带入要推导出的结论，我们在读者毫无察觉的情况下操控他们。严格来说，这就是我们所说的毫无进展的争论，更熟悉的说法是，恶性循环的谬论。换句话说，我们利用前提证明结论，然后利用结论证明前提。

> 循环论证：把我们要证实的结论作为假设。

例子：运动

一位朋友可能辩论说她相信运动员要比不参加运动的人更健康。而你的回答可能是说你知道许多从事运动的人，但他们也酗酒、抽烟、肥胖，总之，没有照顾好自己。但是你的朋友并不把这作为对其论点的反驳论据，而说这些人并不是"真正的"运动员。实际上，她已经把"运动员"的定义限定为比不参加运动的人更健康的人身上。

如上所示，争论的问题本身是因为定义引发的。因此她的论证只在无关紧要的方面是真实的，正如这种论证中的所有例子一样。它们只是无谓的重复：你的朋友通过定义使其论断正确，没有引用任何外来资料。当然，如果你能游刃有余地利用词语来表达自己的意思，那么要劝说某人接受某事是很容易的。充其量这种论点也是没有价值的：A本身并不能作为证明其正确性的理由。

然而，尽管这看起来很明显，但它们却以不同的方式影响我们的思维，因此要注意以下形式：

> 窃取论点
> - 普通概念。
> - 道德词汇。
> - 口头命题。
> - 模糊定义。

1.普通概念

我们经常能听说这些概念，它们似乎是不需经过任何论证的：句子以"众所周知……""很明显……"或者"显然……"开头。因此，挑战它们的权威性，看有哪些论据可以证明其论断。

2.道德词汇

更微妙的是道德词汇，如"善意""大方""承诺""谋杀"。它们不仅能表达一种事实，还能代表一种价值判断。

例子：诚实

当我们说某人很诚实时，我们不仅是在陈述一个事实，也是对他们行为的一种判断。词语"诚实的"不仅指某人有强烈的正义感以及对待他人公平，还指诚实是美德，虚伪是陋习。

因此要说"大方是美德"或者"谋杀是错误的"就窃取了论点，因为结论已经被包含在了词语本身中——它们是无谓且重复的。根据定义来讲，大方是美德，而谋杀是罪恶，因此，论断中没有任何实质性的东西；它所做的只是展示词的部分定义。

3.口头命题

"口头命题"是道德词汇的一个有趣的变形。

例子：社会工作者和老师

如果你是一位社会工作者，有人会向你挑战说："你必须承认过多地帮助单身父母不是一件好事"，或者你是一位老师，有人可能说："你不能否认在课堂上给学生过多的自由不是一件好事。"你不可避免地会同意，不是因为为单身父母提供帮助或给学生过多自由在原则上是件坏事，而仅仅是因为短语"过多"的意义。

这只是一种口头命题，而不是实际命题："过多"意味着"数量太多以至于成了一件坏事"。呈现在我们面前的只是无谓的重复，仅仅是"X就是X"，这当然是真的，而且也不能被用来支持一个事实。什么东西太多了都不是好事，讨论的现实观点是太多的自由或太多的帮助意味着什么，这就把我们带到了事实问题上。

4.模糊的定义

如你所见，造成循环论证最常见的方式来自于论点中定义的作用，尤其是当它们以一种不明确的方式被使用时。如果某人使用模糊的定义，这可能包括了他们展开论证所需的一切。

然后，当不相符的例子挑战其论断时，他们被迫使转向一个更精确的含义。他们试图通过坚持说例子中的人不是"真正的"运动员、音乐家或诸如此类的事。但当然，在你为了论证某个论点而把意思这样扩展时，词语就没有了使用价值，你也无法根据它得出最后的意见。因此要注意你构建在所谓"一个词的真正含义"之上的所有的论证。

同样，当你使用如真实的、合理的、好的、坏的、诚实的之类的词时，质疑自己。

和"真实的"这个词一样，这些词起到相似的作用并且很可能是无意义的，比如在"所有好的音乐家都演奏很多的乐器"这一主张。当你发现自己使用这种形容词时，问自己"但是通过 X 我想说明什么？"："通过'好的'音乐家这个词我想说明什么？"

循环论证

● 普遍概念

"所有人都知道……"

"……是常识"

"显而易见……"

"很明显……"

● 道德词汇

友好

诚实

慷慨

承诺

谋杀

● 口头命题

所有这些命题都是无谓的重复：由于命题中用词的意义而证明其真实性。用的词汇诸如：

太多/几乎没有/很多等

缺乏/过量/不足等

不经常/不普遍/不寻常等

● 很大/巨大/广大等模糊的定义

所有政协命题都包含我们可以讨论的形容词，"一切都取决于你对 X 的定义。"

真正的

真实的

合理的（除了严格逻辑意义上的之外）

好的

坏的

诚实的

总结
- 通常操控我们的观点和展开论述的方式的不是我们，而是我们用以表述的语言。
- 使用鼓动性语言和造成循环论证的词语时，我们未曾有意识地注意到它们带有的所有含义。
- 鼓动性语言包含情绪性内容或者价值判断，可以操控我们的反应。
- 当我们循环论证时，通过在前提里偷偷带入要推导出的结论，我们在读者毫无察觉的情况下操控他们。
- 循环论证通过4种常见方法影响我们的写作。

35.3 下面的内容

然而，清晰度只是问题的一方面。一旦我们能清晰地把意义表达出来之后，我们还必须保证其连贯性。在下一章中，我们要学习如何识别、处理这些问题。

第36章

使用语言3：一致性

在本章中，你将学到：

- 如果在论证过程中使用某个词的意思发生了改变，论证可能会无效。
- 最明显的例子是一语多义，以及为了避免这点可以做的一些简单的事情。
- 分解和合成谬误的意义是什么，以及如何避免它们。

在开展论证的过程中，从一个前提向其他前提转变时需要注意逻辑上的一致性。有时，尽管我们很注意这点，但语言的灵活性往往会使我们的努力事倍功半。我们对使用的术语越熟悉，所看到的错误也就越少。最常见的错误是一语多义的谬误。

36.1　一语多义的谬误

我们使用的许多词和短语的意义都是不确定的、变化的。当我们在同一个论点中以两种或更多不同的方式使用它们时，如果论点需要该词一直是同一个意义，我们就犯了一语多义的谬误。论点本身可能有效，但如果词的意义改变了，论点的真实性就无法保障了。

> **例子：澳大利亚商业广告**
>
> 　　在澳大利亚推进环境保护的广告中，主持人的周围是一群正在种树的人。他抓着一把土，土从指间一点点地散落。他告诉我们，如果我们这一代人不能很好地保护自己的文化，那么在第二次世界大战中曾为保护土地而战的人们会很失望的。

创作该商业广告的人可能是想利用我们的粗心，认为我们看不到为之奋战的"土地"与土壤类土地的意义是不同的。我们所指的"土地"是指文化、价值观和传统，实际上是我们全部的生活方式，这可能会被外来入侵者威胁。这与我们撒播种子的土壤是完全不同的。很明显，论点的说服力主要依靠了"土地"概念的模糊化，而"土地"在论点的不同阶段所指的含义是不同的。

36.1.1　我们能做什么？

补救措施当然是问论证过程中术语在不同的位置意义是否一致，如果不是，用其他词代替有疑问的词。在澳大利亚广告中，用"soil（土地）"代替"land（土地）"，但是这样会降低广告的说服力。

因此，要问自己

- 论证的说服力是否依靠相似的一语多义？
- 在论证的不同阶段，你所使用的词是否意义一致？

36.2 分解和合成谬误

一语多义的另一种常见形式是分解和合成谬误。

36.2.1 分解谬误

当某人说某事整体是正确的，那么其各部分也就都是正确的，这就犯了分解谬论的错误。

例子：哈佛

你可以说哈佛大学为国家培养了最优秀的毕业生。因此，最近从哈佛大学拿到学位的 John Smith 也必定是个很优秀的人。尽管一流大学的毕业生通常都是很好的，但如果只因为某人是从一流大学毕业的，就说他本人是很优秀的，这是错误的推论。

这种谬论多见于种族偏见的大多数形式的起源中，在种族偏见中，不是通过个人的人品评价某一个人，而是根据他所属的种族所拥有的一些特性判断。当然，在其他一些情形下，我们可以妥当地说如果整体正确，那么部分也是正确的。我可以说自己的电脑是崭新的，因此所有的部件也是崭新的。

分解和合成谬误

分解： 整体→部分

合成： 部分→整体

36.2.2 合成谬误

相对应的，与你预期的一样，合成谬误正好是相反的：它认为如果部分是正确的，整体也是正确的。

例子：足球队

你可能会说由于你最喜爱的球队是由最好的球员组成的，因此这支球队会是国家一流的。但事实是，你的球队里可能有最好的球员，但整支球队不一定是最好的。当然有好的球员是大有裨益的，但还存在其他重要的因素，如球员之间如何相互配合，团结他人，以便每位球员都能发挥自己的长处，踢出自己的最高水平。

一致性

- 一语多义的谬误。
- 分解和合成谬误。

总结
- 尽管我们在很努力地创建前后一致的论证，但它们仍会被语言的灵活性破坏。
- 如果词的意义发生改变，论证会被认为是无效的。
- 发生这种现象的两种最常见的方法是一语多义以及分解和合成谬误。

36.3　下面的内容

在这三章中我们看到，语言不仅是表达观点的工具，还会对观点产生影响。正如感觉决定我们看到的内容，语言也决定思考的内容。观点转化成语言的方式与我们预期的不同，在论证落实于纸上时也可能会偏离预期的方向。因此我们需要注意这些削弱观点说服力的要素。

在所有这些有关思维的章节中，你可以复制、利用表格不断地提醒自己，要做到哪些使自己的思维变得更清晰、一致。在第八部分中，我们将注意力转向通过哪些实践能写出更好的论文。

第八部分　写论文

第37章

初稿

在本章中，你将学到：

● 在观点仍然新鲜且生动时，早点开始写作的重要性。

● 在你以笔记形式演练论证时，每个章节必须进行详细的计划。

● 这如何能让你控制自己的观点并创建清晰的结构以便读者理解。

● 以自由的方式、接近常规语言的节奏进行写作的重要性。

● 在段落的开头使用过渡来为读者指明方向并创做出一篇连贯的论文的重要性。

论文的成功取决于两件事情。首先，必须有一个清楚的基础理论作为研究的支撑：你的观点和策略必须有意义。第二，论文必须用一种易于理解、有趣味的方式清楚、简明地写下来。第一件事，具备一个清楚的基础理论，这点在开题报告中你已经写到了，并与导师进行了讨论。现在我们看第二件事。

职业技能

在第34章里，我们谈到了作为一种关键的职业技能，能够清晰、前后一致地表达我们观点的重要性。到这里，你可以确保你的论文能为证明你已经形成并发展了这一技能，提供充分、令人信服的证据。

37.1　尽早开始

在前面三章里，我们认识了写作作为一种最有效的控制观点、深入问题中心的方式，其重要性体现在哪里。我们可能会碰到错误的开始、不一致的结论、论据的误用以及未经核实的假设。这些都在不经意间潜伏在了概念中，而我们可能会草率地使用了它们。更重要的是，它牵扯到我们的想象力、智力和情感，所有的这些都是形成深刻观点、发展理解能力的不同方式。

鉴于这一点，早点开始写作是明智的。在笔记本和日志中记下自己针对观点的一些想法。当有新的灵感闪现时，给自己留出时间将其记录下来，并在头脑中为其清出一片天地。这是你表达复杂观点的机会，在这个过程中，在开始写初稿前，对它们要有更深入的了解。以这种方式，你能组织自己的思想，发展论述，评价观点。

> - 写作能使我们更好地控制观点。
> - 我们要投入智力、情感和想象力。
> - 因此要早点开始。

37.2 初稿

同样地，要早点开始写初稿，一旦每一章的内容成形就要立即把它们写下来。至于各种形式的写作，当观点非常熟悉、生动时，及时将其记录下来是很好的习惯。在研究和写作之间不要留太长的时间；否则你会忘记细节，印象也不是那么深刻了。

你也能早点发现自己的材料是过多还是过少，结论是否与自己预期的一样。如果这意味着你必须改变自己的研究方法，越早知道越好，而不是在发现太晚时已没有时间去做任何改变了。因此，如果你在圣诞节期间开展访谈或者阅读一手资料，不要等到复活节时再把自己的观点写下来。

> - 在观点非常熟悉、生动时就将其记录下来。
> - 早点发现自己是否需要改变方法。

从一开始就有些东西需要被记录下来。一旦写出了开题报告并与导师进行了讨论，你就可以开始撰写导论、文献综述和研究方法章节的初稿。这时一切都还很清晰，你能找到自己所需的所有资料。在你开始实际研究之前，它也能帮你深入到观点的核心。

然后，在与导师讨论完初稿后，你可以马上进行修改，这时脑中对讨论的印象仍然很深刻。如此一来，你不仅能有机会创作出最好的论文，还能避免当如山的工作堆积在面前时而产生的沮丧情绪。

> 从一开始就进行写作、修改……
> 导论
> 文献综述
> 研究方法章节

37.3 计划

然而，在开始任何一部分初稿的写作之前，你必须做好每个章节的计划。在开始写之前，详细彻底地演练论证，以确保这些确实是你的观点，这点是很有价值的；那样你就真正地深入了它们的核心。

同样重要的是，计划也为我们整理观点提供了机会，因此我们能避免忽略一些重要部分或论点的风险，这些可能对我们讨论的问题很关键。我们能辨别主要观点，以及如何将它们再细分为小章节。用这种方式，计划能为我们提供创建清晰结构的机会。通过结构，读者在处理不熟悉的观点和论点时能够驾驭自己的方向。没有这一点，我们很容易丢掉读者。如果他们无法看到论点有何相关性，或者他们无法知道我们在做什么以及为什么做，那我们会丢掉很多分。

- 我们要确保深入观点的核心。
- 我们未忽略任何东西。
- 我们创建了清晰的结构，因此不会丢失读者。

计划的意义在于它能使我们未写作时也能置身于实际写文章的情境中。这样，在编辑和整理观点的过程中，我们被迫做出最后的选择。如果我们不提前进行详细的演练，我们想写的观点和资料在章节中可能会没有位置。这会严重削弱其清晰度和逻辑结构，而不必要的、分散注意力的内容会打乱观点的逻辑顺序。

详细计划演练论点的益处
- 避免丢失读者。
- 避免忽略重要的部分或论点。
- 核实是否把观点变成了自己的。
- 创建清晰的逻辑结构。
- 核实材料具有真正的相关性。
- 明确、前后一致地论述观点。

但最重要的是，在写作之前计划好章节可以同时避免写作中两个最困难的问题：概括观点并计划其发展顺序，与此同时，寻找合适的词和短语并用正确的力度和色调来表达它们，以便于朝我们选择的方向发展论证。对所有人来说这确实是个不可能的任务，但又是我们以前写过多次的、最熟悉的任务。

我们同时避免了写作中最困难的两件事情
- 概括并计划观点。
- 选择合适的词和短语来正确地表达它们。

37.4　自由写作

一旦制订了计划，允许自己按照计划自由地写作。不要害怕写下的东西可能达不到标准。否则，你可能会发现自己陷入了传说中的写作障碍，这通常源于你的"内心的编辑"介入进来而对你已完成的工作做出评判。告诉自己这仅仅是初稿：你只是在进行一次试探性的研究，看自己已经掌握了哪些，以及它是如何成形的。

在写作时，越是不过多地担心写作风格以及是否能写出完整的句子，越能写出自己的心声。你会找到自己自然的节奏，而且作品也会充盈着无穷的活力。实际上，在修改的过程中，一定要注意不要扼杀掉这些东西。过多的编辑会使你的作品变得死气沉沉。

> • 发现自己的心声。
> • 在作品中注入更多的活力。

要想做到这点，不要让你内心的编辑参与进来。我们都有这么一个内心的编辑；有些人的内心的编辑比其他人的更固执。一旦有机会，它们就会试图介入，尤其是当你开始工作，或者完成某个重要的部分并坐下来沉醉于自己的成就中时。在这种时刻，你总想着读完全部内容，允许自己内心的编辑同意自己的观点。编辑们很固执，如果你允许它们早早出来，它们会压垮专家。

37.5 交谈的口吻写作

成功的关键是提醒自己最好的作品在读起来时就像是在与作者进行对话。论文的节奏越流畅，越接近于日常口语，就越容易被理解。你能有效地表达观点，抓住读者的注意力。

> 越接近于口语风格，越易于被理解。

当然，论文应该比你的日常口语更正式一些：你要避免使用俚语和口语。但这也并不意味着你不能使用日常交谈中的某个熟悉的短语。如果使用口语中的短语能比正式的短语更准确、简明地表达意义，尽管去使用这种短语。这类短语的问题通常是它们反映了一种思维习惯，而不是真正的思维本身。

> 因此要问自己
> • 这个短语是否能准确地表达我的观点？
> • 是否有更合适的短语？
> • 如果它能准确地表达观点，且没有更合适的短语，则使用它。

37.6 针对你写的内容提问

注意，在自己的论文中需要有一个论点贯穿始终，你要对其进行发展、论证。论文中会有许多争论。你的任务不是在开始研究之前就对得出的观点进行辩护。这只会促使你调整你的论据使之符合自己事先形成的观点，就像律师会忘记提及或者不予重视、甚至忽视任何可能削弱其案例的论据一样。

> 研究不是在开始之前就对得出的观点进行辩护。

你在开始时酝酿的观点只是暂时的。你要找到一系列问题的答案。它们能推进研究的进程。与所有真正的问题一样，其答案的走向是未知的。你的研究可能无法得到预期的结果。因此你要公布结果，而不是进行隐瞒。

37.7　导论、段落和结论

但现在，在经过了几个月常规写作之后，在写导论、段落和结论时，你可能已没有任何困难。但如果你仍然不能确信，或者你对自己写作的方式不满意，请参考《如何创作更好的论文》（*How to Write Better Essays*）第 26、27、28、29 章（帕尔格雷夫·麦克米伦出版社，第 3 版，2013 年）。从这些章节里，你能找到可行的建议，比如如何改进这些方面，可以采取的简单步骤以及可实践的练习机会。

37.8　过渡

然而，在计划被认真地演练和构建之后，剩下的问题就是创建段落之间的联系，为读者提供清晰的结构，使他们知道你在讲述什么，而不至于感到困惑。要做到这点，你需要在每段的开头加上有效的"过渡"来指示论证的发展过程。从过渡中，读者能了解到你的前进方向。过渡可以是一个很短的短语，比如"结果是"，或者是一个词，如"然而"。这些起到过渡作用的词或短语能使论文更整洁、连贯，使每段之间有更清晰的联系。

> 过渡
> - 使读者了解你的前进方向。
> - 创建连贯的论文。

过渡句能起到"逻辑指示器"的作用，告诉读者你在做什么。你可能是在与前面的段落进行鲜明的对比（"相反""然而"）。你可能只是以一种稍微不同的方式扩展上面已发展的论点（"而且""因此"）。你可能想从不同的角度强调论点（"类似地""同样地"）。或者你可能想要通过例子进行阐述（"例如""比如"）。如果在某些段落中，读者很容易看出你在描述什么，那就没有必要进行过渡，但如果读者存在疑惑，那就要使用合适的过渡词。

> 如果有疑惑，使用过渡词！

然而，鉴于过渡词的重要性，你要确保它们能起到预期的作用。有时我们使用的可能是较弱的过渡词，这些只能创建较弱的联系和结构。最弱的是我们用于表达一系列观点、词和短语的过渡词，如"也""另一点是""另外"。另外，过渡必须能真正起到作用：避免为了所谓的连贯而把某个过渡词生硬地放在本不需要的地方。如果没有认真的计划，没有在段落之间建立清晰的知识联系，那么当我们试着把不连贯的段落用认真挑选的过渡词联系起来时，很少会有读者被愚弄。这总会显得很不真实，而且像是经过加工的。

确保
- 过渡词能起到预期的效果。
- 它们能起到实际作用，而不仅仅是起到粉饰效果。

当你在阅读过程中碰到过渡词时，要注意其他作者是如何连接段落的。在笔记中进行记录，以便你可以对其加以利用。最简单的往往是最有效的，因为过于简单，我们甚至会忽视其存在。指示代词"这个""这些"和"那些"用在标题句中能起到连接两个段落的桥梁作用，而不会打乱观点的走向。本页的表格列出了最常见的过渡词及其用途。把表格复印下来，贴到电脑旁边，碰到新的过渡词时再进行添加。

相似性	以同样的方式、同样地、相似地、相应地
对比	不过、另一方面、然而、但是、但同时、尽管、即使如此、虽然如此、相反、不管、正相反、否则
例证	例如、比如说、那就是说、换句话说、尤其是、即、具体地说、比如、因此、举例来说
扩延	相似地、另外、再者、此外、进而、而且、首先、更进一步地、以同样方式
结论	因此、结果是、所以、如此
下一步	然后、在那之后、随后
强调	总之、毕竟、同样重要的是、特别是、实际上、事实上、尤其是、最重要的是、当然
因果关系	结果、所以、因为那个原因、因此、于是、由于这、应归于此、因为这、在这种情况下
时间关系	将来、与此同时、过去、起初、同时、在这期间、更早、最终、其间、现在、最近、同时地
总结	最终、简而言之、结论是、总之、简言之、总的来说、大体上、概括地说
评定	然而、不过、即使、仍然、虽然
备选方案	两者择一、另一方面、宁愿
解释	也就是说、换个说法是、那就是、这意味着、换句话说、简言之

总结
- 早点开始。你能更好地控制观点，投入自己的智力、情感和观点。
- 不要拖延写初稿的时间：在每个章节成形后就随即写下来。
- 在写作之前计划每个章节，以便读者能遵循清晰的文章结构来阅读。
- 自由写作，不要让"内心的编辑"影响自己。
- 使用过渡词向读者指明自己的方向。

37.9 下面的内容

现在我们清楚了应该如何处理初稿：根据架构好的计划，在没有"内心的编辑"影响的情况下，自由写作。因此，在下面的两章里，我们可以把注意力集中到风格问题以及如何表露自己的心声上。

第38章

风格1：发现自己的心声

在本章中，你将学到：

- 如何发现自己的心声，即使你必须要使用技术性语言。
- 如何确保自己的作品简明、直接，没有歧义。
- 以积极的形式进行写作的重要性。
- 如何不费力地写作，并能创作出难忘的、有效的文章。

一位作家的个人风格，他或她的"心声"，通常流露在非正式的通讯中，如信件和日记，这种方式把读者想象成了一位朋友，或至少是一位友好的评论家。面向未知的、匿名的读者，更正式的写作激励我们使用更普遍的、更正式的交流方式。不幸的是，这经常会变得累赘而且笨拙。作品离口语的旋律越远，我们想要表达的内容就越难被理解。

38.1 技术性语言

对于学生来说，这是个很严峻的问题，因为我们被期望使用学科中的专门行话，而相对于日常用语来说，这些行话使我们的论文更难被理解。因此，我们要做好两者之间的平衡。如果你把读者看成是一群理解力强的非专业人士，他们需要你对论文中专业方面的内容有更多的解释，那么这是大有裨益的。这能使你避免单纯地依赖于行话和其他字面捷径，迫使你不得不进行更完整的解释。

在没有任何解释的情况下使用行话创作的作品就犹如一本外语作品，要想理解它，首先需要对其进行翻译。这会疏远读者，也是任何交流方式中的大忌，尤其是写作。写出的东西要使任何一位有理解力的读者能够阅读：你的读者不是一群密码破译者。

确保

- 平衡好行话和日常用语。
- 不要把你的作品变成一门外语。

38.2 第一人称

另外一个更难处理的问题是，人们经常建议你的论文必须是客观性的、被动语态的。拿第一个例子来说，禁止使用第一人称代词"我"的所有形式。如果无法避免地要用到第一人称，你可以伪装身份，用"在作者看来""根据目前作者的观点"代替，或者用相似的对冲说法如"人们认为""有人建议"来表示。

然而，当读论文时，身为评判思想家的我们需要做的很大一部分工作，就是潜入这种无用的伎俩之下，来区分作品中的事实和观点。我们想知道它是被谁"思考"或"建议"的，如果是不止一个人，那么有多少人"思考"或"建议"它呢，其比例又是多少：是占大多数，还是只是一小部分或者各占一半？

> 评判思考是指我们试图潜入到规避手段的伎俩之下。

38.2.1　无法证实的观点

当我们谈到支持学术完整性的最高标准时，如果你认为这听起来像是浮于万事表面的、荒谬的字谜游戏或是无法令人信服的托词，可能是非常正确的。如果学术作者要表达自己的观点，他们应该支持诚实标准，并坦白承认这是"我的"观点以及你可能并不同意它。

但是给出这种建议的原因是我们在学术工作上的主要关注点是客观性：我们判定论点的主要根据是其一致性以及它是如何通过论据被证明的，而不是根据提出论点的人。因此，我们不能接受仅仅依靠个人主观信念而提出的论点。

> 客观性：根据一致性和论据来判断论点，而不是根据提出论点的人。

38.2.2　可以证实的观点

这种伎俩主要的攻击对象是无法证实的观点。但是可以证实的观点又如何呢？这里的建议表面似乎忽略了我们在第29章中讨论的问题，即有关归纳的原则以及没有人拥有以全部事实这一明显的认识论真理；在评价所有可用论据之后，我们必须最终做出个人的判断。就像阿瑟·库斯勒巧妙指出的那样，"最终的真理往往都是虚假的谎言"：在事实和信念之间总存在论据的空白，这点要通过价值判断来补充。

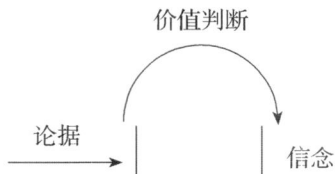

$$价值判断$$

论据 ——→ | | 信念

因此，常识性的建议是你应承认自己的价值判断，而不是以没有说服力的方式来伪装它们。这是我们要做的必要的、不可避免的一部分。然而，如果院系建议你避免使用第一人称，你没有别的选择，只能使用这种手段。

38.3　被动写作

同样令人担忧的是，客观的处理方法会为我们的论文带来不必要的歧义。当你说"作者"时，别人不清楚你是指上次提到的参考文献的作者还是正在阅读的内容的作者。被动形式的写作也是如此。在主动形式中，动作的执行者是句子的主语，而在被动形式中，接受者或者动作本身是句子的主语。

> 主动：动作的执行者。
>
> 被动：动作的接受者或动作本身。

在主动形式中，我们经常说"我开展了实验"，这种说法比被动形式"一个实验被开展"更精确。这就有意地留下了歧义，让你不知道是谁开展了实验。通过使用代词或名词区别参与实验的人，使用主动词描述人的行为，你能非常详细地描述实际事情。

> 被动：留下不必要的歧义。
>
> 主动：使事情形象化。

被动形式不仅缺乏精确性，还无法做到直接、肯定、简明。例如，你可能说：

> 我的第一辆车永远不会被我忘记。

但是如果把被动形式转化成主动形式，动作的执行者作为句子的主语，句子的意思就更直接，也更清楚、简明：

> 我永远不会忘记我的第一辆车。

不幸的是，表达不清楚是学生论文中常见的问题。受过良好教育的学生以一种独有的无知的形式来表达自己，他们以一种不属于自己的语言表达观点。实际上，耶鲁大学原地质学教授John Rodgers因为学生论文中的不明确性而气愤，继而写下了被称为"垃圾作品的规则"的宣言，其中有下面两点：

> 能使用模糊词组如"作者"的地方不要使用第一人称（尤其是当你刚刚提及其他作者时）或者，更合适的说法是，"人们认为"或"人们考虑"，以至于读者无法确切地知道谁那样认为，或者你思考的内容是什么。
>
> 能使用被动动词的地方不要使用主动动词。它能很好地拉长句子，把你与事实，与读者之间的距离拉大。

因此，要使自己的论文清楚、直接，记住我们在研究中和分析抽象概念时所使用的相同原则，我们必须看抽象词对生活产生的不同影响；依据经验看它们是如何产生效用的。如果可能，使用日常生活经验中的具体词语；不要通过使用被动、客观、抽象的形式而使自己的观点与读者的日常生活相差甚远。否则，读者会很难理解你的论点，因此，论点的说服力也就大大降低了。

38.4 轻松写作

你可以看到，所有这些都指向一个卓越的目标：避免所有烦琐、不可读的论文。如果我们能够尽可能轻快地写论文，那么我们就能够写出自己的心声。结果很可能就是读者能更好地欣赏论文，而写作也成了值得纪念、有成效的事情。

我们在上一章中提到，最有效且最易于阅读的写作方式是以交谈的口吻写作。很明显，我们离日常用语模式越近，写出的文章就越容易被理解。一些好的作品看起来就犹如作者与你在同一个房间里交谈一样，阅读中思路顺畅，即使作者讲述的是最复杂的观点，或者是最深刻的感情。

总结

- 平衡专门的语言和日常用语。不要把自己的论文变成一部外文作品。
- 我们要避免使用第一人称和被动形式，从而避免文中出现不必要的歧义。
- 尽可能轻松地写作。这样你能写出自己的心声，也能创作出更有说服力的论文。

38.5 下面的内容

在下一章中，我们将学习它的实际意义。

第39章

风格2：简单、凝练

在本章中，你将学到：

- 如何写出清晰的句子来使读者易于理解。
- 如何使用标点和逻辑指示符来使自己的观点不混乱。
- 如何使用较强的名词和动词来使句子更尖锐、清楚。
- 知道哪些东西需要被省略与知道哪些内容需要被包括进来一样重要。
- 如何整理句子来使重要的词和自己的观点能够清楚地表现出来。

文章的好风格关键是学习如何用最少的词语表达自己的意思。这就意味着语言的使用要注意简单、凝练。

39.1 简单

首先考虑简单性，以及它是如何影响我们组织句子、使用词语的方式。

39.1.1 句子

在写句子时，我们主要关注的是如何抓住读者的吸引力。一个包含多重分句的复杂句子是很难理解的。在他们小心谨慎地向下阅读时，你不仅容易丢失读者，而且，等到他们读完整篇论文，他们也会忘记什么是你最初的观点。为了避免这点，要做到两件事情：

（1）句子要尽可能的短；

（2）如果需要，使用逻辑指示符（"但是""如果""然而""因此""另外""类似地"等）表明自己要讲述的内容。

1.长度

如果可能，写出的句子要短，结构要清楚。当然，有时只使用简短、简单的句子是不可能的。偶尔地，为了展开复杂的论述，你不可避免地要使用复杂的句子结构。但如果是这种情况，要注意危险，并尽可能地确保句子能够容易被理解，通过使用逻辑指示符和标点来指示结构，从而避免产生任何疑惑。

（1）标点

实际上，随着你信心的增长，你可能想要通过使用标点来达到更高的要求。试着利用词和标点的节奏来表达含义。通过使用破折号、冒号、分号、句号和逗号而产生的空白区域能帮助你创建近似于口语的节奏。提醒自己，你越能接近这种方法，就越容易理解自己的论文。

> 确保：
> 通过使用标点来指示句子的结构。

（2）不同的句子长度

以相同的方法，你可以使用不同的句子长度达到不同的效果。尽管短句子易于理解，但很难使得每个句子都那么短。如果你的观点是经过认真思考和逻辑性组织的——如果你提前计划章节，那它们就会如此——句子就会有自己的节奏。

但要记住，长句子有缓和性，而短句子则显得突出。因此，如果你想清楚地表达观点，使读者更认真地进行思考，那么可以使用更短的句子，尤其是在使用了一系列长句子之后。但要注意不要过度——它很容易贬值。

> 短句：突出，优点是能抓住读者的兴趣，使他们进行思考。
> 长句：易于展开论述。

2.逻辑指示符

至于逻辑指示符，问题不只是我们不使用它们并相信读者能毫无困难地跟上我们思维的步伐，而且还包括它们会遗失在句子中。当你浏览论文时，检查逻辑是否清晰。如果不是，试着把逻辑指示符转移到句子中更重要的地方，比如开头。

> 句子
> - 目标是创建犹如交谈模式一样的论文。
> - 不要因为长句子而失去读者。
> - 如果可能，使用结构清晰的短句子。
> - 用标点、词语和句子长度做实验，来创建谈话般的论文节奏。
> - 确保逻辑指示符能真正地发挥作用。
> - 大声读出来以确保其逻辑性和流畅度。

39.1.2 词语

因为同样的原因，我们发现词语也是很困难的。由于其工具的复杂性，甚至深奥性，更复杂的观点需要更巧妙地使用语言和词语。但这也并不意味着需要使用大量的多音节词或最绕口的句子。

1.不要满足于"差不多"

我们都知道有时要找到一个合适的词是多么的困难。所以，作为替代，我们使用方便的行话：它差不多，这些行话经常被用于自己的科目中。然而，如果它是不正确的，不要使用它。它可能会把你推向更远的地方，使你的论点朝着你所不希望的方向发展。尽管你不想打乱思想和词语的流动，但你必须抓住观点，以便在你修改时可以确切地回忆起自己想要说的话。

如果你没有做到这点，读者会认为你没有决心正确地记下自己的观点，或者，更糟的是，你几乎没有自己有趣的观点。不管是哪种方法，读者很可能假设你使用的某个词的意思与你本身要表达的含义不同。

> 使用错误的词
> - 会把你引向自己不想去的方向。
> - 显示出你没有决心记下自己的观点。
> - 显示出你没有独自的、有趣的观点。

2.陈腔滥调

如果你迫使自己寻找合适的词，你可能会求助于熟悉、可靠，但却空洞的陈腔滥调。与行话一样，陈腔滥调通常是你没有正确记录观点的标记，或者你没有彻底地寻找合适的词。我们大多数人都知道，永远避免陈腔滥调是很难的。实际上，这也未必是明智之举。杜绝所有的陈腔滥调可能会使你的论文看起来很僵硬、笨重。一个众人熟知的陈腔滥调，如果能恰如其分地传达意义，那么它能帮助你创作出近乎于交谈模式的论文风格，使其可以拥有不受限制、易于阅读的自然节奏。

> 避免任何不能正确表达你的观点的词汇或者短语。

问题是影响经常是相反的。除了看起来舒适、熟悉之外，空洞的陈腔滥调会剥夺作品中的生命和活力。如果你想让自己的观点给人留下深刻的印象，使读者感到它们确实很有趣，有独创性，那么避免使用不能做到这一点的词或短语，包括空洞的陈腔滥调。

> 因此，要问自己：
> 如果在文章中需要用到陈腔滥调，它是否能传达我所要表达的意义，或者这个熟悉的短语是否鼓励我采用我所不想要的思维结构？

如同写作中的其他所有事情一样，如果你要使用陈腔滥调：一定要有合理的原因、目的。

> 陈腔滥调
> - 它们可能是很熟悉、可靠的，但却是很空洞的。
> - 没有这些，我们的行文会看起来很僵硬、笨重。
> - 确保它们能起作用：能对表达观点起作用。
> - 问自己：这传达了我想表达的意义吗？它是否按照我预期的方向发展？

3.依赖名词和动词表达含义

判断自己是否选择了正确的词的一个标准是你是否选用了合适的形容词修饰名词，是否选用了副词修饰动词。

（1）动词

只要可能，试着围绕具体、主动的动词来构造句子。较弱的动词需要用副词和副词词组来修饰，造成形象淡化。但要注意自己的选择：不要通过使用强烈的动词来夸大情况。在下面的句子里，用强动词代替弱动词和副词，句子就变得更犀利，意义也更清楚。

> 如果怀疑性地认为在这些信息之后隐藏着转化信息，你仍可能是正确的。
>
> 如果你怀疑在这些信息之后隐藏着转化信息，你仍可能是正确的。
>
> 广告商们抓住我们对地位的期望和对权威的崇拜心理，虚伪地利用了我们的感情成功推销各种产品。
>
> 广告商们利用我们对地位的期望和对权威的崇拜心理，利用我们的感情成功推销各种产品。

（2）名词

同样，确保使用具体、明确的名词，而不是使用一般名词。它们必须具有形象性。像副词一样，如果你使用形容词修饰、修改或限制名词，你可能会做出错误的选择。后果是意义的冲击力可能会减小，或者是在形容词和形容词短语的掩饰下很难被看见。在下面的句子里，通过使用更具体的单个名词代替原来的名词和形容词，描述的形象更清楚，表达的含义也更丰富。

> • 通过吸引他们强烈的感觉，广告商们成功地绕开了消费者做出理性选择的能力。
>
> • 通过吸引他们的激情，广告商们成功地绕开了消费者做出合理选择的能力。

你要讨论的不是品位，而是激情，一种特殊的品位。

> 他们可能能为我们提供最新的技术信息，但广告商们也偷偷地建议我们要与最新的发展保持同步。
>
> 他们可能能为我们提供最新的技术信息，但广告商们也偷偷地建议我们要与进展保持同步。

最新的技术信息不只是最新的发展，它还包括所有的进展，当然也包括不好的方面。

4.用介词代替介词短语

同副词和形容词一样，太多的介词短语也能冲淡文章，使意义不清楚。我们在日常用语中使用这些仅仅是因为它们能给我们更多的思考时间。但如果在写作中利用这些介词短语，会使文章过于混乱，也不利于读者的理解。因此，如果可能，则用简单的介词代替介词短语。

> 用"有关"代替"就……而论"
>
> 用"因为"代替"仅仅因为那个原因"
>
> 用"通过"代替"由……所做出的"

这并不意味着使用这些短语总是不合适的，但你要问自己一个问题，"我能否使用更简单的介词代替它，而又不会影响句子意思？"如果能，则用简单的介词代替。

39.1.3 对于简单的词和句子来说，我的结构是否太复杂？

首先，不赞成"因为专业的学术主题对于简单的词和句子来说太过复杂，所以没有尝试的价值"的这种说法。正如我们经常所说的那样，所有的主题都能被简单、优雅、清晰地描述出来。写作是思考的一种形式，因此如果我们思维清晰，写作思路也能清晰。在最好的学术写作中，你能发现：

（1）接近于日常口语用词的段落，带有常见的陈腔滥调和说话的节奏；

（2）选择合适的词表达精确的含义——生动的名词，有效的形容词和强烈的动词；

（3）不松弛——作者用所需的词语数量表达自己想说的内容，不累赘。

39.2　凝练

现在我们讲述风格的第 2 个方面：凝练。在想好自己的观点之后，下面主要的问题是如何通过节约用词来清楚、简明地表达意义。句子中的每个成分都应有其存在的必要性：它必须具有明确的功能。付出的努力不应该被浪费：没有哪个词或短语会使句子意思混乱。否则，思维将不再清晰，而且会使读者自己去猜想其意义。

> 不要有不必要的词汇和短语使意义混乱。

哲学家 A.N.Whitehead 把风格描述为头脑的最终道德规范。换句话说，头脑必须严格判断所使用的词语和短语，以确保：

（1）每个短语都有固定的功能。

（2）句子结构直接；

（3）根据表达上的绝对凝练原则选择语言。

实际上，知道应该删除哪些与应该保留哪些是同样重要的。Whitehead 关于头脑的最终道德规范的说法是一种艺术，即知道哪些是不能做的。

因此，如果可以用一个词概括分句和短语，则进行替换。如果它们不能为句子增加任何意义，直接删除：比如"前进中的进步"（进步）、"成功地避免"（避免）、"此刻及时"（此刻）以及"继续向前，我将做得更好"（"将来"就是将来时态，没有必要使用"向前"）。在笔记中做一张列表，养成整理记录冗长短语的习惯：

> 比计划表提前——早期
>
> 达成一致——同意
>
> 由于……结果——因为
>
> 到目前这个时间——现在
>
> 有……的象征——显示/指示
>
> 在……的邻近地区——接近
>
> 贡献因素——因素
>
> 完全相同的——相同的
>
> 必要的先决条件——先决条件
>
> 摸起来平滑的——平滑的
>
> 一般共识——共识
>
> 全部成本——成本

你可能会因效果而吃惊。在桌旁弄一个记号来不断地提醒自己，使用不必要的词越少，文章的可读性就越强。

> 使用不必要的词越少，文章的可读性就越强。

同样重要的是，真正重要的词将不再被扼制。你的观点和论点也不再被一些无关紧要的词和短语而掩盖。它们会变得更加突出、明显，而且它们也会使读者进行深入的思考和想象。所以，要养成向自己发问的习惯，"这个词或短语是必要的吗？它是否能准确传达我的意思？"

> 总结
> - 避免使用不必要的词堆砌句子，那样会使你的意思混乱。
> - 在使用长句子时，通过逻辑指示符和标点使结构更清晰。
> - 寻找合适的词；不要满足于方便的行话。
> - 依靠名词和动词表达意义，简化带有介词短语的句子。
> - 如果短语和分句可以用一个词代替，则进行替换。

39.3　下面的内容

如我们所见，大多数的写作问题实际上是思维问题。如果我们清楚观点，知道它们之间的逻辑关系以及该如何计划发展观点，那么在用词的选择、句子的创建以及写作的流畅性方面，你会变得更加轻松。即使在写作过程中犯了错误或者观点没有按照预期的方向发展，我们仍可以在修改阶段使观点和论点变得更清晰。在第九部分中，我们将学习如何引用资料并答谢我们所借鉴的所有资料。

第40章

剽窃

在本章中，你将学到：

- 究竟什么是剽窃，以及为什么要避免剽窃。
- 剽窃偶然发生的原因。
- 可以使用简单的6点准则来辨别自己应该引用哪些内容。
- 可以采取的实际措施以避免偶然的剽窃。

现在你已经研究并写出了论文，你要了解其中有多少内容是依靠别人的作品而完成的。大多数研究涉及以一种或另一种形式从别处借鉴资料。艾萨克·牛顿承认说："我看得更远，是因为我站在巨人的肩膀上。"（摘自其于1676年2月5日写给Robert Hooke的信件）我们都要以某种方式站在巨人的肩膀上。

因此，我们富有道义应感谢所有以各种形式为我们提供观点、引语、数据和轶事的人们。不指出引用过他们的作品意味着我们在学术上不诚实：我们剽窃了他人的作品。但为什么剽窃是如此错误的，以及它的实质是什么？

40.1 剽窃为什么是错误的？

有两个主要原因。在没有允许的情况下借用别人的作品可能是一种学术"盗窃"行为，毕竟他们没有得到作者的同意，自己不能使用，但由于涉及把别人的观点或词语不正当地变成自己的，因此有学术"欺诈"的嫌疑。不管有什么过错，他们在自己的作品中投入了大量的想法和精力，我们应该感谢那些为我们提供资料的人，尤其是当他们为我们做了某些工作时，否则我们还得亲自去做。

> 帮助过我们的作者理应得到我们的感谢。

与第一点相比，第2个原因非常简单，剽窃不符合我们的利益。通过把别人的作品冒充为自己的，不仅有欺诈的嫌疑，也没有任何教育意义。复制论文并将其变成我们自己的观点避免了一些工作，比如对观点进行处理，通过再次测试把它们变成自己的，以及把它们融入到我们自己的思维结构中。如果不能做到这些，教育也就没有任何意义了。

> • 剽窃忽视了我们的道德责任。
> • 没有教育价值。

40.2 究竟什么是剽窃？

大学生几乎都知道剽窃的含义，但仍有一些事情我们在做时没有意识到是在剽窃。很少有人意识到引用下述内容也会构成剽窃：

（1）直接从他人作品中引用。

（2）经过总结或改写后与原文很相近的东西。

（3）统计信息以及其他的具体信息和数据。

（4）影响我们思想的某些人的独特观点。

但是大多数例子发生在灰色地带，许多都是很偶然的。学生们犯错误是因为他们没有组织好自己的工作，以至于在开始研究时，总是快速、粗心地做笔记，并把借用的段落与自己的观点糅杂在一起。他们没有把这些观点变成自己的话，以至于在他们的文章中能看到总结、改写原文的迹象，与原文的区别很小。

40.3 应该从哪里划出界线？

对于以事实、统计信息、表格和图表形式为主的具体信息或数据是很容易决定的。你可以是在某个具体的出版物上发现的这些内容，对此你需要注明资料来源，以便读者能知道信息的出处，从哪里可以看到。

40.3.1 独特的贡献

这点适合以独特方式组织的信息或观点。你可能见过这种信息，只是从没见过以这种形式呈现出来或以这种方式进行论证的。这里面隐藏着关键的原则：

> 当作者针对信息或组织给出了一些独特的内容时，列出来源。

在列出来源时，要感谢作者独特的贡献。同样的原则也适用于逐字引用的短语或段落。它有自己独特的形式，这点你必须承认。即使引用的是单个的词，只要它是作者独有的论点。

40.3.2 普遍知识

但是对于许多观点和词汇来说，情况并不是如此明朗；它们本身或其结构没有任何独特的东西。因此，你可以非常合理地假设，尽管你从读过的资料中获得观点，但你可以使用它们而不需要致谢。其中一个判定标准是公共领域的所有知识，即所有的"普遍知识"，都不需要被引用。

这看起来只是给问题一个不同的名字。因此，什么是"普遍知识"？这把我们带到了独创性的差别中。普遍知识是不属于某个特殊的作者或是对某件事情解释的所有事实、观点和意见。它们可能是熟悉的观点或仅仅是易于在许多常见的共同参考文献中被发现的，如词典、课本和百科全书。

> 普遍知识：在共同的参考作品中熟悉的或易于被发现的内容。

如果要引用的是某个领域中广为人知的内容，则不需要在参考书目列表中列出。例如，在政治学或社会学中，则没有必要提到马克思的"异化"概念，或者在哲学中，没有必要提到康德的"绝对命令"概念，但如果你要提及某位作者特殊的解释，则需要进行引用。

例子：范式

"范式"是指在某个研究领域里的一种主要理论，它把概念范围限定在科学教育和科学家从事的实验中。库恩在其传记《科学革命的结构》（*The Structure of Scientific Revolutions*）（1962 年）中首次以这种意义使用。现在，该术语在社会科学和哲学领域中已被广泛流传。但没有一个领域在使用该术语时会向库恩致谢，因为在每个学科中它都已变成了很普遍的理论。

其他形式的普遍知识是以普遍或熟悉的观点形式出现的。你的大多数同胞可能希望自己的国家能承办奥运会或世界杯，这是不可否认的，但这并没有真正被进行过调查或公民投票。同样，大家都认为老人应该得到特殊的照顾，如免费乘车以及医疗护理。针对这些普遍知识，你需要判断它在多大程度上被大众熟知。规则是"如果有疑问，请引用"。

> 普遍知识
> - 在参考资料中发现的熟知的观点。
> - 某个特殊学科中广为人知的观点。
> - 普遍或熟悉的观点。

40.4　六点准则

要更容易地了解自己什么时候需要引用，可以参考下面的六点准则。这是另外一个值得你贴在电脑屏幕旁边或记在留言板上的内容。不管放在哪里，要保证你能清楚地看到。

40.5　把忽略的几率减到最低

然而，即使是最简单的准则，而且带有好的初衷，你仍然可能会偶然地忘记要引注某资料。为了减少这种可能性，当你从资料中记录笔记时，采取两个简单、实际的步骤。

何时引用

- 独特的观点：当某个资料中的观点或意见很独特时。

- 独特的结构或组织策略：尽管你可能已把它变成了自己的话，但如果作者已经采取了特别的方法处理问题，或者对于所写的内容有更独特的知识结构，例如对于某个论点或概念的分析，那么你必须标注资料来源。

- 特殊来源的信息或数据：如果你从事实、统计信息、表格和图表的形式中搜集信息，你可能需要引用资料，以便读者能知道是谁搜集的信息，以及从哪里可以找到资料。

- 逐字引用短语或段落：只要是作者独特的论点，哪怕只是一个词，也要使用引用标记并引用来源。

- 如果不是普遍知识：除非信息或观点是众所周知的，否则只要提及其他人作品中的某些方面就要引用。

- 当有疑惑时，引用它！这没有坏处，只要你不仅仅是通过引用来引起论文评审人的注意。

1.在笔记中明确指出借鉴的观点

为了从笔记中区分出哪些资料是自己借鉴的，可以用不同的纸标注；在同一张纸上，或者甚至是在同一个电脑的不同文件夹中，可以用不同的颜色将它们标记出来。

2.记录资料的详情以提醒自己是从此处借鉴了资料

在页面的顶端记录文章的标题、作者姓名、页码和出版日期。这不仅能解除你为了某个匆忙记下的引语或观点而翻阅参考书目所带来的痛楚，还能提醒你自己是在引用资料。

40.6　引用的其他原因

然而，避免剽窃只是我们引用资料的一个原因。读者还需要跟随参考资料来查看我们是否正确地使用了资料：我们是否正确对待作者对知识的所有权，我们是否从资料中得出了合理的结论。由于类似的原因，信息对我们是很重要的。如果我们想跟上我们的研究将来的发展进程，我们需要知道自己从哪里引用了资料。

对于我们个人利益来说，或许更重要的是，广泛、深入、详细的引用也意味着我们阅读了大量不同类型的文章。这会让论文评审们很有自信地给你高分，但你不能只是为了给考官留下深刻印象而充实你的参考资料。他们会很快发现不起作用的参考资料。

引用的原因

- 避免剽窃。
- 读者们能知道我们很好地利用了参考资料。
- 我们能跟上将来研究发展的步伐。
- 向论文评审们显示我们进行了大量的阅读。

总结

- 剽窃不仅不道德，也没有教育方面的价值。
- 当作者提出了一些独特的信息或结构时，我们必须引用。
- 如果是普遍知识，则没有必要引用。
- 要避免偶然的剽窃，在笔记中清楚地记录你是从哪里借鉴的，以及资料的详细信息。

40.7　下面的内容

既然已经知道了应该引用什么，我们可以开始看看该如何进行引用。

第41章

参考资料和参考书目

在本章中，你将学到：

- 所有参考系统的3个主要目标。
- 3个要素以及如何组织它们。
- 如何利用脚注和哈佛系统。
- 每一种的优势是什么。
- 编辑完成的参考书目表的重要性。
- 如何利用两种最常见的格式编辑参考书目。

现在，我们已经知道了如何判断哪些内容是需要被引用的，剩下的问题是如何引用每个参考资料并列出其细节。

41.1　院系指导方针

首先看院系里有没有特定的制度供你参考。如果它们有风格指南，那么确保你遵循其每个细节：安排细节的顺序，强调每处参考资料以及使用大写字母、斜体字和下划线的方法。

如果没有风格指南，询问导师或者查阅前几年的论文来看看其他学生是如何处理的。最重要的是符合3个主要目标：它必须清楚、正确、前后一致，以便读者能自己清楚地找到确切的参考资料。

> 3个目标
> - 清楚
> - 正确
> - 前后一致

在任何参考系统中，有3个你必须决定你将如何组织的要素：

（1）从资料中摘录，可能是直接引用，也可能是自己进行改写或陈述。

（2）在论文中插入标记，告诉读者资料的详细内容。

（3）实际细节。

41.2　摘录

把改写过的内容融入自己的论文中一般不会出现什么特别的问题，但如果直接引用通常会有问题，主要是由于我们没有观察到特定的规矩，而这会导致文章的混乱。因此，查看院系里是否有相应的指导方针，如果没有，可以使用本页列出的简单规则。

41.3 参考系统

至于我们要考虑的其他两个要素——文中的标记和资料的详情——都被你或院系里喜欢使用的不同的系统惯例所制约。在某些学科中，如法学和药学，英国、美国和其他说英语的国家都有现成的标准系统，但在大多数情况下它取决于你或你的院系的选择。

41.3.1 脚注系统

这通常被称为"脚注"或"尾注"或"计数系统"。这可能是我们最熟悉的，因为图书出版商们更倾向于使用它。它也通常被应用于人文科学、一些社会科学和法学中。在文中引用的地方通常使用一个上标的数字来做标记。其引用的资料详情要么可以在页码末端的脚注中看到，要么可以在章节或论文末尾的参考书目列表中看到。

在这个系统中，初次参考某书时会这样表述：

> P.Rowe，《助理编辑的技术》（*The Craft of the Sub-editor*）（贝辛斯托克：麦克米伦，1997年），第37页。

出版地后面要用冒号，接着是出版商，然后逗号后面写出版日期。之后再引用该书时可以通过缩短标题来进行缩写，如果这样做不会丢失标注其特殊性的细节，也可以省略掉作者姓名的首字母和出版细节：

> Rowe，《技术》，第102~103页。

> 使用引语的规则：
>
> ● 短的摘录
>
> 如果要摘录的内容不超过3~4行（30~40个字），把它们并入文章中，用引号标注。
>
> ● 长的摘录
>
> 从两边缩进，或只从左缩进。通常缩进一格。引语以这种方式与其他内容分开，也就没有必要使用引号了。根据一些格式指南，字号通常要缩小，例如从12号缩小到11号。
>
> ● 缩短的摘录
>
> （1）当你要将一个摘录缩短到只包括相关的内容时，通过插入省略号来指示出自己要删除词语的地方。

（2）如果有的地方需要加入自己的话以确保缩短的摘录读起来能更符合语法规范，那么把自己的话放到方括号中。

（3）如果原本在句子中间的词要放到句首，那么把该词大写的首字母放到方括号中。

（4）管理所有对原文做出的变动的一个明显规则是你必须保证不改变作者的意思。

引用期刊论文的参考资料可以这样描述：

Brian T.Trainor，"国家、婚姻和离婚"，《社会工作期刊》（*Journal of Social Work*），第9卷，第2版（1992），第145页。

文章标题用引号标注出来。期刊名称如书名一样，英文书名用斜体字以全称的形式标注出来。然后是卷号、发行号和日期。后面再引用同一篇文章时可以通过省略作者名字的首字母、论文的副标题（如果有的话）以及出版详情。杂志名称既可以缩减，也可以省略。

Trainor，"国家"，《JSW》，第138~139页。

当有多个作者时，首次引用要把所有人的名字和首字母的详细信息写出来，但在后面的引用中则可以省略。如果是有两个作者，你可以只写出他们的姓，但是，如果有多位作者，先写出第1位作者的名字，后面用"等等"这些缩写词表达"和其他作者"的含义。

如果有些细节需要多次重复使用，你可以利用3个有名的拉丁缩写词以节省时间。它们看起来很神秘，但在实际运用中，你能发现可以节省很多时间和精力。在你首次引用时可以这样描述：

I.R.Rowe，《助理编辑的技术》（剑桥，1997年），第37页。

后面你仍可能需要再次引用这些参考资料。在这种情况下，除了作者的姓，你还需要使用拉丁缩写词op.cit.，意思是"在列举的作品中"，而不是重复你已经给出的对文章的详细描述。假设下面的是列表中的第5处引语：

Rowe，op.cit.，第102~103页。

在下面的参考资料中，如果你还要再次引用同一篇文章，这次，你需要使用另一个拉丁词，ibid.，意思是与前面的参考资料"在相同的地方"：

6. Ibid.，第84页。

如果在下面的参考文献中，你还需要引用同一篇文章的同一页，在ibid之后，你要加上拉丁缩写词loc.cit.，意思是"在刚才引用的段落中"——不仅仅是同一篇文章，还是同一段：

7.Ibid., loc.cit.

如果你要引用的同一段之前曾在文中引用过，再次使用时要加上 loc.cit.，但这次是与作者的姓连在一起的。

8.Trainor, loc.cit.

缩写词	
Op.cit.	"引用过该作者的作品"
Ibid.	与前面的引用"在相同的地方"
Loc.cit.	"在上面引用的段落中"

41.3.2 哈佛系统——作者—日期系统

在实际文章中，这类系统把作者名字、出版年份、参考页码放在括号内插入正式文本中。读者可以在论文的结尾看到综合的参考书目列表，里面有所有引用的资料以及缩写所代表的文章的详细信息。下面的例子解释了在文中引用的不同方式。

在有些情况下，你可能只决定在实际文章中用括号标出作者姓名、出版年份和页码。

> 艺术家们可能要反抗政治压迫，以便于把他们的名字记在社会和政治现实中。按照 Theodore Roethke 的话说，"在一个黑暗的时期，我们开始睁开眼睛观察"（1966年，第239页）。
>
> 艺术家们可能要反抗政治压迫，以便于把他们的名字记在社会和政治现实中。毕竟，"在一个黑暗的时期，我们开始睁开眼睛观察"（Roethke，1966年，第239页）。
>
> 正如 Roethke（1966年）所说，为了把他们的名字记在社会和政治现实中，艺术家们感到需要反抗政治压迫。毕竟，"在一个黑暗的时期，我们开始睁开眼睛观察"（第239页）。

41.3.3 改写

当你改写作者的话时，只需要标记作者和出版年份。例如：

> 在大脑中能降低血清素水平的一些饮食可能会产生更严重的危害。历史上，在闹饥荒，以及碳水化合物和蛋白质严重缺乏的时期，犯罪率和暴力急剧增加（Valzelli，1981年）。
>
> Valzelli 于1981年声称在大脑中能降低血清素水平的饮食能产生更严重的危害。历史上，在闹饥荒，以及碳水化合物和蛋白质严重缺乏的时期，犯罪率和暴力急剧增加。

1.你的资料可能来自同一位作者的不同来源。

在这种情况下按年代顺序排列，中间用逗号分开。

由于立法的改变和货币政策的紧缩，利率在两年内增加了两倍，致使更多人无家可归（Williams，1991年，1994年）。

如果该作者在一年内发表了不止一部作品，要在出版年份之后使用一个小写字母。

Williams（1994a、1994b）提出，更高的利率不仅没有阻碍货币贬值，还严重危害了出口公司的利益，使更多的人无家可归。

2.参考资料可能涉及多位作者。

当有 2~3 位作者时，给出他们的姓，用逗号分开，最后一个姓之前要用"和"。

近期证据显示，在 20 世纪 50 年代，由于电视的影响，电影院上座率的下降程度要小于增长的富裕率和移动性（Brown、Rowe 和 Woodward，1996年）。

电脑分析显示，在英语里 100 个最常用的词都是源于盎格鲁—撒克逊语，甚至在 1969 年人类第一次登上月球时也是使用的该语言（Lacey 和 Danziger，1999年）。

如果超过 3 位作者，列出他们的名字——例如：（Brown、Kirby、Rowe 和 Woodward，1991年），但是，当你再次引用时，只使用第一个名字，后面加上 et al.（和其他所有作者）——例如：（Brown 和其他所有作者，1991年）。

3.一位作家可能会引用其他作家的。

在这种情况下，如果你想使用被引用作者的评论，你要指出两位作者，但只在参考书目列表中列出为你提供评论的作者。

在近期研究中，有倾向显示当人的进取心被故意地遏制时，他们会变得非常危险，Master（1997年，第37页）引用了 Anthony Storr 的评论，他说："当进取心被压制或否决时，它会变成危险的暴力。"

Anthony Storr（引自 Master，1997年，第37页）声称："一个能在被社会广为接受的流行趋势中主张自己观点的人往往不是恶毒的人；在背后使坏的往往是弱者。"

4.许多作者可能呈现同样的观点。

在这种情况下，按照字母表的顺序排列作者，中间用分号分开。

如果一个孩子在早期无法得到父母的关爱，他不会把父母的标准融入到自己的行为中，也不会培养出任何道德感和良知（Berkowitz，1962年；Farrington，1978年；Rutter，1981年；Storr，1972年）。

41.3.4 选择系统

1.脚注

脚注系统的主要优点是不像哈佛系统那样打破文本的连贯性。在文中插入参考书目详情会使文章散乱，在阅读时会打断观点的流畅性，尤其是当你同时引用2~3处内容时。这就解释了为什么几乎所有的图书出版商都选择使用脚注系统。更重要的是，在哈佛系统中，要查看引用，你必须接着在论文结尾处查看详细资料。

> 脚注系统不会使文章散乱。

脚注系统看起来也更加的灵活，它允许我们在脚注中添加那些我们可能不愿意包含在文本中的评论。这些可能与我们认为对读者有用的主文本相脱节，或者它们可能是让读者追寻的一系列参考书目，如果他们对某个无关紧要的特定观点或论点感兴趣。当然，哈佛系统也没有完全排除使用一些脚注的可能性。

> 脚注——优势
> - 避免使文本混乱。
> - 能灵活地把评论添加到脚注中。

2.哈佛系统

哈佛系统的一个最明显优势是，除了参考书目之外，你没有必要单独编辑一个与文中引用内容的顺序相匹配的参考书目列表。然而，自从有了现代自动参考程序，例如 Procite，Endnot 和 Citation，这不再是一个问题。随着你对文章内容进行改变，它们也能编辑、改变列表，并且自动创建、定位脚注或尾注。

41.4 参考书目

参考书目列表是你在论文中引用或涉及的所有著作的列表，而参考书目则是你翻阅过的所有资料，包括你未曾引用或涉及的资料。尽管对于哈佛系统来说这是很关键的，但对于脚注系统来说却不是。尽管如此，但将其包含在内是很有用的：在没有编辑脚注的情况下，它使得对你已阅读的内容所进行的检查变得更加容易。参考书目的目的是用最清楚的方式告诉读者你阅读过哪些内容，因此，不要为了给读者留下印象而大量使用它们来拉长文章。

41.4.1 一手资料和二手资料

如果合适，把参考书目分为一手资料和二手资料。一手资料包括政府报告和统计信息、研究资料、历史文献、原始文本。而二手资料包括书、文章和学术论文，这些通常是讨论或阐明一手资料。根据作者的姓按字母表的顺序排列，对于一些一手资料来说，如果没有作者，用资料标题的首字母排列。

41.4.2 列出来源——格式

如果你从一开始就很有系统，参考书目是很容易编辑的，尤其是当你养成了在做笔记前在页码顶端记录来源详情的好习惯时，或者，更好的是，使用计算机数据库或通过利用单独的卡片代替每处来源的卡片索引系统来列出详情。

对于列出文本的方式有不同的规定，但只要你能一贯支持一种常规的引用顺序，应该没有问题。在下面两种系统中，当你引用了某位作者不止一处的内容时，在作者名字的下面把它们按照年代顺序排列。如果一本书或一篇文章是由两位或多位作者共同完成的，根据第一作者的姓按照字母表顺序排列，但要确保对其他作者你也给出了详细的介绍。

1.现代参考书目格式

它与哈佛参考系统同时使用，比哈佛系统更清楚，因为我们能很清楚地看到按照字母表顺序排列的作者的姓，因此，在脚注系统中使用它可能也是很明智的。

（1）书和其他独立出版物

作者的姓、名字和/或姓名中首字母、出版年份（用大括号）、作品全称（用斜体）、出版地、出版商（用括号）。

（2）文章：

作者的姓、名字和/或姓名中首字母、出版年份（用括号）、文章全称（用引号）、杂志标题（用斜体）、卷号（如果是以卷的形式出版）、发行号和页码。

作者，N.（出版年份）书标题（出版地：出版商）。

作者，N.（出版年份）文章标题，杂志名，第2卷，第1版，第**页。

例子

• Alexander, Leo.（1949年）独裁统治下的医疗科学，《新英格兰医学杂志》（*New England Journal of Medicine*），第241卷，第39~47页。

• Ford, John C.（1944年）取消轰炸的道德，《神学研究》（*Theological Studies*），再版于斯楚姆，Richard A.（编辑），（1970年）《战争和道德》（*War and Morality*）（牛津：牛津大学出版社），第1页~18页。

• Robinson R.E.和Gallagher J.（1962年）《非洲和维多利亚人：英国殖民主义的视角》（*Africa and the Victorians: The Official Mind of British Imperialism*）（伦敦：麦克米伦）。

• Singer, Peter.（1979年）《实践伦理》（*Practical Ethics*）（剑桥：剑桥大学出版社）。

2.脚注系统

（1）书和其他独立出版物：

作者的名和/或姓名的首字母、作者的姓、作品全称（用斜体）、出版地、出版商名字、日期（用括号）。

（2）文章：

作者的名和/或姓名的首字母、作者的姓、文章全称（用引号）、杂志标题（用斜体）、卷号（如果是按卷的形式出版）、发行号、出版年份（用括号）、页码。

> N.阿瑟，书名（出版地：出版商，日期）。
>
> N.阿瑟，文章标题，杂志标题，第2卷，第一版（日期），第……页。

例子

- Leo Alexander，独裁统治下的医学，《新英格兰医学杂志》，第241卷（1949年），第39~47页。
- John C.Ford，取消轰炸的道德，《神学研究》（1944年）；Richard A.Wasserstrom（编辑），《战争和道德》（牛津：牛津大学出版社，1970年），第1~18页。
- R.E.Robinson和J.Gallagher，《非洲和维多利亚人：英国殖民主义的视角》（伦敦：麦克米伦，1962年）。
- Peter Singer，《实践道德》（剑桥：剑桥大学出版社，1979年）。

总结

- 每个细节都要遵循院系制定的规则。如果没有，查看往年的论文。
- 不管采用哪种系统，确保自己符合3个主要目标：清晰、正确、前后一致。
- 尽管对于脚注系统来说，参考书目不是必需的，但还是有其用途的。
- 如果合适，把参考书目分为一手资料和二手资料。

41.5 下面的内容

参考书目和引用材料看起来可能是你要做的最不重要的工作，但是对给予你帮助的作者们表示感谢不仅很重要，而且你的关注度和深刻性也可以让论文评审们相信这是你论文的真实反映。而一个清晰、综合的参考书目也可以留下同样的印象。

现在转向修订阶段。像编辑参考书目列表和参考书目一样，修订的重要性容易被低估，然而，在创建论文的过程中，其他阶段都不能对你的论文质量产生如此重要的影响。

第42章

修订1：结构

在本章中，你将学到：

- 修订对于体现论文质量和个人成就的重要性。
- 如何通过每次的修订使得论文更有改进，而且又不危及你的最重要观点。
- 如何有目的地修订：首先是结构，然后是内容。
- 如何修订论文每章之间的结构，然后是每章的内容。
- 将各段落与简介和结论连接在一起的重要性。
- 如何确保你已经在段落间和段落中为你的观点建立并标注了一个逻辑顺序。

也许你认为完成初稿就标志着最重要的工作已经完成，剩下的就只是核对字数、修订拼写和语法错误。但在写作过程中，与其他任何阶段相比，每一次修订都能为你赢得更高的分数。写论文仅仅是开始；修订才使论文质量更突出。因此，不要把你的研究浪费在满足于你初次写出的东西上。给自己足够的时间一遍又一遍地改稿以保证质量，从而反映出你的能力和成就。

> 每次修订，质量都会有所改进。

修订会决定你赢得还是失去读者。初稿是给你自己看的：按照你的想法，你开始创作、阐明并发展你的观点。第二次和接下来的稿子是展现给读者的：你要做的是确保观点表达明确，使某个对你的研究一点不了解的人能够了解它，像你一样感受到它的影响。

学术界非常强调认真设计研究方法的重要性，但很少研究作品对读者可能产生的影响。从其他人的角度很难看出这一点，因此现在是该想想这个问题的时候了。

- 初稿是给你自己的。
- 第二次和接下来的稿子是展现给读者的。

42.1   作者和编辑

要有效地做到这点，我们必须把焦点从作者转换到编辑那里：从把观点转换成语言的创造性活动，转变到有意识地关注词、短语和结构的使用方式上。我们内心的编辑会问，它听起来怎么样，流利吗？从论点的一部分转到另一部分是否符合逻辑，是否有章节需要更多的论据，或者更深入的发展？

作者：把观点转换成语言的创造性活动。

编辑：有意识地关注词、短语和结构的使用方法。

带着这个想法，允许自己有一个冷静的时间，以便你的内心编辑能显露出来。这不是我们通常想象的那样，尝试在你自己和你所写的内容之间营造一种客观性。这将危及那些你最初产生并且想要发展的深刻见解。就是这些见解最初吸引了你并也很可能吸引读者，引发他们思考。因此，假如你要修订一个客观的、思路清晰的架构，你很可能会砍掉抓住读者、引发他们思考的非常重要的东西。然而，要按读者期望的那样来处理论文，自己也要设身处地地体会你希望自己的想法对读者产生的影响。

职业技能

所有这些将证明你有能力灵活地思考。它将表明你并不是思维固化、一旦完成某事就不能接受变革的想法。恰恰相反，它将表明你有能力批判性地评估自己的作品，当看到有改进的方法时能够做出变革事物的艰难决定。

42.2   分配充裕的时间

在修订时，要提醒自己需要做到，人们只需阅读一遍论文中的某个句子，就能够弄明白它到底是什么意思。简单明了的作品都要经历一个反复修改的过程，直到你认为它是最好的。以轻松、优雅的行文把自己的观点如口语交谈般地表现出来，这来自于不断修改，直至达到最为清晰地表达观点的目标。因此，要避免无准备、无计划的修订。

人们只需阅读一遍论文中的某个句子，就能够弄明白它到底是什么意思。

42.3   有目的地进行修订

所有这些听起来好像是有很多工作要做，但如果你组织好的话，大多数的事情是不需要去做的。最困难的是看起来有这么多的事情需要留心。因此，我们要简化它，目标明确地进行修订。每章都修订数遍，每次都用不同的标准，发现不同的东西。最简单的组织方法是先修订结构，再修订内容。在不同的文件里保存每次修订的草稿，这样在弄丢最新的草稿时你就不用再从头开始了。

42.4 结构

42.4.1 结构意味着思维

在我们讨论一个作品的结构时，我们会讨论其思维：组织是否合乎逻辑，各个观点之间的连接是否连贯，当然还包括我们是否指出了所有的联系，以便读者可以明确地看到它们。

但是，就像我们在前面章节中看到的，在评判思维以外，几乎没有人将思考作为一整套明确的技巧传授给我们。另外，也几乎没有人警告我们写作和思考之间的冲突可能产生的问题。因此我们必须要首先集中精力，并把它分成两部分：

（1）把论文每章之间的思维作为一个整体。

（2）然后是每章的内部。

42.4.2 各章之间

也许你会问，为什么我们如此注重结构。结构是纯思想的产物——它是思维的支架，是连接、发展观点的方法。因此我们必须注意两件事：合乎逻辑地发展观点，明确地表达它们之间的联系。这通常是大项目中存在的问题，这种项目是在不同时期分不同阶段完成的，每个阶段之间间隔时间很长。不连续性和矛盾总会伴随而来。

- 我们是否按照逻辑顺序发展观点？
- 我们是否明确地表达了它们之间的联系？

因此，我们必须注意各章之间的联系和前后对照。不仅仅要符合逻辑，还要明确地指出它们，以便读者能知道我们是如何对其进行处理的。

1.研究问题

第一件事是检查在论文的导论或研究问题章节中标出的主要研究问题是否在每章的开头段中被提到，并贯穿始终，没有离题。确保能够让读者知道接下来要说的是什么，它跟研究问题有什么联系。如果你发现某些段落联系不够严密，就把它删除。剩下的就会更加突出，特别是结构。

确保：

你要展现给读者你已经回答了在论文导论中提到的问题。

在接下来的每一章中，在你回答完这些问题之后，让读者在每章的结论中了解到你已经处理了这些问题，然后用本章中的最后几句话作为桥梁过渡到下一章。论文的结论也是如此：让读者看到你已经回答了所有在导论中承诺回答的研究问题。

- 导论
（1）列出主要的研究问题。
（1）让读者知道接下来要说的是什么。
- 章节
（1）在开头段中找到研究问题。
（2）深入探讨研究问题，不要离题。
（3）让读者在结论中知道你已经回答了承诺的问题。
（4）为下一章的开始建立一个桥梁。
- 结论
让读者看到你已经回答了所有承诺回答的问题。

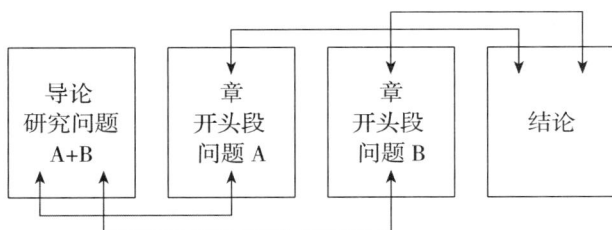

导论 研究问题 A+B	章 开头段 问题 A	章 开头段 问题 B	结论

42.4.3　每章内部——节

很多学生对结构感到很头疼，这可能是因为他们没有拿出足够的时间去详细地计划章节，没有在写之前复审论据。所以无论是在写之前还是写之后，他们都没有一个关于整章结构的想法。就像把一堆松散、混乱的观点绑在一起，这很难让人明白。如果是这种情况，在某种程度上，你将不得不通读论文，可能需要用带颜色的笔标出标题、副标题和其他结构特点，以便你可以把它们记在一张纸上，然后问问自己这些是否讲得通。

> 标出结构，并将它列示出来，以便查看它是否合理。

问问自己，你得出的是否是一整套前后一致的论述，是否包含所有联系，没有遗漏，没有不相关的旁枝末节。确保你要发展的所有论证都与导论相关：它们涉及你标记出来让读者遵循的问题。接下来，在去掉那些不相关的部分以后，问问自己是否已明确指出每种关系，从而让读者了解你对每一点做了什么，并且没有遗漏的可能。在结论中，检查是否兑现所有的承诺：没有忽略提出的任何一个论点。

> 问自己
> - 这是一整套前后一致的论述吗？
> - 所有的关系都被包含在内了吗？
> - 有不相关的旁枝末节吗？
> - 涉及在导论中提出的所有问题了吗？
> - 明确指出所有关系了吗？
> - 在结论中，已经兑现所有承诺了吗？

1.文献综述

由于你阅读了大量关于论文主题的文献，这会很容易忽略形成研究焦点的中心论点。

> 所以，要确保
>
> • 所有文章和书籍都与此项目中涉及的问题相关。
>
> • 强调并提取结构，看观点的发展是否相关、前后一致。
>
> • 有一个清晰的结构，而不是一个书籍和文章的松散列表。

2.研究方法

一个类似的问题同样存在于研究方法这一章的修订中。

> 所以，要确保
>
> • 对所选研究方法的判定要与在导论或研究问题章节中陈述的研究问题有明确的相关性。
>
> • 这种关系要非常的清晰。
>
> • 读者对你为什么选择这些特殊的方法来回答问题不会产生疑问。

3.结论/讨论

在理论性文本论文的结论部分或者在实证论文的讨论章节中，我们所得出的结论应该与研究发现有直接的关系。它们应该从资料中产生，回答开头提出的问题和争议。像所有好的结论一样，它必须把我们带回开始的地方，必须兑现所有的承诺。

> 所以，要确保
>
> • 读者可以看到你是证明还是反驳了自己的假设，或是否完全回答了研究问题。
>
> • 你已经在结论中对研究结果的重要性做了评估和说明。它们不是自说自话：它们需要被分析、评价，从而显示其重要性。

42.4.4　每章内部——段落

现在我们可以来到段落这一环节，查看我们的读者是否能够明确地看到它们之间的联系以及在每段中论证的结构。

1.把它们联系起来

指出你的思想，弄清楚每个段落与开头段中勾画的章节规划之间的关系。并不是每段都需要用这种方式与开头段联系起来。多数章节都要被分成很多部分，每部分的第一段需要这样做。因此，下面你要确保接下来组成这部分的每一段都与第一段有联系。如果你发现有些段落没有清晰的理论进行支撑，那么要确保主题句（说明段落主题的第一句）把它联系起来，从而提醒读者这章或这部分的结构。

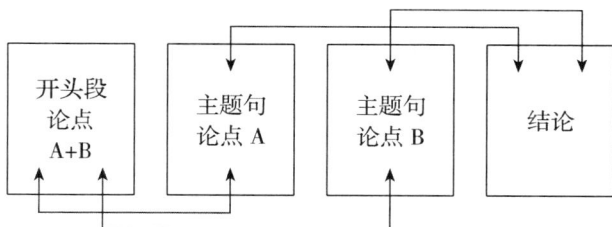

2.逻辑顺序

接下来问问自己，每段与上一段之间的连接是否符合逻辑，是否流畅。如果看起来没有明显的联系或是突然地改变方向，那么要检查这些段落的位置是否正确。如果位置正确，看看有没有更好的过渡词可以更清楚地表明论述（见第37章）发展的方向。

3.每段内部结构

在每段中，问问自己论点的逻辑结构在句子之间是否清晰、一致。有些句子你将会删掉。在剩下的句子中，论述将会更加清晰。至于其他的，你将只需要选择另一个符合逻辑的指示器，使得论述的发展更加清晰，或把它放在一个更显著的位置，通常是开头。

问自己

- 我是否已绘制了章节或每一部分的结构？
- 每一段与下一段的连接是否符合逻辑，是否流畅？
- 每一段论述的逻辑结构是否一致、清晰？
- 能删除一些句子使它更加简洁吗？
- 需要新的逻辑指示器还是只需要将它们变动一下位置？

总结

- 给自己足够的时间修订论文，确保你的能力和成就能清楚地体现出来。
- 每次修订都要带着明确的目的。
- 确保每章之间和各章内部的联系能够清晰、前后一致，易于读者理解。
- 要确保每段与简介和结论联系紧密，以保证我们创建和标注了观点的逻辑顺序。

42.5　下面的内容

在这一章中，我们主要关注如何确保论文结构的一致性和清晰度，从而使读者看得更加清楚。现在我们可以转向每章的内容以及思维与写作之间的冲突。

第43章

修订2：内容

在本章中，你将学到：
- 如何修订句子和词语以保证清晰地表达观点，前后一致地展开论述。
- 如何改进写作的流程和节奏。
- 减少字数的不同方法。
- 如何确保通过最后的呈现展示出论文的最佳效果。

在修订内容方面，我们的关注点转移到由思维和写作的冲突所引发的问题上。所用的词和句子是否简明、清晰地表达了观点？它们是否推动论述朝着我们期望的方向发展，还是仅仅因为选错了短语而被推向了另一个方向？

43.1 句子

43.1.1 拼写和语法

首先检查拼写和语法。拼写正确是非常重要的：论文评审们或许可以推断，如果对这种细节都不细心，你可能在别的地方也粗心大意。对大多数作者来讲，修订自己的论文会很困难。你对内容越熟悉，就越容易丢失更多的细节。因此，找个有耐心的朋友帮你修订，或许作为回报你可以帮他或她修订论文。

至于语法，明确你是否要打破规则——你这样做是出于风格原因，目的是产生某种效果——是经过深思熟虑的，不是由于知识缺乏造成的。不论你遵守规则还是决定打破规则，关键是清晰：它必须是清楚表达意图的最好方法。

43.1.2 长句

你不得不面对的一个问题是长句子。如果放任长句不管，你就有使论文混乱的危险，甚至丢失读者，他们不会为你的论文打出应得的分数。所以，切断每个长的复杂句子，把它们分成两个或更多简短的句子。

问自己
- 我的拼写正确吗？
- 我是否打破了语法规则？
- 我是否谨慎地完成了它，这是表达意图的最好方式吗？
- 我已经把所有的长句子都分成短句了吗？
- 我已经删掉所有无关紧要的句子了吗？

43.2 词

针对长词的建议大同小异，尽管它们对写作来说有不同的影响。长词可能不会让读者感到困惑，不过却会让读者去怀疑你是否言不达意，会经常使你的写作产生不必要的夸大效果。如果可以，用简短的词替换难解的长词是很有意义的。

43.2.1 强名词和动词

与其使用大量的形容词和副词来修饰弱名词和动词，不如使用带有很少修饰语的强名词和动词。不断地提醒自己，在论文中用以修饰名词、动词的形容词和副词越少，论文也就越好。在下面的句子中用更强、更具体的名词和动词代替，就可以看到句子如何变得清楚直观。

> 剧院的发起人可能梳理不利的评论，仔细寻找孤立的可用于促进戏剧的有利评论。
>
> 剧院的发起人可能是在梳理不利的评论中寻找任何孤立的、表示支持的观点，用以促进他们的戏剧。

> 问自己
> - 删掉所有无关紧要的词了吗？
> - 用短而简洁的词替换所有长而难懂的词了吗？
> - 删掉所有无关紧要的修饰语，然后用强名词和动词替代了吗？

43.2.2 主动语态

同样，像我们在第 38 章看到的，用主动语态可以保证观点更清晰，更简明直观。所以不论在什么地方尽可能使"执行者"成为句子的主语。此外，还有一些"什么被完成"或"接受者"比"执行者"更重要的情况。在接下来的例子中可以看到，实际做了什么要比谁做的更重要。在这种情况下，把句子变为被动式会使观点更加突出。

> 伦敦大学的 Jenkins 教授和 Taylor 博士在治疗直肠癌方面取得了重大的突破。
>
> 治疗直肠癌方面的重大突破上个月为伦敦大学的 Jenkins 教授和 Taylor 博士所取得。

> 问自己
> - 我是用主动语态写的吗？
> - 我是仅在事情被完成或是行为的接受者比执行者更重要的时候使用的被动语态吗？

43.3 通过耳朵修订

最后，通读一遍论文来查看其听起来如何。你要对其流畅性和节奏感兴趣。

你应该希望论文读起来就像是口语那样，以轻松、自由的散文格式，以合适的速率和节奏吸引读者的注意力。

43.3.1　流畅性和节奏

遗憾的是，我们大多数人对自己写的内容和句子所表达出的思维模式太熟悉了，很难像其他人那样去发现里面的东西。所以，让一个朋友听你大声地读，或者更好的方式是让她读给你听。如果以前从没见过或听过的人发现它不那么流畅，那就需要修改了。

笨拙的句子或不按逻辑顺序处理观点的地方当然很容易被识别。随时记下论文中难以理解的地方。要是不行的话，把它录下来，让自己像第一次听到一样放给自己听。

43.3.2　改变节奏

在这之后，你可能有时想改变节奏以便更有效地表达观点。你可能希望通过改变句子长度加速或放缓某些章节。更长的句子读起来更鼓舞人，更安心。长句子可能最适合论证的关键因素的展开。但当你想通过生动的细节形象突然抓住读者的注意力，或通过你认为是解决问题的关键的洞察力来吸引读者时，使用短句子——不要让周围的词把短句子掩盖。

问自己
- 对于第一次阅读它的人来说，它容易被理解吗？
- 节奏和韵律对于我所做的论点来说合适吗？

43.4　字数

如果在这之后，你超过了字数限制，看下面的问题：

- 重复——有没有章节是以不同的方式描述相同的事情？你能交叉描述它们吗，而不是再次描述相同的观点？
- 不相关的章节——有没有一些章节虽然本身有趣，但不会为论文赢得高分，而且能够被删除？问自己它们有哪些相关性，能为论文赢得多少分。
- 不必要的描述——你是否重新描述了表格中提到的内容？如果是，考虑放弃描述，只保留表格中的推论。你可能发现在其他地方也曾描述过这类资料，因此要想着把它放到表格中，在表格中对其加以利用。
- 摘自文献的长引语——这些不能为你获得高分，因此要考虑减少这些内容。你还可以根据需要编辑其中的大多数内容。

43.5　终稿

不管这看起来是有多么的不公平，第一印象是很重要的。因此，要确保自己的论文看起来是出自一位严格挑剔的人之手。论文评审们通过浏览能马上看到你是如何组织论文的。

43.5.1 封面

保持封面简洁，排列良好和便于阅读。关于怎样布置封面，通常有一些规定，因此请核对正式的要求。通常包括：标题、你的姓名、模块或课程编码的详情、所申请的学位和所在学校。

43.5.2 标题

在列标题之前，根据你已经完成的事情，再检查一遍论文，看看标题是否准确地反映了你的内容。在第12章里，我们明确阐明了论文的标题，现在你也许会发现观点有所改变或强调的重点有所转移。同时，你也可能会发现你能更简洁而又直接地表达观点。检查如下事项：

（1）核心观点和问题——确保它们被包含在标题里面。

在关于本科毕业生研究技巧的论文里，把"学习行为"或"学习问题"的概念包含在其中是很重要的。在关于 George Eliot 的小说的论文里，你必须确保"小说家的同情和距离"出现在论文里面。

（2）内容——确保你已经认真地叙述了研究的内容，对研究设置了明确的限制。

它可能是一个历史特殊时期，一个场所（"政府的禁烟令对博尔顿公共场合和餐厅的影响"），一位作者或一群作者或一定数量的人，或某一特定的主体（"在校本科生"）。

（3）方法论——虽然不是必要的，但你会发现包含一小段能够暗示你所使用的方法的文字是有帮助的。

它也许是对某位诗人的诗歌的分析或足球暴力的社会地理学或政府部门在公共场合禁烟的影响的案例研究。

（4）观点——在一些案例里，让论文评审人知道你的论文来自对一个特殊的社会、个人或哲学观点的研究也许是有用的。

你也许从母亲的视角出发探讨对特殊需求儿童的照料问题，或从女性的视角出发调查妇女杂志的影响。

如我们在第12章里提到的，首先陈述主要的观点或主要的研究课题，然后增加一个副标题，这种做法通常是有用的：

- 《自主和依存：大学肄业生的学习问题》
- 《哈德逊湾公司档案馆：性别和皮革贸易》（斯旺西大学）
- 《女性哥特式小说的主题和幻想：Ann Radcliffe，Jane Austen 和 Charlotte Bronte》（苏塞克斯大学）

43.5.3 摘要

虽然通常并不做要求，但却值得去做。这将给论文评审人留下深刻的印象。

摘要通常放在致谢后面（如果有）、目录的前面。大约200~300字左右，主要旨在简明扼要地介绍自己的论文。但是摘要必须独立地表达学位论文的完整意义：不应该参照论文文本、附录或数据。作为指南，采用如下分析：

（1）论文的主要研究目标。

（2）内容——简短地描述一下研究问题的背景。

（3）所进行的详细的研究课题。

（4）所采用的主要研究方法。

（5）主要研究结果和结论。

（6）论文意义的简短注释。

尽量少用行话和抽象。如果需要参考例文，看看报刊或会议、期刊论文或学位论文的摘要。

43.5.4　目录

当然，这做起来更简单，但是一定要做到所列的不仅仅是章节标题，也包括副标题甚至小标题并标明它们的页码。也可以列出数据，图表和例证出现的顺序并附上标题和页码。这可以列在同一页上或单独列在下一页。如果使用了附录，也必须列出来。

43.5.5　致谢

虽然这也不是必须的，但是感谢那些直接参与研究和支持你的人是件好事：指导老师，技术人员和其他的同学，那些主动为研究课题付出时间或者当你工作到夜里很晚长期为你提供咖啡的同伴。

总结

● 为避免读者疑惑不解，我们必须采用短句和简单的语句来替代长句及意思模糊的句子。

● 大声地朗读，我们能检测出作品是否顺畅和有韵律，以确保作品简单易懂。

● 最后的陈述应该最好的展现作品。

● 论文评审人应该能浏览和立即看出我们是怎么组织论文的。

43.6　结论

如果你已经以你的方式进行了各个层次的修正，现在应该有一个清晰的承载观点，正确地处理思维的文本。这个时候你将已经意识到在你的作品里面能找到的高质量内容大多来自于你的修订。如果你已经满足了学位论文的所有要求并认真地做好了研究的每一个环节，不通过都难。此外，如果已经仔细谨慎地进行过各个环节的修订，你将创作出一份有机会能得到很高分数的作品。

后　记

　　毕业论文，即需要在学业完成前写作并提交的论文。通过考察学生的毕业论文，可以检查学生在综合运用所学知识解决实际问题的能力，同时，毕业论文也是教学或科研活动的重要组成部分之一。掌握一定的毕业论文写作方法与技巧，能够使我们更好地完成毕业论文。

　　因为本科生基本上是第一次写论文，范围太宽论点容易分散，整体架构难以把握；范围太窄容易导致切入点过小、无新意、篇幅过短等问题；题目太深则学生知识能力达不到，难以完成课题研究。因此，选题难度要控制在自己力所能及的范围内。

　　在《本科毕业论文写作技巧》中，你将学会如何最大限度地利用你与导师的关系；如何生成最好的观点并发展为有趣、有独创性的研究报告；如何计划研究、掌控时间，更有效地读书和做笔记；如何利用一手和二手资料工作，从一套完整的定量和定性研究方法中做出选择；如何分析观念和问题以便更好地看清楚事物；以及如何组织论文使其通过。因此，如果你遵照这本书的建议，你会发现你将拥有自己的原创性想法而不仅仅是重复别人的观点。

　　感谢参与本书初稿翻译的东北财经大学研究生：刘莹、王庆达、石欣欣、李力、刘爽、张朝阳、贾慧真、王蕾、韩雪、郝潇潇、王静、孙靖松、马源、梁琪、林思言、徐铭阳、王璐、王瑶、杜彧、李姝鑫。